BLV Bestimmungsbuch
Süßwasserfische

Europas — in Farben abgebildet und beschrieben
Biologie, Fang, wirtschaftliche Bedeutung

Text von B. J. Muus, Jllustrationen von P. Dahlström

Übersetzt und bearbeitet von Dr. F. Terofal,
Leiter der Ichthyologischen Abteilung der Zoologischen Sammlung
des Bayerischen Staates, München

Zweite Auflage

BLV Verlagsgesellschaft
München Bern Wien

*Das Buch behandelt die Fischfauna in dem
auf der Karte dunkel gezeichneten Gebiet.*

◇ *in Deutschland vorkommende Fische*

(◇) *Fremdfische (eingeführte Fischarten)*

VORWORT

Dieses handliche Taschenbuch bringt in allgemein verständlicher Form und vorzüglicher Ausstattung eine zusammenfassende Darstellung der Fischfauna in den Seen und Flüssen Europas. Nach einem kurzgefaßten Überblick über Gestalt und Bau der Fische, ihre Biologie und Lebensräume, ermöglichen es geschickt zusammengestellte Bestimmungstabellen, die Namen der einzelnen Arten festzustellen, wobei die wesentlichsten, äußeren Unterscheidungsmerkmale auf beigefügten Abbildungen klar hervorgehoben werden.

Den größten Teil des Buches nehmen die Einzelbeschreibungen ein, in denen der Leser Auskunft über besondere Kennzeichen, Lebensweise, Vorkommen, Fang und Verwertung von 130 Fischarten sowie von 4 Krebsarten und der Flußperlmuschel erhält. Zum erstenmal in einer Gesamtdarstellung der europäischen Süßwasserfische werden dabei Farbtafeln der einzelnen Arten gebracht, die nach frischgefangenen Objekten angefertigt worden sind.

Die abschließenden Kapitel informieren den Leser über Geschichte und derzeitigen Stand der Binnenfischerei, über moderne Fischzucht und Aufgaben der Fischereibiologie.

Der Verlag

INHALT

SÜSSWASSERFISCHE

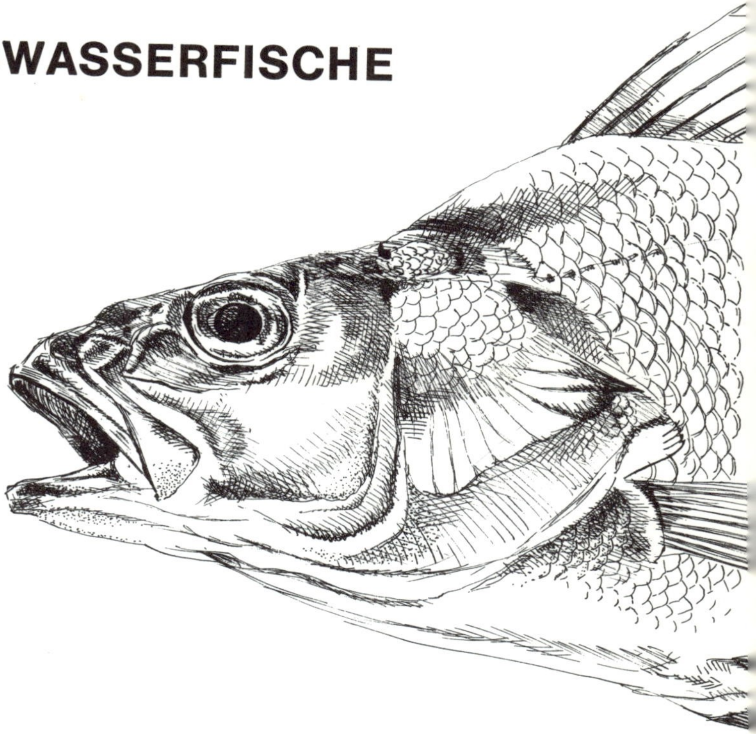

Unter diesem mehr oder weniger dehnbaren Begriff werden hier diejenigen Fische zusammengefaßt, die zumindest einen Teil ihres Lebens im Süßwasser verbringen, d. h. ausschließlich oder für kurze oder längere Zeit in Quellen, Fließgewässern (Bäche, Flüsse) und stehenden Gewässern (Tümpel, Weiher, Teiche, Seen) leben, die zusammengenommen etwa 1,7% (2,5 Millionen km²) der Erdoberfläche ausmachen, verglichen mit den 360 Millionen km² Meeresoberfläche also nur ein verhältnismäßig kleines Areal darstellen. Von den ca. 20 000 bis heute beschriebenen Fischarten kommen etwa 5000 im Süßwasser vor.

Die meisten unserer einheimischen Süßwasserfische sind leicht zu unterscheiden. Es gibt unter ihnen aber auch Gruppen (z. B. die Renken), deren Vertreter so stark modifizierbar sind,

daß ihre Bestimmung selbst für den Fachmann schwierig ist.

Der Anfänger muß sich zuerst mit den für die Beschreibung eines Fisches nötigen Fachausdrücken vertraut machen. Als »Modell« hierfür soll der unten abgebildete Flußbarsch dienen: Am Fischkörper unterscheiden wir 3 Abschnitte, den Kopf (Schnauzenspitze-

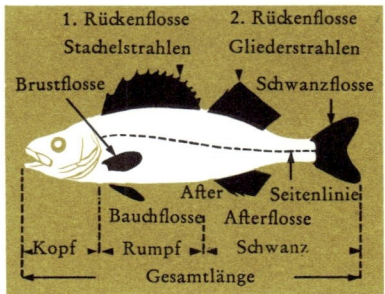

Ende Kiemendeckel), den Rumpf (Ende Kiemendeckel-Afteröffnung) und den dahintergelegenen Schwanz.

Die für die Schwimmbewegungen wichtigen Flossen (u. a. Steuer- und Stabilisationsorgane) sind Hautfalten, die durch Flossenstrahlen gestützt werden. Diese Strahlen können ungegliedert, spitz und meist verknöchert (Sta-

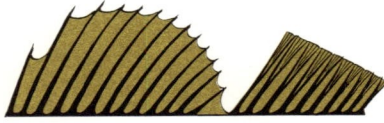

Stachelstrahlen   Gliederstrahlen

chelstrahlen) oder quergeteilt, am oberen Ende spitz oder gefiedert, weich oder auch hart (Gliederstrahlen) sein. So wird beim Flußbarsch die 1. Rückenflosse durch harte Stachelstrahlen, die 2. dagegen durch weiche Gliederstrahlen gestützt. Bei allen Lachsfischen und z. B. auch beim Zwergwels findet sich ferner zwischen Rücken- und Schwanzflosse eine strahlenlose Flosse, die sog. Fettflosse. Die Rücken-, Schwanz- und Afterflosse sind unpaa-

rige, die Brust- und Bauchflossen dagegen paarige Organe. Längs der Körperseiten zeichnet sich eine dünne Linie ab, die Seitenlinie, die bei einigen Fischarten unvollständig ausgebildet sein kann oder völlig fehlt.

Haut und Schuppen

Die Oberhaut (Epidermis) eine Fisches besteht aus mehreren übereinanderliegenden Zellschichten, in die zahlreiche Drüsenzellen eingebettet sind. Sie bedeckt die Schuppen, die Verknöcherungen der darunterliegenden Lederhaut (Corium) sind. Einige Süßwasserfische besitzen nur sehr kleine, tief unter einer dicken und schleimigen Oberhaut liegende Schuppen (Aal, Schleie) oder ihr Körper ist ganz oder teilweise nackt (Welse, Schmerlen, Groppen); bei diesen Fischen sondert die Oberhaut besonders große Mengen von Schleim ab. Sehr junge Brut besitzt ebenfalls noch keine Schuppen; diese entwickeln sich erst, wenn die Fische eine gewisse Länge erreicht haben (Forelle: bei ca. 3 cm Länge, am Vorderkörper; Zander: bei ca. 3,5—4 cm Länge, in der Schwanzregion).

Die in schrägen Taschen der Lederhaut liegenden Schuppen wachsen mit der gleichen Geschwindigkeit wie der Fisch,

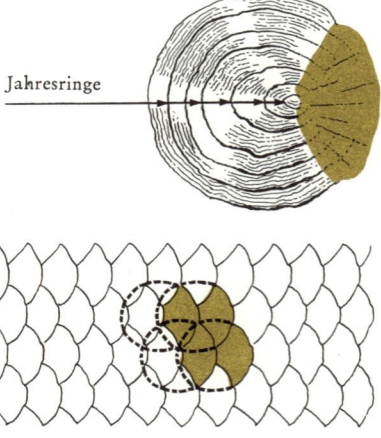

Jahresringe

wobei sie, ähnlich wie die Bäume, Wachstumsringe bilden, die zur Altersbestimmung der Fische herangezogen werden. Bei den meisten Fischarten überdecken sich die Schuppen mit ihren freien Hinterrändern dachziegelartig;

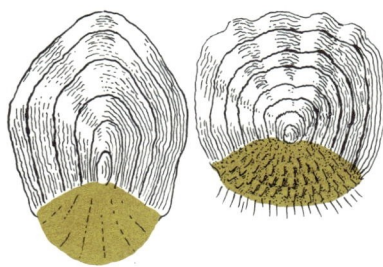

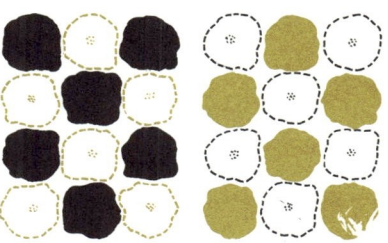

Schwarz ausgebreitet   Schwarz zusammengeballt
Gelb zusammengeballt   Gelb ausgebreitet

Farbzellen und Farbwechsel (Schema)

Rundschuppe   *Kammschuppe*

sie sind dann in regelmäßigen Längs- und Querreihen angeordnet, deren Zahl nur ganz geringe Schwankungen aufweist. Abgerissene Schuppen werden wieder ersetzt, sofern keine Krankheitskeime (Bakterien, Pilze) in die Wunde eindringen konnten. Man unterscheidet zwischen Rundschuppen (Cycloidschuppen) mit glattem Hinterrand und Kammschuppen (Ctenoidschuppen), deren Hinterrand mit kleinen Stacheln besetzt ist.

Das Farbkleid der Fische

Viele Fische, vor allem Oberflächenfische, besitzen stark silberglänzende Körperseiten. Dieser Silberglanz entsteht durch die Reflexion des Lichtes in mikroskopisch kleinen, farblosen Kristallen, die in besonderen Zellen, den Glanzzellen (Iridozyten) der Lederhaut, eingelagert sind. Sie bestehen aus Guanin, einem Nebenprodukt des Stoffwechsels, das bei manchen Fischarten (z. B. beim Ukelei) auch als sehr kräftige Schicht an der Schuppenunterseite abgeschieden wird (Gewinnung von Fischsilber für künstliche Perlen etc. aus Ukeleischuppen!).

Die schwarzbraunen, gelben und roten Farbstoffe der Fische sind jeweils auf besondere Farbzellen (Chromatophoren) verteilt. Diese können nach Bedarf ihren Inhalt an Farbkörnchen oder -tröpfchen ausbreiten oder auf einen Punkt zusammenballen. Dadurch werden verschiedene Farbtöne hervorgehoben oder zum Verschwinden gebracht. Die Farbintensität hängt von der Dicke der Farbzellenschicht und dem Grad der Ausdehnung bzw. Zusammenballung der Farbteilchen ab (s. untere Abb. bei Lupenvergrößerung). Dieser Farbwechsel der Fische wird indirekt durch das Auge reguliert und hormonal und nervös gesteuert.

8

Körperform
und Schwimmen

Die besten Schwimmer unter den Fischen besitzen eine spindel- oder torpedoförmige Gestalt und bewegen sich, von der Schwanzflosse unterstützt, durch kräftige, seitliche Schläge ihres Rumpfes und Schwanzes fort. Bei Fischarten mit langen Rücken- und Af-

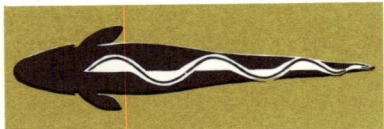

terflossen können diese Flossensäume ebenfalls wellenförmige Bewegungen ausführen, die den Fisch vorwärts oder rückwärts treiben; meist werden jedoch diese unpaaren, senkrechtstehenden »Kiele« nicht bewegt, sondern sie helfen vielmehr dabei mit, bei raschen Körperdrehungen die Schleuderwirkung zu verringern. Die Brustflossen dienen beim langsamen Schwimmen als Ruder, mit denen der Fisch auch nach rückwärts schwimmen kann; sie können aber auch als Gleitflächen oder als wirksame Bremse eingesetzt werden. Die Bauchflossen sind in erster Linie passive Stabilisationsorgane; bei den am Boden lebenden Fischen sind sie oft zu Stützorganen oder zu einer Saugscheibe (wie etwa bei den Grundeln, *Gobiidae*) umgewandelt, beim Aal sind sie völlig rückgebildet.
Die Fortbewegungsgeschwindigkeit eines Fisches hängt von seiner Länge, der Zahl der Schwanzschläge pro Sekunde und der Größe dieser Ausschläge ab. In 1 Sekunde und mit 10 Schwanzschlägen schwammen z. B. zwei Haseln von 9 bzw. 24 cm Länge (nach Beobachtungen und Filmaufnahmen im Arenabecken) 50 bzw. 170 cm weit. Sehr gute und gewandte Schwimmer, wie etwa Lachse und Forellen,

können in 1 Sekunde das Zehnfache und mehr ihrer Körperlänge zurücklegen. Da die Fische jedoch bei großen Anstrengungen ziemlich rasch ermüden (geringe Blutversorgung der Rumpf- und Schwanzmuskulatur), müssen in langen Fischpässen Becken mit seitlichen Ausbuchtungen zwischengeschaltet sein, in denen sich die Fische während ihres Aufstiegs ausruhen können.

Die Schwimmblase

Dieses mit Gas gefüllte Schwebeorgan der Fische entsteht im Embryo als eine Ausstülpung am Dach des Vorderarmes. Bei lachs- und karpfenartigen Fischen bleibt die Schwimmblase durch

einkammerige Schwimmblase mit Luftgang: Lachsfische, Hechte

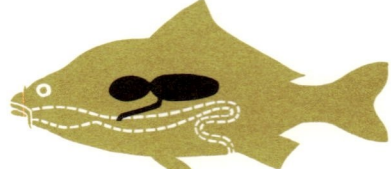

zweikammerige Schwimmblase mit Luftgang: Karpfenfische

geschlossene Schwimmblase mit Gasdrüse und Oval: Barsche

Schwimmblase mit zwei Luftgängen und einer Verlängerung zum Labyrinth: Heringe

einen engen »Luftgang« ständig mit dem Vorderarm in Verbindung, während sich bei anderen Gruppen (Stichlinge, Quappen, Barsche) dieser Kanal wenige Tage nach dem Schlüpfen der Brut wieder schließt und rückgebildet wird. Die Schwimmblase frischgeschlüpfter Larven enthält noch kein Gas. Nach einer kurzen Ruhezeit steigen die Larven jedoch zur Wasseroberfläche empor und schnappen mehrmals hintereinander nach Luft, die durch den Luftgang in die Schwimmblase gelangt. Diese erste Füllung der Schwimmblase durch Luftschlucken ist offensichtlich notwendig, um die Gassekretion aus dem Blut in Gang zu setzen. Hindert man z. B. Barschlarven während der ersten 5—8 Tage daran, Luft aufzunehmen (nach dieser Zeitspanne ist der Luftgang nicht mehr vorhanden), so bleibt ihre Schwimmblase immer gasfrei; die Larven können dann nicht richtig schwimmen, sie bleiben im Wachstum zurück und verenden nach kurzer Zeit.

Beim Auf- und Abwärtsschwimmen wird der Druckausgleich in der geschlossenen Schwimmblase allein durch spezielle Hautabschnitte der Blasenwand reguliert, an denen das Blut Gas abgeben oder aufnehmen kann (Gasdrüse und Oval). Zieht man aber einen Fisch aus großen Tiefen rasch an die Oberfläche, so hat er keine Zeit mehr, das überschüssige Gas in sein Blut aufzunehmen (oder, falls vorhanden, durch den engen Luftgang abzugeben), so daß die sich ausweitende Schwimmblase den Vorderarm aus dem Maul herauspreßt (Trommelsucht).

Die meisten Bodenfische (z. B. Streber, Groppe, Flunder) besitzen keine Schwimmblase: sie wird nach dem Larvenstadium rückgebildet.

Sauerstoff und Atmung

Das Wasser wird teils durch Vermischung mit Luft, teils durch die Assimilationstätigkeit der grünen Wasser-

pflanzen mit Sauerstoff angereichert. In kleinen Gewässern mit hoher Fließgeschwindigkeit, Wasserfällen und Wirbelbildung stammt der gelöste Sauerstoff hauptsächlich aus der Luft, während in stehenden oder langsamfließenden Gewässern die Pflanzenwelt für die Sauerstoffzufuhr von entscheidender Bedeutung ist. Da nachts die Photosynthese und damit auch die Sauerstoffproduktion der Pflanzen aufhören, während der Sauerstoffver-

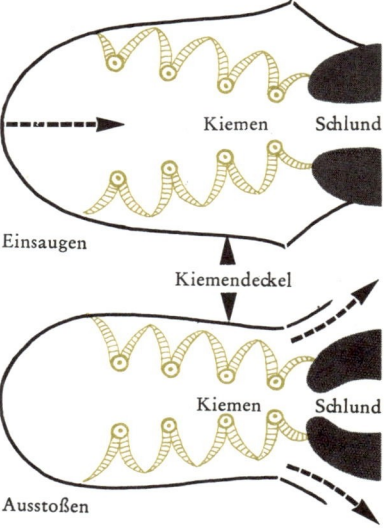

Schematischer Horizontalschnitt durch den Kopf eines Knochenfisches

brauch andauert, ist der Sauerstoffgehalt in der Nacht am geringsten.

Die Kiemen bestehen aus dünnhäutigen, reichlich mit Blut durchflossenen Hautblättchen, die an knorpeligen Kiemenbögen befestigt sind. Das Atemwasser wird durch Erweitern der Mundhöhle bei geschlossenen Kiemenspalten angesaugt. Danach wird der Mund geschlossen, die Kiemendeckel pressen nach innen und gleichzeitig hebt sich der Boden der Mundhöhle. Auf diese Weise wird das Atemwasser durch das Kiemenfilter an den Kiemenblättchen vorbei- und unter den Kiemendeckeln, deren weiche Hinterränder als Ventile dienen, hinausgepumpt. Beim Vorbeifließen an den Kiemenblättchen wird dem Atemwasser ein Teil des gelösten Sauerstoffes entzogen.

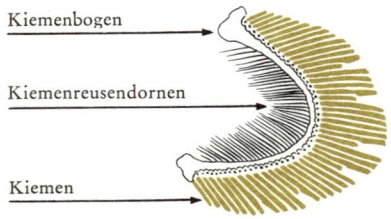

Kiemenbogen

Kiemenreusendornen

Kiemen

An der Innenseite tragen die Kiemenbögen dornartige Fortsätze, die zusammen das Kiemenfilter (Kiemenreuse) bilden, das die empfindlichen Kiemenblättchen vor Verschmutzung schützt. Bei Planktonfressern, wie z. B. bei den Schwebrenken, sind diese Kiemenreusendornen besonders lang, schlank und zahlreich entwickelt.

Neben der Kiemenatmung spielt bei den Fischen die Hautatmung eine wesentliche Rolle. Der Schlammpeitzger z. B. nimmt über die Hälfte des benötigten Sauerstoffes durch die Haut auf; er besitzt außerdem die Fähigkeit zur Darmatmung (s. S. 140).

In kühlen, raschfließenden Gewässern ist der Sauerstoffgehalt oft sehr hoch (7—12 ml Sauerstoff je Liter Wasser). Hier findet man Lachse, Forellen, Schmerlen, Elritzen und Groppen. Fische, die an dieses Milieu angepaßt sind, sind sehr empfindlich gegenüber einer Erniedrigung des Sauerstoffgehaltes.

In pflanzenreichen, flachen, stehenden Gewässern kann zeitweise Sauerstoffmangel herrschen. Hier gedeihen nur weniger empfindliche Fische (Karpfen, Karausche, Schleie, Aal), die für kurze Zeit einen Sauerstoffgehalt von 0,5 ml /l ertragen können. Ist im Wasser nur wenig Sauerstoff gelöst, so schnappen die Fische an der Wasseroberfläche nach Luft.

Der Sauerstoffbedarf der Fische ist besonders von der Temperatur, aber auch vom Ernährungszustand und vom Alter der Fische abhängig. Bei einer Wassertemperatur von 20° C führen die Karpfen ca. 100 Atembewegungen in der Minute aus, während sie in der Zeit der Winterruhe nur 3—4mal je Minute Atemwasser aufnehmen. Jungfische und gutgenährte Fische sind sauerstoffbedürftiger als ältere und magere Individuen.

Zu einer beträchtlichen Sauerstoffzehrung oder gar zu völligem Sauerstoffschwund kommt es vor allem durch Einleiten von fäulnisfähigen Stoffen (organische Abwässer) und durch anhaltende Eisbedeckung in flachen Seen.

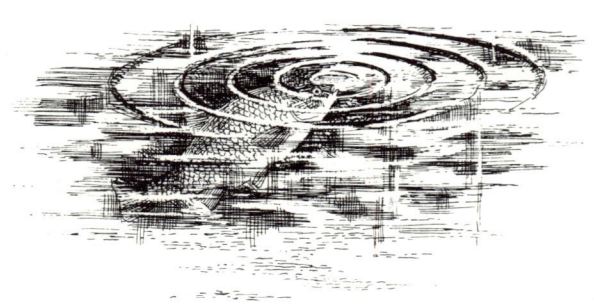

Sinnesorgane der Fische

Der Gesichtssinn

Bei den meisten unserer heimischen Fischarten spielt das Sehvermögen bei der Orientierung und Nahrungssuche eine wichtige Rolle. Vor allem diejenigen Arten, die tagsüber auf Beute ausgehen, besitzen häufig sehr große Augen.

Im Gegensatz zu den Augen der auf dem Land lebenden Wirbeltiere, ist das Fischauge mit einer kugelförmigen Linse ausgestattet, die nicht abgeflacht werden kann. Außerdem wird das Licht beim Durchtritt durch die Hornhaut nicht gebrochen, da diese denselben Brechungsindex wie das Wasser aufweist. Um eine bessere Ausnützung der Lichtstrahlen und gleichzeitig eine

Säugetierauge,
Formänderung der Linse

Fischauge,
Lageänderung der Linse

Erweiterung des Gesichtsfeldes zu erreichen, ist die Linse daher so befestigt, daß sie aus der Pupille herausragt. Jedes Auge hat ein Gesichtsfeld von 160 bis 170° horizontal und um 150° vertikal. Vor dem Fisch überdecken sich die Gesichtsfelder der beiden Augen; in diesem Bereich (20—30°) werden Gegenstände am deutlichsten gesehen. Besondere Muskeln können die Linse näher an die Netzhaut heranziehen (Einstellung für das Sehen in die Ferne).

Ein nach oben blickender Fisch sieht die über der Wasseroberfläche befindlichen Gegenstände nur durch ein kreisrundes, helles Fenster von ca. 98°. Außerhalb davon wirkt die Wasseroberfläche als Spiegel.

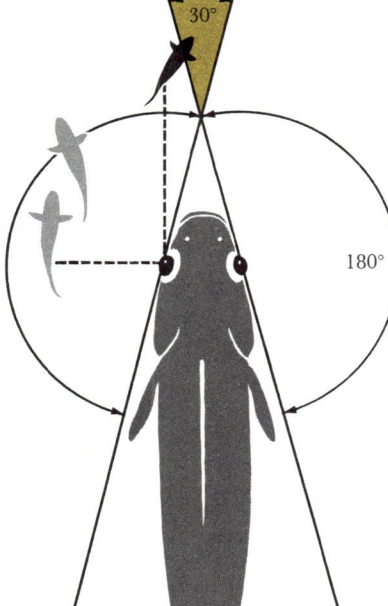

Gesichtsfeld eines Fisches

Das Seitenorgan

Die mit einem zarten Gallertzylinder
ausgestatteten Sinneshügel des Seiten-
organs der Fische stehen entweder frei
auf der Haut (z. B. bei der Elritze)
und in Rinnen (z. B. auf dem Kopf des
Hechtes) oder sie sind in schleimge-
füllte Kanäle verlagert, die durch kurze
Röhrchen und Poren als eine Längsreihe gekerbter oder durchbohrter
Schuppen, die Seitenlinie, deutlich

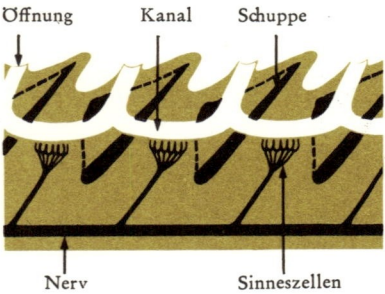

Längsschnitt durch den Seitenkanal (Schema)

sichtbar) mit der Körperoberfläche in
Verbindung stehen.
Experimentell wurde bestätigt, daß
das Seitenorgan der Ort für eine Art
Ferntastsinn ist. Mit seiner Hilfe können geringste Staudruckschwankungen,
hervorgerufen durch Schwimmbewegungen anderer Organismen oder
durch Reflexion der Druckwellen an
festen Gegenständen, wahrgenommen
und die Richtung und Entfernung der
Reizquelle festgestellt werden. Beim
Auftreffen einer Druckwelle wird
der gallertartige Fortsatz der Sinneshügel abgebogen, wodurch eine Zer-
rung der in den Zylinder hineinra-
genden Stiftchen der Sinneszellen und
damit eine Erregung dieser Organe bewirkt wird. Die empfangene
Nachricht wird durch Nerven an das
Gehirn weitergeleitet und dort ausge-
wertet. Der Fisch »fühlt« auf diese
Weise seine Umgebung.

Der Geruchs- und Geschmackssinn

Beidseitig vor den Augen der Fische
liegen die Nasenöffnungen, von denen
jede in eine blindendigende, falten-
reiche Riechgrube führt. Häufig unter-
teilt eine Hautbrücke jede Nasenöff-
nung in zwei Abschnitte: beim
Schwimmen oder durch aktives Pumpen gelangt das Wasser durch die vordere Öffnung in die Riechgrube und
fließt durch die hintere Öffnung ab.

Bekannt ist das scharfe Riechvermögen
des Aales: er kann einen gelösten
Riechstoff noch bei einer Verdünnung
von 1:2,857 Trillionen wahrnehmen.
Beim Hecht dagegen, der seine Beute
erspäht und mit dem Seitenorgan fühlt,
ist der Geruchssinn weitaus weniger
leistungsfähig.
Mit Hilfe des Geruchssinnes können
die Fische auch ihre Freunde und Feinde erkennen. Außerdem scheiden bestimmte Fischarten bei Verletzungen
Schreckstoffe aus, die auf Artgenossen
und Verwandte alarmierend wirken.
Geschmacksorgane sind nicht nur im
Mund, sondern oft über den ganzen
Körper verteilt. Sie sprechen auf andere Stoffe an als die Geruchsorgane.

Der Gehör- und Gleichgewichtssinn

Ebenso wie die Landwirbeltiere besitzen die Fische ein inneres, sehr verwickelt gestaltetes Ohr, das sog. Labyrinth, das sowohl der Wahrnehmung von Tönen (Gehörorgan) als auch der Erhaltung des Körpergleichgewichts (Organ zur Orientierung über die Lage im Raum und zur Wahrnehmung von Drehungen und Wendungen) dient.

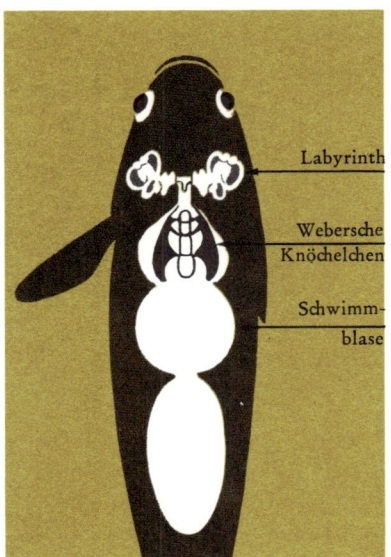

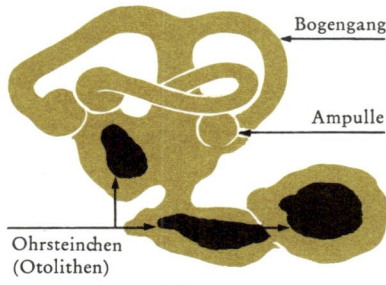

Labyrinth eines Fisches

Der obere Teil des Labyrinths besteht aus drei, mit Endolymphe gefüllten Bogengängen mit drei Ampullen (Ort des Drehungssinnes) und einem Bläschen, in dem auf einem Polster druckempfindlicher Sinneszellen ein kleines Steinchen (Ohrsteinchen oder Otolith) lagert (Ort des Lagesinnes). Den unteren Abschnitt bilden zwei säckchenförmige Anschwellungen, von denen jede ebenfalls ein Ohrsteinchen enthält (Sitz des Gehörsinnes). Da die aus kohlensaurem Kalk bestehenden Otolithen, ähnlich wie die Schuppen, bei fortschreitendem Wachstum des Fisches Zuwachsringe ausbilden, kann man sie zur Altersbestimmung verwenden. Vor allem Heringsfische, Karpfenfische und Welse haben ein ausgezeichnetes Hörvermögen, da ihre Schwimmblase (Schallempfänger) mit dem inneren Ohr durch besondere Einrichtungen verbunden ist: bei den Heringsfischen durch feine, röhrenförmige Fortsätze der Schwimmblase, bei den Karpfenfi-

schen und Welsen durch die Kette der Weberschen Knöchelchen.

Versuche mit Elritzen ergaben, daß bei dieser Fischart die untere Hörgrenze bei 13—32 Hertz, die obere bei ca. 7000 Hertz liegt (1 Hertz = 1 Schwingung/sec). Tiefe Töne (unter 100—150 Hz) werden von der Elritze auch durch den Tastsinn der Haut, sehr tiefe Töne (16 Hz) nur durch den Tastsinn wahrgenommen. Auch die Fähigkeit der Tonunterscheidung (bis zur kleinen Terz) und eine Hörschärfe, die derjenigen eines normalen menschlichen Gehörorganes gleicht, konnten bei den Versuchstieren nachgewiesen werden. Zahlreiche Fischarten sind andererseits auch fähig, knurrende oder pfeifende Laute zu erzeugen, indem sie die Wand der Schwimmblase durch besondere Muskeln zum Schwingen bringen oder Gas aus der Schwimmblase entweichen lassen. Diese Geräusche werden u. a. zur gegenseitigen Verständigung (vor allem während der Laichzeit), zur Aufrechterhaltung des Schwarmverbandes und zum Vertreiben von Feinden benützt.

BIOLOGIE DER FISCHE

Fischschwärme

Unter den Fischen gibt es viele Einzelgänger, die außerhalb der Laichzeit stets allein angetroffen werden. Der Hecht z. B. ist so ein »einsamer Wolf«. Auch der Aal, der Wels und die Quappe beherrschen ein gewisses Jagdrevier, in dem sie keine Artgenossen dulden.

Im Gegensatz dazu kennen wir auch zahlreiche Fischarten, die sich, ähnlich gewisser Vögel und Säugetiere, zu mehr oder weniger großen Gesellschaften zusammenschließen. Insbesondere die Planktonfresser unter den Fischen, die sich überwiegend in der Freiwasserzone aufhalten, sind häufig sehr gesellig lebende Fische (Renken, Ukeleie). Ebenso bilden die Jungfische vieler Arten oft dichte Schwärme; mit zunehmendem Alter der Tiere wird dann jedoch der Zusammenhalt immer geringer, so daß sich die Schwärme allmählich in kleinere Gruppen oder völlig auflösen.

Bekannt ist auch, daß sich verschiedene Karpfenfische (Bleie, Karpfen u. a.) während des Winters an besonders geschützten Stellen (Winterlager) dicht über dem Boden zu oft großen Schwärmen zusammenschließen. Erst im Frühjahr lösen sich dann diese Winterschwärme, die einige Tausend Individuen enthalten können, wieder auf. In der Regel setzt sich ein Schwarm aus einer einzigen Fischart gleicher Größe und gleichen Alters zusammen, er kann aber auch eine Anzahl anderer gesellig lebender Fische, die sich ihm angeschlossen haben, enthalten. So schwimmen z. B. Elritzen oft in Schwärmen von Jungforellen mit, denen sie im Aussehen und in der Bewegungsweise sehr ähnlich sind. Auch Bleie und Güster schließen sich gerne zu einem gemeinsamen Schwarm zusammen.

Welche biologische Bedeutung haben Fischschwärme außerhalb der Laichzeit? Neben sog. Gruppeneffekten (z. B. Steigerung der Lernleistung, Freßlust u. a. durch Beobachtung von Artgenossen) ist hier die Schutzfunktion zu erwähnen: u. a. verringert sich durch den Zusammenschluß die Wahrscheinlichkeit einer Begegnung mit Raubfischen; außerdem wird ein angreifender Raubfisch häufiger entdeckt, durch die große Fischmenge verwirrt und am Zuschnappen gehindert.

Standfische und Wanderfische

Viele Fischarten im Süßwasser sind ausgesprochene Standfische (standortstreue oder stationäre Fische), die sich ohne zwingende Notwendigkeit (Störung, Hochwässer, Futtermangel, kurze Laichwanderungen, Winterruhe) niemals weit von ihren Standorten entfernen. Der Hecht z. B. hält sich, vor allem in seiner Jugend, immer in einem bestimmten Jagdrevier auf und häufig kann man den gleichen Rotfedernschwarm oder ein Paar Schleien den ganzen Sommer über oder noch länger an einer Uferstelle beobachten. Auch die Elritze z. B. ist sehr standortstreu und hält sich zeit ihres Lebens in einer räumlich begrenzten Strecke ihres Wohngewässers auf, in dem sie jede Versteckmöglichkeit kennt.

Daneben kommen auch Wanderfische vor, die, meist um ihre Laichplätze aufzusuchen, Wanderungen von Hunderten und Tausenden von Kilometern unternehmen. Nach der Wanderrichtung unterscheidet man zwischen katadromen (aus dem Süßwasser ins Meer wandernden) und anadromen (aus dem Meer ins Süßwasser wandernden) Arten. Ein katadromer Wanderfisch ist z. B. der Aal, der sich in der Sargasso-See fortpflanzt. Störe, Maifische und Lachse dagegen sind anadrome Fische und steigen zum Laichen von ihren Weidegründen im Meer in die Flüsse auf. Von einigen Karpfenfischen (z. B. Plötze, Rapfen) kommen sowohl stationäre Formen als auch Wanderformen vor, die nur zur Laichzeit ins Süßwasser ziehen.

Hormonal gesteuerte, physiologische Veränderungen im Zusammenhang mit der einsetzenden Geschlechtsreife zwingen die Fische, ein anderes, geeignetes Milieu aufzusuchen; sie müssen oft weite Strecken zurücklegen, um dies zu finden. Die Lachse werden dabei, sobald sie in »ihr« Stromsystem eingedrungen sind, vom Geruch ihres Heimatgewässers geleitet.

Fortpflanzung

Außerhalb der Laichzeit sind sich Männchen und Weibchen in Gestalt und Färbung meist sehr ähnlich. Bei einigen Fischarten jedoch sind beim Männchen bestimmte Flossen deutlich größer als beim Weibchen, so z. B. die Brustflossen beim Gründling, die Bauchflossen bei der Schleie, die Rükkenflosse bei der Äsche und beim Vierhörnigen Seeskorpion. Bei den Zahnkarpfen oder Kärpflingen Südeuropas ist die Färbung der Geschlechter stets verschieden oder das Männchen bleibt wesentlich kleiner als das Weibchen (z. B. Koboldkärpfling).

Sobald die Laichzeit herannaht, verändert sich die Färbung (und bei einigen Arten auch die Körperform, vor allem bei den Männchen) so grundlegend,

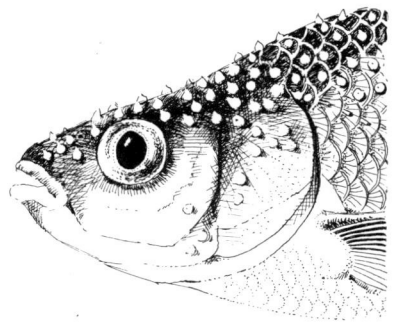

daß man von einem besonderen »Hochzeitskleid« spricht (Lachs, Forelle, Bitterling, Stichling u. a.). Viele Renken- und Karpfenarten (meist nur die Männchen) bekommen außerdem zur Laichzeit einen eigenartigen, körnigen Laichausschlag, insbesondere auf dem Kopf und Vorderkörper. Nach dem Ablaichen wird dieses Perlorgan wieder rückgebildet; es dient wahrscheinlich beim Paarungsakt zur Vergrößerung der Reibung.

Bei nicht laichreifen Fischen sind die Geschlechtsorgane sehr klein. Erst mit Beginn der Laichzeit schwellen sie zu großen, sackartigen Organen an, an deren Innenwand Eier (Rogen) bzw. Samenfäden (Milch) erzeugt werden. Hoden und Eierstöcke gehen in die Samen- bzw. Eileiter über, die in der Analgegend nach außen münden (Eileiter fehlen z. B. bei den forellenartigen Fischen). Das Ablaichen erfolgt bei den meisten Süßwasserfischen an flachen Stellen; die Laichplätze selbst können jedoch sehr verschiedengestaltig sein: von Kiesbänken im strömenden Wasser (Neunaugen, Lachsfische, Elritzen, Rapfen, Nasen, Barben usw.) bis zu pflanzenreichen, ruhigen Buchten mit weichem Grund (Karpfen, Blei, Güster, Schlammpeitzger usw.).

Während die Geschlechtsreife hormonal gesteuert wird, ist für das Ablaichen selbst meist eine bestimmte Laichtemperatur notwendig. Man kann daher grob zwischen Winter-, Frühjahrs- und Sommerlaichern unterscheiden. In Südeuropa laichen die Fische durchwegs früher im Jahr als in Nordeuropa.

Die meisten Süßwasserfische geben Milch und Rogen frei ins Wasser ab, es erfolgt also eine äußere Befruchtung. Bei den lebendgebärenden Zahnkarpfen (z. B. Koboldkärpfling) dagegen, werden die Eier im Körper des Weibchens befruchtet (innere Befruchtung); die Afterflosse des Männchens ist bei diesen Fischen zu einem Begattungsorgan (Gonopodium) umgewandelt.

Einige Fischarten laichen im Schwarm, andere paarweise ab. Von Karpfenfischen sind aus freien Gewässern eine große Zahl von Kreuzungen bekannt; so mischt sich z. B. die Rotfeder gerne unter die Laichschwärme anderer Karpfenfische. Die meisten Bastarde sind jedoch nicht fortpflanzungsfähig. Bei einigen Fischarten (z. B. Hecht, Plötze, Barsch) werden alle Eier gleichzeitig reif und auf einmal abgegeben. Bei anderen (z. B. Güster, Karausche, Ukelei) dagegen reifen sie portionsweise und werden in mehreren Etappen abgelegt.

Die Eier sind meist durchsichtig, gelblich oder rötlich, etwas schwerer als Wasser und nach der Befruchtung klebrig; sie haften daher in Klumpen oder einzeln an Wasserpflanzen, Steinen etc. Bei einigen Fischarten (z. B. Maifisch) sind die Eier jedoch nicht klebrig und leichter, so daß sie, meist in grundnahen Wasserschichten, von der Strömung getragen werden.

Die Eizahl pro Weibchen ist von der Eigröße und dem Alter, der Größe und Konstitution des Weibchens abhängig. Ein Lachsweibchen z. B. legt im Durchschnitt etwa 1000—3000 Eier (5 bis 7 mm $\emptyset$), ein Hechtweibchen dagegen 20 000—45 000 Eier (2,5—3 mm $\emptyset$) je kg Körpergewicht ab.

Neben Fischen, die sich nicht um ihre Nachkommenschaft kümmern, gibt es zahlreiche Arten, die Brutpflege treiben (z. B. Nestbau und Bewachung der Brut bei den Welsen, Stichlingen, Grundeln u. a., Eiablage des Bitterlings in die Kiemenräume von Muscheln).

Die Entwicklungsdauer der Eier (Brutdauer) ist vor allem von der Erbrütungstemperatur abhängig. Sie schwankt je nach Fischart zwischen wenigen Stunden und mehreren Monaten. Karpfeneier benötigen ca. 100 Tagesgrade, d. h. bei 20° C dauert die Eientwicklung etwa 100 : 20 = 5 Tage.

Ei mit schlüpfreifem Embryo

Entwicklung der Larven

Der Embryo im Ei ernährt sich von der Dottermasse, die er umwächst, bis schließlich der letzte Dotterrest im Magen eingeschlossen ist.

Beim Schlüpfen befreien sich die Fischchen von der Eihülle und strecken sich aus (sie dann ca. 3mal so lang wie der Eidurchmesser). Da sie zuerst nur wenig Ähnlichkeit mit den erwachsenen Tieren haben, bezeichnet man sie als »Larven«. Viele von ihnen machen

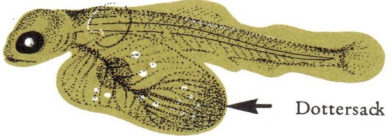

Dottersack

Lachslarve, eben geschlüpft

nach dem Schlüpfen ein Ruhestadium durch (Ausnahme: z. B. Barschlarven), während dem sie sich im Kies verbergen (Lachsfische) oder mit ihren Klebedrüsen an Pflanzen, Wurzelwerk etc. anheften (viele Karpfenfische) und von den Nahrungsreserven des Dottersakkes zehren.

Wachstum und Alter

Das Wachstum ist vor allem von der Ernährung abhängig, jedoch spielen dabei noch viele andere, äußere und innere Faktoren eine Rolle, z. B. die Wassertemperatur und das Alter. So ist bei den Jungfischen der jährliche Zuwachs am größten. Nach dem Eintritt der Geschlechtsreife geht dann der weitere Zuwachs nicht mehr so schnell vor sich, da (1) ein großer Teil der aufgenommenen Nährstoffe zum Aufbau von Geschlechtsprodukten verwendet wird (Gewichtsverluste pro Laichperiode von 10—25% des Körpergewichts durch Abgabe von Milch bzw. Rogen; und (2) bestimmte Geschlechtshormone wachstumshemmend wirken. Das Wachstum verlangsamt sich zwar, hört jedoch nie ganz auf. Auch im Verlauf eines Jahres ist das Wachstumstempo nicht gleichmäßig (geringer oder kein Zuwachs im Winter). Die Wachstumskurve für einen Fisch ist daher mehr oder weniger treppenförmig.

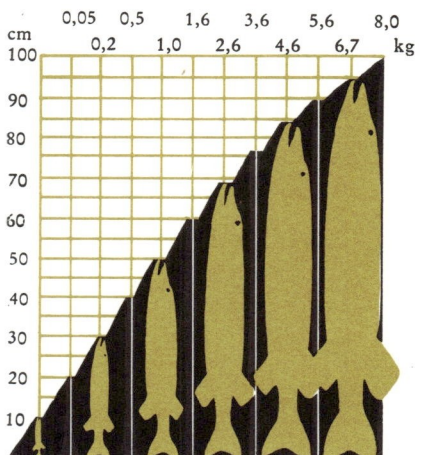

Wachstum des Hechtes

Dem Längenwachstum entspricht eine gleichzeitige Zunahme der Höhe und Breite des Fischkörpers. Da dieser Längenzuwachs proportional mit dem Höhen- und Breitenzuwachs vor sich geht, besteht eine Beziehung zwischen Körpergewicht und -länge, die durch folgende Formel ausgedrückt werden kann: $G = a \times L^n$, wobei a eine Konstante und der Exponent n gewöhnlich ca. 3 ist.

Da die Fische ihr ganzes Leben über wachsen, können keine absoluten Zahlen in bezug auf Endlängen und -gewichte genannt werden. Die in diesem Buch enthaltenen Angaben über die maximale Länge und das Gewicht einer Art bedeuten nur, daß so große Exemplare oder gar noch größere sehr selten sind. Die meisten Fische werden gefangen oder gehen an einer Krankheit oder durch Parasitenbefall zugrunde, ehe sie ihr Höchstalter erreicht haben. Eine ganze Reihe kleinerer Fischarten hat nur eine Lebensdauer von einigen Jahren, für die meisten Karpfenfische jedoch liegt die Altersgrenze zwischen 10 und 20 Jahren. Der Karpfen wird über 40 Jahre, der Stör angeblich über 100 Jahre alt.

Fischnahrung

Der harte Konkurrenzkampf untereinander zwingt die Fische, jede Möglichkeit, die ihnen die Natur bietet, auszunützen, um zu Wohnplatz und Nahrung zu gelangen. Fische findet man daher in allen Arten von Binnengewässern, ebenso wie auch alle im Süßwasser vorkommenden Tierarten, soweit sie zu bewältigen sind, der einen oder anderen Fischart als Nahrung dienen. Nach der Art ihrer Nahrung kann man die Fische ganz grob einteilen in (1) Pflanzenfresser, (2) Kleintierfresser und (3) Großtierfresser (»Raubfische«); dabei muß jedoch sogleich hinzugefügt werden, daß die meisten Fischarten eine mehr oder weniger gemischte Kost zu sich nehmen.

Die Pflanzenfresser bilden die kleinste Gruppe. Sie ernähren sich vom Algenbewuchs, den sie von Steinen, versunkenem Astwerk etc. abweiden, oder sie knabbern die jungen Triebe der höheren Wasserpflanzen ab. Meist nehmen sie neben den pflanzlichen Stoffen auch Kleintiere auf, die sich zwischen den Pflanzen aufhalten (Würmer, Kleinkrebse, Zuckmückenlarven). Von den einheimischen Fischen ist nur die Rotfeder ein reiner Pflanzenfresser.

Die Kleintierfresser sind weitaus in der Überzahl. Würmer, Kleinkrebse, Muscheln, Schnecken und vor allem Insekten und deren Larven (s. Abb. 32 bis 35) bilden ihre Nahrung.

Die Großtierfresser (z. B. Huchen, Hecht, Zander) leben überwiegend von Fischen, greifen jedoch auch andere kleine Wirbeltiere an (Frösche, Spitzmäuse u. a.), falls sich die Gelegenheit bietet.

Nahrungssuche

Sobald die Fischbrut schwimm- und freßfähig ist, versammelt sie sich meist an seichten Stellen nahe der Wasseroberfläche, um dort nach mikroskopisch kleinen Planktonorganismen, insbesondere nach Rädertieren, Larven von Kleinkrebsen und Planktonalgen zu jagen, die sie mit ihren großen, wohlentwickelten Augen wahrnehmen. Bei vielen Oberflächenfischen bleibt der Gesichtssinn auch später das wichtigste Hilfsmittel für den Beutefang. Außerdem haben die Organe des Ferntastsinnes, insbesondere das Seitenliniensystem auf dem Kopf, eine große biologische Bedeutung im Zusammenhang mit dem Nahrungserwerb, vor allem bei den Raubfischen.

Nahrung für die Fischbrut:

Grünalgen

Rädertier

Kieselalgen

1 mm

Krebslarven

Bei Fischen, die nach dem ersten Jugendstadium allmählich zu Bodennahrung übergehen, nimmt die Bedeutung des Gesichtssinnes ab, während sich die Organe des Tastsinnes und der chemischen Sinne (Geruch, Geschmack) besonders stark entwickeln. Viele Grundfische besitzen mehr oder weniger lange Bartfäden, die reich mit Geschmacksknospen besetzt sind.

Wels, Quappe und Aal sind ausgesprochene Nachtiere, die durch ihr leistungsfähiges Geruchsorgan auf ihre Beute aufmerksam und zu ihr hingeleitet werden. Fische dagegen, die ihre Nahrung überwiegend mit dem Auge wahrnehmen, fressen nur tagsüber.

Nahrungsaufnahme

Genauso verschiedenartig wie die Ernährungsweise ist auch der Bau und die Bezahnung des Mundes bei den Fischen. Die meisten von ihnen haben nicht nur auf den Kieferknochen Zähne, sondern auch auf einer ganzen Reihe anderer Knochen der Mundhöhle, auf denen sie dichte Polster bilden können. Bei einigen Fischen benützt man sie zur Artbestimmung (z. B. Bezahnung des Pflugscharbeins bei Lachsfischen).

Pflugscharbein

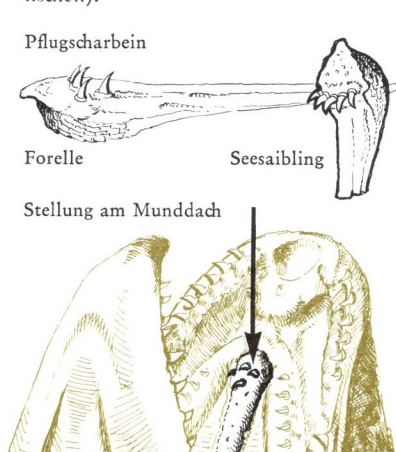

Forelle   Seesaibling

Stellung am Munddach

Die Großtierfresser unter den Fischen besitzen eine sehr weite Mundspalte und spitze, meist nach hinten gekrümmte Zähne (Fang- oder Hundszähne), mit denen sie ihre Beute ergreifen und festhalten können.

Bei einigen Fischen, z. B. beim Blei und bei den Stören, sind die Kiefer rüsselartig vorstreckbar, so daß damit Würmer oder Insektenlarven aufgesaugt werden können.

Der Mund der Neunaugen ist zu einer Saugscheibe umgestaltet, mit der sie sich an Fischen festsaugen können, während ihre kolbenförmig verdickte, mit scharfen Hornzähnen besetzte Zunge ein Loch in den Körper des Beutetieres raspelt.

Die Nasen oder Näslinge wiederum, die den Bewuchs an Steinen und Pflanzen einschließlich der Kleintierwelt abweiden, besitzen eine scharfkantige, hornige Unterlippe, während die Bezahnung des Mundes, wie bei den anderen Karpfenfischen, völlig rückgebildet ist.

Ebenso haben alle Fische, die sich von Planktonorganismen ernähren, einen zahnlosen oder nur mit kleinen Bürstenzähnen bewehrten Mund. Die Kiemenreusen dagegen bilden dichte Filter, die dazu dienen, eine Verschmutzung der zarten Kiemenblättchen durch die winzigen Nährtiere zu verhindern. Die Nahrung wird im allgemeinen unzerkleinert geschluckt. Ein Hecht kann dabei einen Beutefisch verschlingen, der halb so lang ist wie er selbst. Karpfenfische besitzen zwar einen zahnlosen Mund, sie bearbeiten aber ihre Nahrung, ehe sie in den Darm gelangt, mit den sog. Schlundzähnen.

Diese zahnartigen Gebilde sitzen auf dem 5. Kiemenbogen, dem sog. Unterschlundknochen. Sie sind in ihrer Form, Anzahl und Stellung für jede Art der Karpfenfische so charakteristisch, daß sie als Unterscheidungsmerkmale der einzelnen Arten herangezogen werden können.

Schlundzähne einiger Karpfenfische

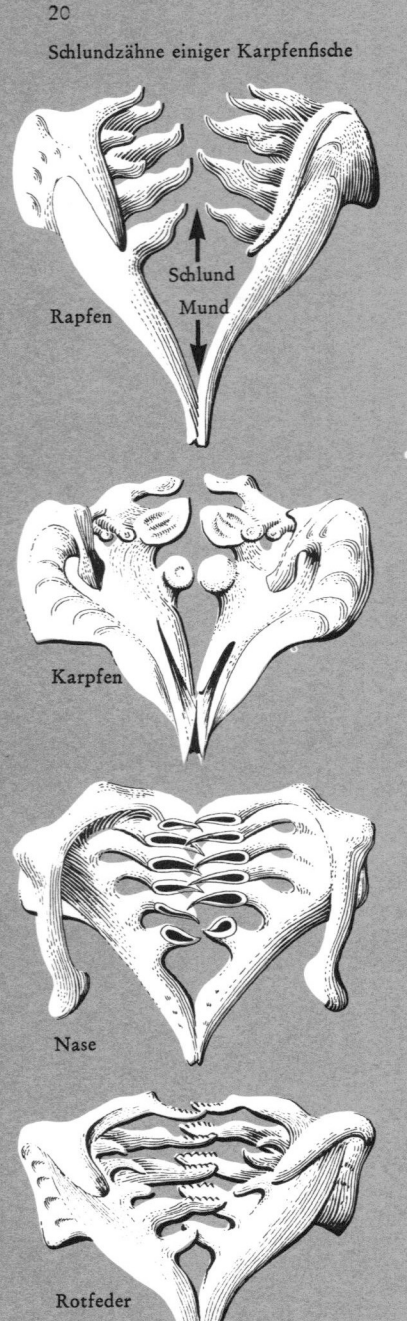

Rapfen

Schlund

Mund

Karpfen

Nase

Rotfeder

Die Schlundzähne dienen den Karpfenfischen zum Trockenpressen, Zerquetschen und Zerkleinern der Nahrung. Sie werden durch kräftige Muskeln bewegt und arbeiten gegen eine hornige Kauplatte, den Karpfenstein, der als Widerlager ihnen gegenüber liegt. Ihre Form ist sehr mannigfaltig: sie können kegelförmig sein (z. B. beim Rapfen) oder eine gesägte (z. B. bei der Rotfeder) oder messerförmig scharfe Krone (z. B. bei der Nase) tragen; beim Karpfen wiederum sind sie zu breitflächigen Mahlzähnen umgestaltet, die mehrere Male im Jahr, vor allem während der Herbst- und Wintermonate, durch neue ersetzt werden.

Darm und Verdauung

Eine gesetzmäßige Beziehung zwischen der Nahrungsart und der Darmlänge (Eiweißkost: kurzer Mitteldarm, Pflanzen- bzw. Gemischtkost: langer Mitteldarm) läßt sich nur bei einem Vergleich bestimmter Fischfamilien (z. B. Lachsfische — Karpfenfische), jedoch nicht für alle Fische allgemeingültig nachweisen. Dies gilt auch für das Vorhandensein bzw. Fehlen eines Magens: zwischen der Nahrungsart, dem Vorverdauungstyp (Schlinger, Zerkleinerer) und der Magenlosigkeit besteht keine feste Beziehung, es können immer wieder Ausnahmen festgestellt werden.

Karpfenfische und Schmerlen (Ausnahme: Bartgrundel) sind magenlos (die Speiseröhre geht direkt in den Mitteldarm über), während z. B. Forellen, Hechte und Zander einen langen, kräftigen Magensack besitzen, in dem die chemische Verdauung beginnt (Absonderung von Pepsin). Unmittelbar hinter dem Magenausgang befinden sich bei vielen Fischen Pylorusanhänge oder -blindsäcke (bei magenlosen Fischen stets fehlend), von denen man annimmt, daß sie der Vergrößerung der Darmwand dienen. Die große, fettreiche Leber (mit hohem Gehalt an Vi-

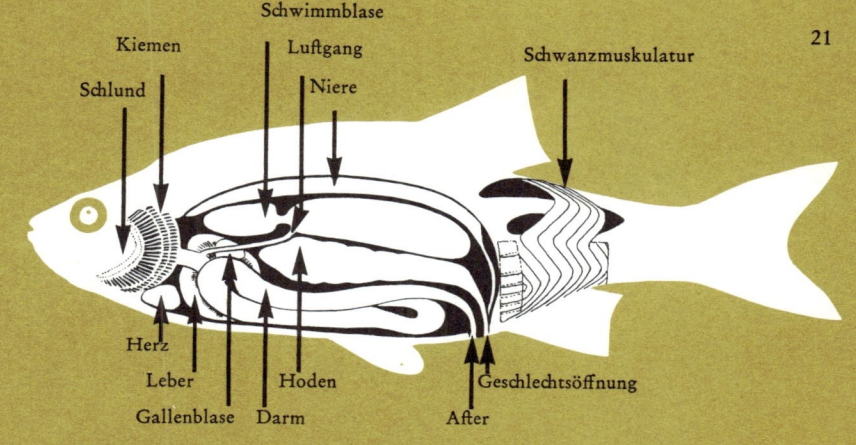

Schwimmblase
Kiemen
Luftgang
Niere
Schlund
Schwanzmuskulatur

Herz
Leber
Hoden
Geschlechtsöffnung
Gallenblase
Darm
After

tamin A und D) erzeugt die Gallen-
flüssigkeit, die im Darm u. a. eine
Emulsion der mit der Nahrung aufgenommenen Fette bewirkt, während die
Bauchspeicheldrüse die für die Verdauung wichtigen Fermente liefert.
Die Verdauungsgeschwindigkeit hängt
u. a. von der Wassertemperatur und
von der Größe und Art (Kaloriengehalt) der Nahrung ab. Bei 20° C werden von jungen Plötzen Zuckmückenlarven in ca. 4, Muscheln und Schnek-
ken in ca. 9 Stunden verdaut; bei
10° C dagegen dauert die Verdauung
2—3mal so lang. Große, fett- und ei-
weißreiche Nährtiere bleiben mehrere
Tage im Magen.

Aufgenommene Nahrungsmengen

Die Nahrung wird im Fischkörper in
Energie für Muskeln und Organe umgesetzt (Betriebsstoffwechsel), der
Überschuß dient für den Aufbau des
Körpers (Baustoffwechsel). Die Höhe
der Zuwachsrate ist daher in erster Linie vom Kaloriengehalt und der Menge der aufgenommenen Nahrung abhängig.
Häufig nehmen Süßwasserfische in ihrer Jugendzeit täglich Nahrungsmen-
gen zu sich, die der Hälfte (oder mehr)
des eigenen Körpergewichts entsprechen. Der größte Teil dieser Nahrungs-

mengen wird dabei in Wachstum umgesetzt. Ist die Nahrung wasserhaltig
und kalorienarm (z. B. Wasserflöhe),
so müssen die Fische ca. 3mal soviel
davon aufnehmen, wie wenn die Nahrung z. B. aus Fischbrut besteht.
Der Nahrungsquotient (oft auch Nah-
rungskoeffizient genannt) gibt an, wie-
viel g (kg) Nahrung notwendig sind,
um einen Gewichtszuwachs von 1 g (kg)
zu erzielen.
Mit zunehmendem Alter des Fisches
wird auch der Nahrungsquotient (NQ)
für ihn immer größer, d. h. ein stets
kleiner werdender Teil der Nahrung
wird in Wachstum umgesetzt, während
der Teil, der zur Kraftgewinnung
dient, immer größer wird. Während
bei Junghechten schon 6—8 kg Futterfische einen Zuwachs von 1 kg ergeben, benötigt ein alter Hecht hierzu 10
bis 30 kg. Überalterte und übergroße
Fische sind daher unwirtschaftlich.
Der NQ hängt jedoch auch von der
Menge der aufgenommenen Nahrung
ab. Bei Überfütterung erhöht sich nämlich die Geschwindigkeit, mit der die
Nahrung den Darm passiert, so daß
sie zum großen Teil unverdaut wieder
ausgeschieden wird. Nach einer Hun-
gerperiode oder wenn nur wenig Futter vorhanden ist, wird die Nahrung
besser ausgenutzt.

LEBENSRÄUME UNSERER SÜSSWASSER- FISCHE

Die Binnengewässer bieten den Fischen eine Reihe biologisch sehr verschiedener Lebensräume, an deren Möglichkeiten und Bedingungen sich die einzelnen Arten mehr oder weniger stark angepaßt haben. In einem Gebirgsbach werden wir eine andere Artenzusammensetzung finden als in einem See. Wir wollen uns daher kurz die fischereibiologische Einteilung der Gewässerformen ansehen.

Quellbäche

Das schnellfließende Wasser der Quellbäche im Gebirge ist sehr sauerstoffreich und außerhalb der Schneeschmelze klar und rein; selbst im Sommer steigt seine Temperatur nur selten über 9° C an, in höheren Lagen bleibt sie sogar häufig darunter. Wassertiefe und -führung wechseln dagegen sehr stark. Der Untergrund des Bachlaufes besteht aus feinerem oder gröberem Kies mit großen Felsblöcken dazwischen. Reißende, flache Stellen, Wasserfälle, tiefe Gumpen und Strudel wechseln einander ab. Pflanzenwuchs ist kaum vorhanden. Die niedere Tierwelt setzt sich aus Spezialisten zusammen, die in Körperform und Lebensweise an die reißende Strömung angepaßt sind (Abflachung, Schutzgehäuse, Saugnäpfe usw.).

Nach der Bachforelle, die hier als Standfisch lebt, wird dieser Gewässerabschnitt Forellenregion genannt. Sie kann im Gebirge bis in eine Höhe von über 2000 m reichen.

Auch die Quellbäche im Flachland (Niederungsbäche) gehören zur Forellenregion, sofern das Wasser klar und sauerstoffreich ist.

Begleitfische der Bachforelle in dieser Region sind Groppe, Elritze, Schmerle und das Bachneunauge.

Größere Bäche und kleine Flüsse

Dort, wo durch Vereinigung mit anderen Bächen die Wasserführung allmählich zunimmt, während Gefälle und Strömung geringer werden, kommen wir in die sog. Äschenregion. Neben Kies- und Sandbänken in starker Strömung finden wir hier größere, tief ausgewaschene Gumpen und Stellen mit weicherem Grund und reichem Pflanzenwuchs (Wasserstern, Wasserpest etc.). Das Wasser ist immer noch sauerstoffgesättigt und kalt, weist jedoch schon höhere sommerliche Temperaturen auf. Leitfisch dieser Region ist die Äsche, die hier als Standfisch neben Forellen, Schmerlen, Groppen und mehreren Karpfenfischen (Elritze, Nase, Döbel, Barbe, Gründling, Schneider u. a.) lebt. Auch die Quappe kann man hier antreffen. Außerdem steigen Lachs, Meerforelle und im Donaugebiet der Huchen zur Laichzeit in dieses Gebiet auf. Ein sehr unwillkommener Gast in der Äschenregion ist der Hecht, der hier in tiefen Gumpen und ruhigen Buchten vorkommt.

Mit der Äschenregion endet die Großregion der Lachsfische (Oberlauf eines Flusses) und beginnt gleichzeitig das Reich der Karpfenfische (Mittellauf).

Schnellfließende Flüsse

Das Gewässer ist nun breiter und tiefer geworden, der Untergrund jedoch noch immer überwiegend kiesig oder sandig. Weicher Boden und damit dichte Pflanzenbestände finden sich vor allem an den Ufern und in ruhigen Buchten. Das Wasser ist hier zwar wärmer und trüber, aber noch sauerstoffreich. Leitfisch dieser Region ist die

Barbe (Barbenregion). Als Begleitfische kommen hier neben den bereits genannten Karpfenfischen Rapfen, Hasel und Aland, in Altarmen auch Blei, Güster, Plötze und Rotfeder, sowie der Hecht und Barsch vor. Im Donaugebiet finden wir hier Schrätzer, Streber, Zingel und große Huchen.

Langsamfließende Flüsse und Ströme

Die meisten Fischarten treffen wir in dieser Lebenszone, der Blei- oder Brachsenregion, an. Der Boden ist hier sandig oder stellenweise auch schlammig, das Wasser im Sommer warm, trüb und in Bodennähe oft sauerstoffarm. Die Ufer und vor allem die Seitengewässer sind häufig sehr pflanzen- und nahrungsreich. In dieser Region leben die gleichen Fischarten wie in den großen, flacheren Seen der Ebene: Neben dem Blei, dem Leitfisch dieser Region, kommen hier Güster, Schleie, Plötze, Zander und Aal besonders zahlreich vor. Außerdem finden wir Flußkarpfen, Ukelei, Bitterling und größere Welse. Natürlich fehlt in die-

sem Raubfischparadies auch der Hecht nicht.

Gleichzeitig ist die Bleiregion eines Flusses das Durchzugsgebiet oder der zeitweilige Aufenthaltsort zahlreicher Wandersfiche des Meeres. Hier müssen insbesondere Meerneunauge, Stör, Alse, Finte, Lachs, Meerforelle, Stint und Flunder genannt werden.

Flußmündungen

Im Mündungsgebiet der Flüsse vermischt sich das Süßwasser, bedingt durch die Wirkung der Gezeiten u. a., mit dem Meerwasser. Charakterfische sind hier der Kaulbarsch (wenn das Wasser nur zeitweise brackig ist) und die Flunder (Kaulbarsch-Flunder-Region), Begleitfische verschiedene See- und Flußfische.

Besonders zahlreich kommt in dieser Region der Dreistachlige Stichling vor. Hier halten sich auch die Junglachse auf, um sich an das Meerwasser und die Kostveränderung zu gewöhnen. Außerdem trifft man hier den Aal (vor allem Aalmännchen) in großen Mengen an. Viele andere Süßwasserfische dringen ebenfalls ins Brackwasser vor: so trifft man den Hecht längs der gesamten Ostseeküste bis zur dänischen Beltregion an. Besonders im Schwarzmeergebiet kommen zahlreiche Unterarten von Karpfenfischen vor, die als anadrome Brackwasserfische leben, d. h. nur zur Laichzeit ins Süßwasser ziehen. Im Brackwasser ist das Wachstum der Fische meist bedeutend schneller als im Süßwasser, da hier die Nahrung reichlicher vorhanden und die Auswahl größer ist.

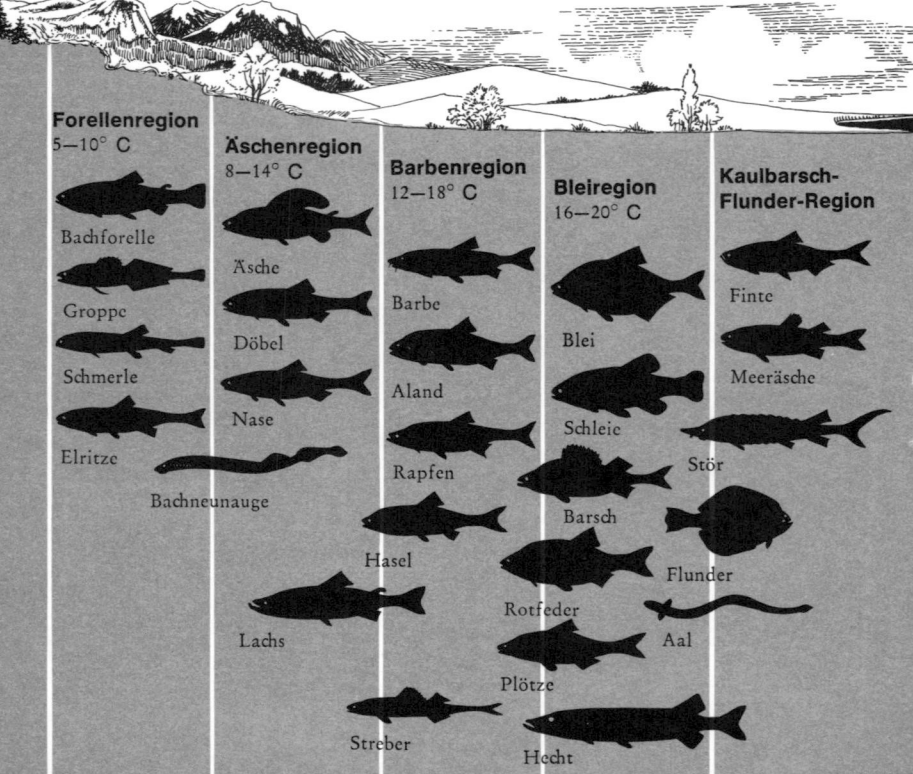

Forellenregion 5—10° C
Bachforelle
Groppe
Schmerle
Elritze
Bachneunauge
Lachs

Äschenregion 8—14° C
Äsche
Döbel
Nase
Hasel
Streber

Barbenregion 12—18° C
Barbe
Aland
Rapfen
Rotfeder
Plötze

Bleiregion 16—20° C
Blei
Schleie
Barsch
Hecht

Kaulbarsch-Flunder-Region
Finte
Meeräsche
Stör
Flunder
Aal

Stehende Gewässer

Da die stehenden Gewässer in bezug auf ihre morphologische Struktur (Form, Flächen- und Tiefenausdehnung), Wassertemperatur und Produktivität genauso verschiedenartig sind wie die Fließgewässer, mußte sich ihre Fischwelt an sehr unterschiedliche Umweltbedingungen anpassen.

Flachlandseen

Hier handelt es sich meist um Seen mittlerer Tiefe (5–20 m) mit reichem Pflanzenwuchs in der Uferzone und Schlammablagerungen in der Tiefe (sog. Blei- oder Brachsenseen). Vor allem in der Nähe menschlicher Siedlungen (Einleiten organischer Abwässer) können sie sehr nährstoffreich (eutroph) sein und im Sommer eine ungeheuere Planktonproduktion und damit trübes Wasser aufweisen.

Im Sommer wird das Oberflächenwasser von der Sonne aufgeheizt; dadurch wird es leichter und liegt als eine warme Schicht von einigen Metern Dicke (Epilimnion) über den kälteren, tieferliegenden Wassermassen (Hypolimnion). Zwischen diesen beiden Schichten bildet sich eine meist nur wenige Meter dicke Übergangsschicht, die sog. Sprungschicht (Metalimnion). Auf diese Weise wird das Tiefenwasser von der sauerstoffreichen, warmen Oberflächenschicht abgeschnitten. Erst bei der Vollzirkulation im Herbst werden die Wassermassen wieder durchmischt.

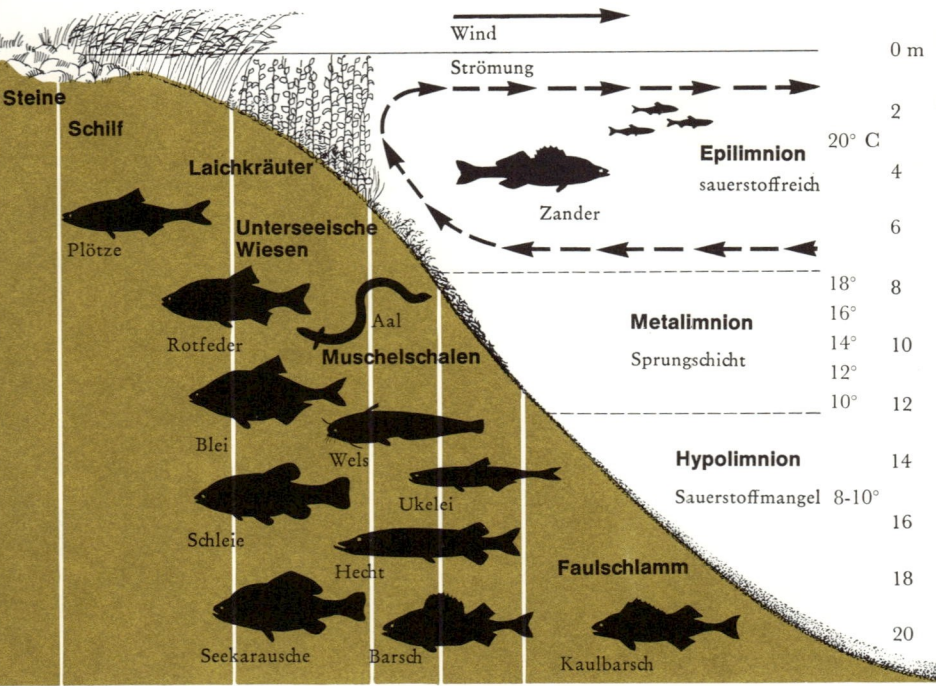

Betrachten wir nun den oben abgebildeten, schematischen Querschnitt durch einen Flachlandsee: Auf das steinige Brandungsufer folgt die mehr oder weniger breite Zone der Überwasserpflanzen (Schilf, Rohrkolben, Binsen etc.), das sog. Gelege. Daran schließen sich die Zonen der Schwimmblatt- und Unterwasserpflanzen an (Seerosen, Wasser-Knöterich, Wasser-Hahnenfuß, Laichkräuter, Tausendblatt, Wasserpest u. a.). Unterseeische Wiesen (Armleuchteralgen, Quellmoos u. a.) bilden häufig den Abschluß dieser Krautregion, die dann allmählich in die pflanzenlose Faulschlammzone übergeht, wobei oft eine sog. Schalenzone (Anhäufungen von Muschel- und Schnekkenschalen) dazwischengeschaltet ist. Der Fischbestand in nahrungsreichen Flachlandseen ist ähnlich zusammengesetzt wie in der Bleiregion eines Flusses. In der Krautregion finden wir junge Bleie, Güster, Schleien, Rotfedern, Plötzen u. a., während sich die Hechte, ebenso wie die Fischbrut und die Jungfische, gerne im Schilfgürtel aufhalten. An stärker der Brandung ausgesetzten Ufern können auch Arten vorkommen, die sich überwiegend in Fließgewässern aufhalten, wie etwa Groppe und Steinbeißer. Am Außenrand der Krautregion ziehen die Ukeleischwärme und der Barsch, der auch in tieferem Wasser über der Schlammzone angetroffen wird. Der Zander, der im Gegensatz zu Hecht und Barsch sommertrübes Wasser bevorzugt, jagt in der Freiwasserregion, während sich der Kaulbarsch in Bodennähe aufhält.

Weiher

Diese meist kleinen Gewässer besitzen eine so geringe Tiefe (selten mehr als 2 m), daß das Licht bis zum Gewässerboden vordringen und daher ihre gesamte Bodenfläche Pflanzenwuchs tragen kann. Ihr Fischbestand ist aus widerstandsfähigen Arten zusammengesetzt, die gegen hohe Temperaturschwankungen und zeitweise geringen Sauerstoffgehalt des Wassers relativ unempfindlich sind. Werden diese Gewässer nur unzureichend befischt oder ist der Hechtbestand zu gering, so kommt es häufig zu einer Massenvermehrung der Fische. Infolge der starken Nahrungskonkurrenz bleiben dann zahlreiche Arten im Wachstum zurück (Kümmerformen von Karpfen, Karausche, Barsch u. a.). Bei intensiver Bewirtschaftung ist ein Weiher jedoch sehr ertragreich.

Vorgebirgs- und Hochgebirgsseen

Typisch für das Alpenvorland sind kalte, tiefe und recht nährstoffarme (oligotrophe) Seen mit steiler Uferzone und einigen flachen Buchten. In der sauerstoffreichen Tiefenregion wird nur wenig oder überhaupt kein Schlamm abgelagert. Vorherrschend sind hier Renken, Seeforellen und Seesaiblinge, die sich hauptsächlich in der Freiwasserregion aufhalten, während wir in der bewachsenen Uferregion verschiedene Karpfenfische, Barsche, Hechte und Quappen antreffen.

Die oft mehr als 2000 m hoch gelegenen Hochgebirgsseen werden nur von Forellen, Seesaiblingen, Elritzen und Groppen bewohnt.

Theorie und Wirklichkeit

In der Natur kommen die verschiedenartigsten Übergänge zwischen den einzelnen Regionen der Fließgewässer, ja zwischen stehenden und fließenden Gewässern vor (Flußseen!). In zahlreichen Wasserläufen fehlt die eine oder andere Region überhaupt. Außerdem gibt es Fische, die die Grenzen der genannten Gewässertypen durchaus nicht respektieren. Dieses Kapitel gibt daher nur eine sehr grobe Übersicht.

BESTIMMUNGSSCHLÜSSEL

Um die einzelnen Fischarten nach äußeren Merkmalen bestimmen zu können, bedient man sich des unten angegebenen Bestimmungsschlüssels. Man beginnt hierbei bei der Ziffer 1. Jede Zahl auf der linken Seite des Schlüssels umfaßt in einer Klammer 2—5 verschiedene Kennzeichen der Fische. Auf der rechten Seite findet man für jedes dieser Kennzeichen einen Hinweis auf eine neue Ziffer oder die gefundene Art- bzw. Familienbezeichnung.
Die mit einem ◇ versehenen Fische kommen auch in Deutschland vor. Fremdfische, d. h. aus anderen Faunengebieten eingeführte Arten, sind durch (◇) gekennzeichnet.

BESTIMMUNGSSCHLÜSSEL FÜR DIE HAUPTGRUPPEN

1 Körper aalförmig, paarige Flossen fehlen, Mund als Saugscheibe ausgebildet .... **Rundmäuler,** Seite 39—43

Ohne diese Kennzeichen **2**

2 Haiähnlicher Körper mit 5 Längsreihen von Knochenschildern, Schwanzflosse mit verlängertem Oberlappen .... **Störe,** Seite 44

Andere Kennzeichen .... **Echte Knochenfische,** s. u.

Bestimmungsschlüssel für die Echten Knochenfische

1 Körper flach, oval, mit langen Flossensäumen. Rauhe Körperoberfläche, dornige Hautwarzen besonders entlang der Seitenlinie und an der Basis der Rücken- und Afterflosse .... ◇ **Flunder,** Seite 177

Körper schlangenförmig. Rücken-, Schwanz- und Afterflosse bilden einen zusammenhängenden Flossensaum, Bauchflossen fehlen .... ◇ **Aal,** Seite 149

Andere Kennzeichen **2**

30

Mit einer kurzen, gliederstrahligen Rückenflosse
und einer kleinen, strahlenlosen Fettflosse .... ◇ **Lachsfische,** Seite 50

7

Mit geteilter oder ungeteilter Rückenflosse, der
vordere Abschnitt stets stachelstrahlig, der hintere
gliederstrahlig **11**

Mit einer gliederstrahligen Rückenflosse **8**

Ohne Seitenlinie. Vorderkörper mit mindestens
einem deutlichen, schwarzen Fleck. Gesägte
Bauchkante mit scharfen Kielschuppen .... ◇ **Maifische,** Seite 48

8

Rückenflosse weit nach hinten verschoben. Schnauze
stark abgeflacht, schnabelförmig .... ◇ **Hecht,** Seite 79

Ohne diese Kennzeichen **9**

Hinterrand der Schwanzflosse abgerundet. Kleine
Fische unter 12 cm Länge **10**

9

Hinterrand der Schwanzflosse mehr oder weniger
tief eingekerbt .... ◇ **Karpfenfische,** Seite 82

Vorderende der Rückenflosse hinter der Basis der
Bauchflossen .... **Zahnkarpfen,** Seite 153

10

Vorderende der Rückenflosse über der Basis der
Bauchflossen .... (◇) **Hundsfische,** Seite 81

Zwei kurze, weit voneinander getrennte Rückenflossen **12**

Rückenflossen nur durch einen tiefen Einschnitt
oder einen kleinen Zwischenraum voneinander
getrennt **13**

11

Rückenflosse ungeteilt **14**

12

1. Rückenflosse mit 4 Stachelstrahlen. 6—10 dunkle
Längsstreifen auf dem Körper .... ◇ **Meeräschen,** Seite 169

1. Rückenflosse mit 5—9 Stachelstrahlen. Ein
silberglänzendes Längsband auf beiden
Körperseiten .... ◇ **Ährenfische,** Seite 169

Hochrückig, mit stumpfem Kopf. Körper mit 6—9
dunklen Querbinden, Hinterrand der
1. Rückenflosse mit dunklem Fleck .... ◇ **Flußbarsch,** Seite 157

Gestreckt, mit spitzem Kopf. Die Mundspalte
reicht bis unter den Augenvorderrand. 1. Rückenflosse längsgestreift. 8—10 deutliche (Jungfische)
oder verwaschene, dunkle Querbinden .... ◇ **Zander,** Seite 159

13

Spindelförmig, mit spitzem Kopf. Kleiner,
unterständiger Mund. Langer Schwanzstiel.
3—7 dunkle Querbinden ..... ◇ **Streber,** ◇ **Zingel, Rhone-Streber,** Seite 163—165

Hoher, seitlich abgeflachter Körper. Sehr weite
Mundspalte. 1. Rückenflosse niedriger als die 2.
Jungfische mit dunklem Längsband .... (◇) **Forellenbarsch,** Seite 167

Keulenförmiger Körper mit breitem, flachem Kopf.
Augen nach oben gerichtet. Kleiner, unterständiger
Mund (Rumänien) .... **Groppenbarsch,** Seite 165

Hochrückig, mit stumpfem Kopf. Körperoberseite,
Rücken- und Schwanzflosse mit dunklen Flecken .... ◇ **Kaulbarsch,** Seite 161

14

Langgestreckt, mit spitzem Kopf. Rücken und
Seiten gelb, mit 3—4 meist unterbrochenen,
dunklen Längsstreifen .... ◇ **Schrätzer,** Seite 163

Sehr hochrückig, seitlich stark abgeflacht.
Hautlappen der Kiemendeckel schwarz mit rotem
Hinterrand .... (◇) **Sonnenbarsch,** Seite 167

WICHTIGE FISCHNÄHRTIERE

Gürtelwürmer *(Clitellata)*

Von den Ringelwürmern (Stamm *Annelida*) spielen im Süßwasser Vertreter der Ordnung Wenigborster *(Oligochaeta)* aus der Klasse der Gürtelwürmer eine wichtige Rolle als Fischnährtiere. Hier ist vor allem der rötlich gefärbte Schlammröhrenwurm *(Tubifex tubifex)* zu nennen, der in organisch verschmutzten Gewässern oft große Kolonien bildet. Häufig findet man auch den kleinen, grünen Borstenwurm *(Stylaria lacustris)*, dessen Kopflappen schnabelartig verlängert ist; da er sich durch Querteilung fortpflanzen kann, kommen nicht selten bis zu 1,8 cm lange Tierketten vor. Die 2. Ordnung der Gürtelwürmer umfaßt die Egel *(Hirudinea)*, von denen die meisten Blutsauger (z. B. Fischegel), die übrigen Arten (z. B. Pferdeegel, Rollegel) Räuber sind.

Krebse *(Crustacea)*

Aal, Wels und Quappe stellen den größeren Krebsarten, der Wollhandkrabbe und den Flußkrebsen nach. Weitaus wichtiger als Fischnahrung sind jedoch die Wasserasseln und die Flohkrebse, die ebenfalls zur Unterklasse der »Weichschaler« *(Malacostraca)* gehören; sie leben hauptsächlich in der Uferregion sowohl stehender als auch fließender Gewässer. Die Hauptmasse des tierischen Planktons dagegen bilden die sog. niederen Krebse, insbesondere Wasserflöhe und Hüpferlinge, die für die Fischbrut ebenso wie für viele Jung- und Freiwasserfische wichtige Nährtiere darstellen. Eine dritte Gruppe dieser Kleinkrebse umfaßt die sog. Muschelkrebse, von denen die meisten aber Bodenbewohner sind. Kleinkrebse ernähren sich hauptsächlich von Detritus, Bakterien, Kiesel- und Grünalgen.

Libellen, Schlammfliegen, Steinfliegen *(Odonata, Megaloptera, Plecoptera)*

Charakteristisch für alle Libellenlarven ist die zu einem Greiforgan umgestaltete, zweiteilige Unterlippe, die sog. »Fangmaske«, die plötzlich auf das Beutetier vorgeschnellt werden kann. Durch kräftiges Auspressen des Wassers aus dem Enddarm (Darmatmung!) können sie raketenartig vorwärtsschwimmen. Kleinlibellenlarven erkennt man an ihren 3 schmalen Schwanzblättern.
Die Larven der Schlammfliegen *(Sialis*-Arten) kommen in organisch verschmutzten Gewässern oft massenhaft vor, während die Steinfliegenlarven raschfließende, klare Bäche (Forellenregion der Fließgewässer) bevorzugen (kenntlich an ihren 2 Schwanzfäden). Alle diese Insekten sind Raubtiere.

Eintagsfliegen *(Ephemeroptera)*

Die erwachsenen Eintagsfliegen leben nur kurze Zeit (einige Arten nur wenige Stunden), ohne Nahrung aufzunehmen. Nach dem Paarungstanz, wozu sich die Männchen oft in großen Schwärmen in Ufernähe zusammenfinden, legen die Weibchen ihre Eier ins Wasser ab (fließende oder stehende Gewässer, je nach der Art). Die Entwicklung der Larven (kenntlich an den 3 Schwanzfäden und den Kiemenblättchen an den Seiten des Hinterleibs) dauert bei vielen einheimischen Arten ungefähr ein Jahr. Die meisten von ihnen ernähren sich von Detritus und vom Algenbelag, den sie mit ihren Mundwerkzeugen von Steinen und Wasserpflanzen schaben. Wichtige Nährtiere für Fische.

Tubifex-Kolonie, Würmer 40 mm

Pferdeegel 7 cm

Eikapsel 2 mm,
mit
schlüpfreifen Würmern

Rollegel 4 cm

Stylaria 18 mm

Flohkrebs 18 mm

Wasserflöhe

Leptodora 10 mm

Hüpferling, *Cyclops* 2 mm

Wasserassel 12 mm

Daphnia 2 mm

Muschelkrebs,
Candona 1 mm

Großlibellen-
larven,
Gomphus 25 mm
Anax 50 mm

Wasser-
jungfer, *Calopteryx* 21 mm,
Larve und Imago

Schlammfliegenlarve,
Sialis 20 mm

Steinfliege,
Nemura 8 mm
Larve und Imago

Eintagsfliegenlarven

Caenis 5 mm

Cloeon 7 mm

Imago von *Cloeon* sp.

Ephemera 21 mm, Imago

Heptagenia 11 mm

Köcherfliegen *(Trichoptera)*

Die Larven der Köcherfliegen sind ebenso weit verbreitet wie die Eintagsfliegenlarven; sie bewohnen sowohl stehende als auch fließende Gewässer. Die meisten von ihnen (alle raupenförmigen Larven) bauen sich röhrenförmige, transportable Gehäuse, die ihren weichen Hinterleib schützen. Jede Art bevorzugt dabei meist ganz bestimmte Baustoffe, wie etwa Holz- und Blattstückchen, Sandkörner, leere Schneckenschalen und dgl.; ebenso ist die Gehäuseform für die verschiedenen Arten charakteristisch. Einige können sogar mit ihrem Köcher schwimmen. Die käferlarvenartigen Formen, die überwiegend in Fließgewässern leben, bauen sich meist netzartige Gespinste (Fangnetze) oder streifen als Raubtiere frei umher. Die Köcherfliegen selbst sehen Kleinschmetterlingen sehr ähnlich.

Käfer *(Coleoptera)*

Zahlreiche Käferarten sind in Körperbau und Lebensweise mehr oder weniger stark an das Wasserleben angepaßt. Besonders häufig finden wir sie in pflanzenreichen, stehenden Gewässern. Die Schwimmkäfer *(Dytiscidae)* sind arge Räuber, die als Brutschädlinge gefährlich werden können. Zum Luftschöpfen müssen sie von Zeit zu Zeit an die Wasseroberfläche kommen; dabei nehmen sie Luft mit den beiden letzten auf dem Rücken liegenden Stigmen des Tracheensystems auf. Auch ihre Larven sind sehr gefräßige Räuber; sie besitzen hohle, gebogene Oberkiefer, durch die sie Verdauungsflüssigkeit in das Beutetier pumpen, um hernach auf dem gleichen Wege den vorverdauten Nahrungsbrei wieder einzusaugen. Die Wasserkäfer i. e. S. *(Hydrophilidae)* dagegen sind meist Pflanzenfresser, nur ihre Larven leben räuberisch.

Mücken *(Nematocera)*

Die Larven der Stechmücken hängen beim Atmen senkrecht *(Culex)* oder in waagrechter Haltung *(Anopheles,* ,Malariamücke') an der Wasseroberfläche. Sie ernähren sich von Algenzellen, Kleinkrebsen u. dgl. Die durchsichtigen Larven der Büschelmücken *(Corethra* u. a.) dagegen besitzen zwei Paar Luftblasen, mit denen sie waagrecht im Wasser schweben können (Planktontiere mit Hautatmung); auch sie leben räuberisch. — Die meisten Zuckmückenlarven leben im Schlamm der Gewässer oder minieren in den Blättern von Wasserpflanzen. Viele bauen sich röhrenförmige Gehäuse. Besonders häufig findet man die großen roten *Chironomus*-Larven in den Bodenablagerungen nährstoffreicher Gewässer. — In leicht verschmutzten Fließgewässern kommen die Larven der Kriebelmücken oft massenhaft vor. Die erwachsenen Tiere saugen Blut.

Muscheln und Schnecken *(Lamellibranchiata und Gastropoda)*

Unter den Muscheln sind vor allem Kugelmuscheln *(Sphaerium*-Arten) und Erbsenmuscheln *(Pisidium*-Arten) wichtige Fischnährtiere. Sie leben von Algenzellen, Planktontieren und Detritus und sind bisweilen sogar in kleinsten Tümpeln unter abgestorbenen Blättern anzutreffen. — Die hauptsächlich im Süßwasser lebenden Lungenschnecken müssen zum Luftschöpfen an die Wasseroberfläche kommen. Sie ernähren sich von Pflanzenkost, man findet sie daher besonders häufig in stark verkrauteten, schlammigen Gewässern (Spitzschlammschnecke, Posthornschnecke). In Bergbächen dagegen treffen wir vor allem Mützenschnecken *(Ancylus*-Arten) an, die sich hier an Steinen festsaugen. Von den Kiemenschnecken, die ihr Haus mit einem Deckel verschließen können, sei hier nur die große, lebendgebärende Sumpfdeckelschnecke erwähnt.

Köcherfliegenlarven

Limnophilus 20 mm

Imago

Glyphotaelius 50 mm

Anabolia 25 mm

Crunoecia 8 mm

Goera 15 mm

Molanna 20 mm

Rhyacophila 20 mm

Stechmücken

Zuckmücken

Kriebelmücken

Culex

Corethra

Chironomus

Simulium, Larven 12 mm

Puppe 6 mm

Larve 12 mm

Larve 12 mm

Larve 10 mm

Puppe 7 mm

Puppe 11 mm

Puppe 8 mm

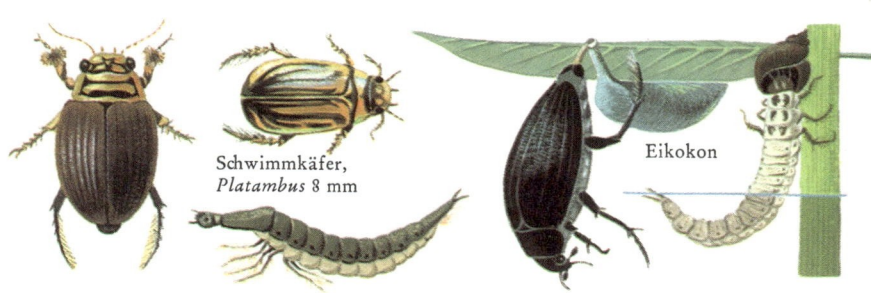

Schwimmkäfer, *Platambus* 8 mm

Eikokon

Schwimmkäfer, *Acilius* 16 mm, Larve 30 mm

Wasserkäfer, *Hydrous* 40 mm, Larve 60 mm

Kugelmuschel, *Sphaerium* 8 mm

Mützenschnecke, *Ancylus* 6 mm

Posthornschnecke, *Planorbis* 25 mm

Schlammschnecke, *Lymnaea* 30 mm

Sumpfdeckelschnecke, *Viviparus* 40 mm

ABBILDUNGEN
UND
EINZELBESCHREIBUNGEN

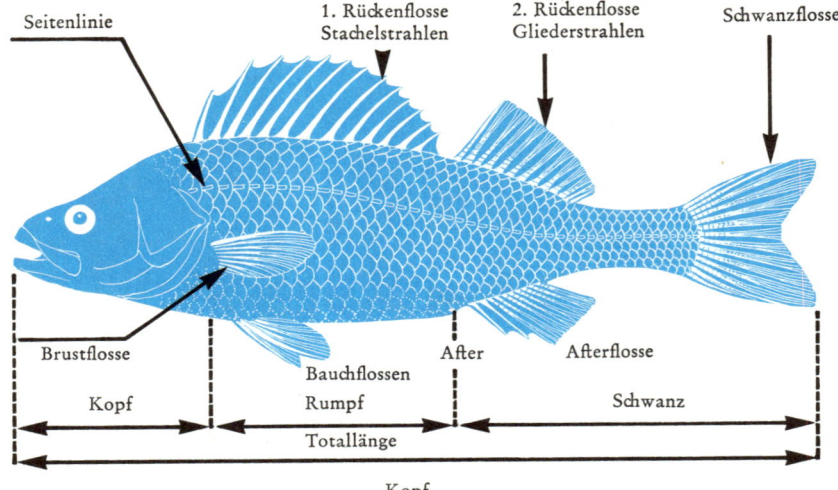

Gliederung des Fischkörpers

Seitenlinie

1. Rückenflosse
Stachelstrahlen

2. Rückenflosse
Gliederstrahlen

Schwanzflosse

Brustflosse

After

Afterflosse

Bauchflossen

Kopf

Rumpf

Schwanz

Totallänge

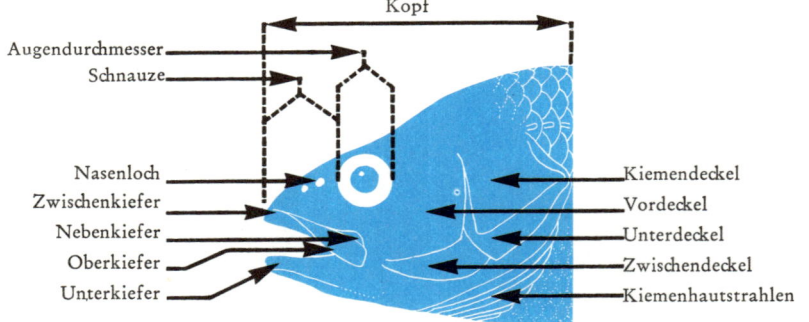

Kopf

Augendurchmesser

Schnauze

Nasenloch

Zwischenkiefer

Nebenkiefer

Oberkiefer

Unterkiefer

Kiemendeckel

Vordeckel

Unterdeckel

Zwischendeckel

Kiemenhautstrahlen

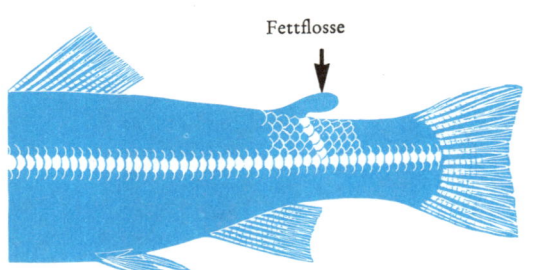

Fettflosse

Die weiß gezeichneten Schuppen
oberhalb der Seitenlinie deuten an,
wie die Schuppenquerreihe
bei lachsartigen Fischen zu zählen ist.

Fischkopf mit Bartfäden

Bartfäden besitzen:
Störe,
einige Karpfenfische,
Welse, Schmerlen
und Dorschfische

RUNDMÄULER
Cyclostomata

Die Rundmäuler, im Süßwasser durch die Neunaugen vertreten, haben eine stammesgeschichtliche Entwicklung von 4—500 Millionen Jahren hinter sich. Da sie schon sehr früh vom Stammbaum der „echten" Fische abzweigten, sind sie mit den Knorpel- und Knochenfischen nicht näher verwandt. Ihre Vorfahren, eigenartig aussehende, kieferlose Panzerfische (Ostracodermi) aus dem Zeitalter des Devon, trugen einen kräftigen Knochenpanzer und hielten sich, wie man aus Versteinerungen weiß, vor allem im Süßwasser auf. Die heute existierenden wenigen Arten werden als die letzten degenerierten Nachkommen dieser Panzerfische betrachtet.

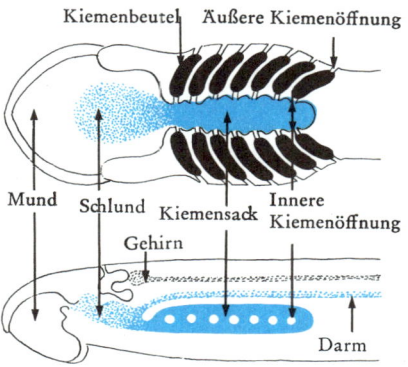

Horizontaler und vertikaler Längsschnitt durch den Vorderkörper eines Neunauges

Die Rundmäuler sind die primitivste Wirbeltiergruppe, die wir kennen. Den Namen „Rundmäuler" verdanken sie ihrem trichterförmigen, mit Hornzähnen bewaffneten Saugmund. Sie besitzen weder Kiefer noch paarige Flossen. Ihr aalartiger Körper wird von einer schuppenlosen, schleimigen Haut bedeckt. Das Skelett ist knorpelig und nur gering entwickelt. Eine Schwimmblase fehlt.

Den Bau ihres Kiemenapparates versteht man am besten, wenn man einen Längsschnitt durch das Vorderende dieser Tiere betrachtet. Auf jeder Seite des mit dem Schlund in Verbindung stehenden Kiemensackes liegen sieben Kiemenbeutel, die mit einem faltigen Gewebe ausgekleidet sind. Diese Beutel, die in ihrer Funktion den Kiemen der echten Fische entsprechen, besitzen eine direkte Verbindung zur Körperoberfläche. Das Atemwasser kann sowohl durch den Mund aufgenommen als auch durch die äußeren Kiemenöffnungen eingesaugt und ausgestoßen werden. Auf diese Weise vermögen die Tiere auch dann zu atmen, wenn sie an einem Beutetier haften.

Die blinden Larven der Neunaugen (Querder) leben — bis auf den Kopf — in Sand oder Schlamm eingegraben und filtrieren Mikroorganismen aus dem Atemwasser. Eine schirmartig vorspringende Oberlippe umgibt ihren zahnlosen Mund.

1. Flußneunauge

Lampetra fluviatilis (Linné)

Kennzeichen: Mit zwei knapp voneinander getrennten Rückenflossen. Mundscheibe mit nur einer inneren Reihe von Randzähnen. Maxillarplatte am Mundoberrand breit, mit zwei weit getrennten Zahnspitzen.

Eine nahverwandte Art, das Fernöstliche Neunauge *(Lampetra japonica),* kommt vom Weißen Meer bis Korea vor.

Die Männchen werden 31—32 cm, die Weibchen 32—34, selten 40 cm lang. Im Herbst (Sept. — Nov.) wandern die Flußneunaugen aus dem Meer weit hinauf in die Flüsse und Bäche. Hier überwintern sie, ohne Nahrung aufzunehmen. Gleichzeitig werden sie geschlechtsreif: ihr Körper wird kürzer, die Rückenflossen vergrößern sich und beim Weibchen bildet sich eine „Afterflosse" aus. Schon während des Laichaufstiegs begann ihr Darmkanal zu schrumpfen, er verwächst nun völlig. Laichzeit: Febr. — Mai. Das Ablaichen erfolgt an seichten Stellen mit sandigem oder kiesigem Grund. Das Weibchen saugt sich dabei an einen Stein oder dgl. fest und gräbt durch kräftige Schwanzschläge eine Nestgrube. Während des Laichaktes umschlingt das Männchen das Weibchen und besamt die austretenden Eier. Eizahl: 4000 bis 40 000; Eigröße: ca. 1 mm Durchmesser. Nach dem Laichen gehen die Elterntiere zugrunde.

Die aus den Eiern schlüpfenden Larven, die »Querder«, sind blind und zahnlos. Sie leben 3—5 Jahre wurm-

artig im Schlamm der Laichgewässer. Nach der Umwandlung zum Neunauge, bei einer Länge von 9—15 cm, wandern sie ins Meer ab, wo sie bis zum Beginn ihrer Laichwanderung verbleiben. Die erwachsenen Tiere ernähren sich vor allem von Fischen (Heringe, Dorsche).

2. Bachneunauge

Lampetra planeri (Bloch)

Kennzeichen: Dünner, wurmförmiger Körper. Zwei miteinander verbundene Rückenflossen. Wenige, stumpfe Zähne. Nahverwandte Arten in Sibirien und Nordamerika. Das Bachneunauge wird vielfach als Standform des Flußneunauges angesehen.

Länge: selten über 12—16 cm. Alter: 3—5 Jahre.

Das Bachneunauge lebt als Standfisch im Oberlauf der Fließgewässer. Das Ablaichen erfolgt, wie beim Flußneunauge, von März—Juni. Die Eier werden im seichten Wasser mit Sand- oder Kiesgrund in Laichgruben abgelegt. Eizahl: ca. 1500 Stück, sie sind etwas größer als die des Flußneunauges. Nach dem Laichen sterben die Elterntiere ab. Die blinden, zahnlosen Querder schlüpfen nach 3—4 Tagen und ernähren sich von Kleintieren aller Art. Larvenzeit: 3—5 Jahre. Im Spätsommer des letzten Jahres, bei einer Länge von etwa 10—15 cm, beginnt dann die Umwandlung zum fertigen Tier. Augen und Zähne entwickeln sich, der Darm schrumpft ein. Die Keimdrüsen begannen bereits gegen Ende der Larvenzeit anzuschwellen. Im nächsten Frühjahr ist dann die Umwandlung beendet und die Tiere sind geschlechtsreif. Erwachsene Bachneunaugen nehmen keine Nahrung zu sich.

33 cm

◇ **1. FLUSSNEUNAUGE**
Lampetra fluviatilis (LINNÉ)

12 cm

Larve des Flußneunauges, »Querder«

Nahrung der Querder: Kieselalgen, etwa 700fach vergrößert

14 cm

◇ **2. BACHNEUNAUGE**
Lampetra planeri (BLOCH)

DONAUNEUNAUGEN

Im Donaugebiet und der Ukraine leben drei nahverwandte Neunaugenarten, die ausschließlich im Süßwasser vorkommen.

3. Donauneunauge

Eudontomyzon danfordi (REGAN)

Kennzeichen: Körperdurchmesser in der Mitte am größten. Zungenplatte (s. S. 43) mit 9—13 Spitzen, die mittlere davon am größten.
Länge: 18—30 cm.
Lebt in den Zuflüssen der Donau (Barben- bis Forellenregion), wurde jedoch noch nicht in der Donau selbst gefangen. Da die Art oft mit der nachfolgenden verwechselt worden ist, ist über ihre Verbreitung noch wenig bekannt. Ernährt sich parasitisch von Schmerlen, Groppen, kleinen Barben, Döbel u. a. Bisweilen dringt eine ganze Schar in Forellenteiche ein, wo sie großen Schaden anrichten. Die Eiablage erfolgt im April bis Mai auf kiesigem Grund in rasch fließendem Wasser. Die ausschlüpfenden Larven werden von der Strömung fortgetragen und entwickeln sich im Laufe von 3—4 Jahren an schattigen Plätzen im Schlamm eingegraben. Die Umwandlung erfolgt im August des letzten Jahres und dauert ca. 5—6 Monate.

4. Donaubachneunauge

Eudontomyzon vladykovi ZANANDREA

Kennzeichen: Größter Körperdurchmesser am Vorderende. Zungenplatte mit 5—9 Spitzen, die mittlere etwas vergrößert. Innere Lippenzähne mit 2 bis 4 Spitzen.

Länge: 18—21 cm.
Bisher im Donaugebiet in Österreich, Tschechoslowakei, Jugoslawien und Rumänien gefangen. Verbreitung wenig bekannt.
Die Umwandlung der Larven beginnt im Herbst und endet im Frühjahr mit der Geschlechtsreife. Die erwachsenen Tiere nehmen keine Nahrung zu sich.

5. Ukrainisches Bachneunauge

Eudontomyzon mariae BERG

Kennzeichen: Größter Körperdurchmesser am Vorderende des Tieres. Zungenplatte mit nur 5 Spitzen, die mittlere am größten, die übrigen vier sehr klein.
Länge: 18—21 cm.
Bewohnt die Flüsse der Ukraine (Pruth — Kuban). Wie *E. vladykovi* eine nicht parasitische Süßwasserform.

6. Meerneunauge

Petromyzon marinus LINNÉ

Kennzeichen: Mundscheibe mit zahlreichen, ringförmigen Reihen von Hornzähnen.
Länge: 60—75 cm, max. 1 m.
Wanderfisch, der aus dem Meere zum Laichen ins Süßwasser eindringt. Laichzeit: je nach Gewässer März bis Juni. 200 000—240 000 Eier von ca. 1 mm ϕ werden an kiesigen Stellen in flachen Gruben abgelegt. Die Larven schlüpfen nach 1—2 Wochen. Larvenzeit: 2—5 Jahre. Die Umwandlung zum Neunauge erfolgt bei einer Länge von 15—20 cm. Danach wandern die Jungen ins Meer ab, wo sie sich 3—4 Jahre lang überwiegend von Fischen (Dorsche, Makrelen, Heringe u. a.) ernähren.

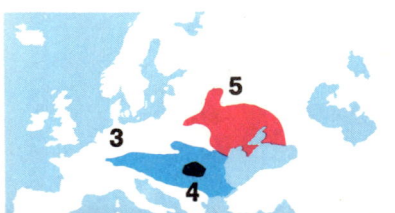

22 cm

◇ 3. DONAUNEUNAUGE
Eudontomyzon danfordi (REGAN)

76 cm

◇ 6. MEERNEUNAUGE
Petromyzon marinus LINNÉ

Bezahnung

Donauneunauge

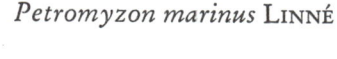

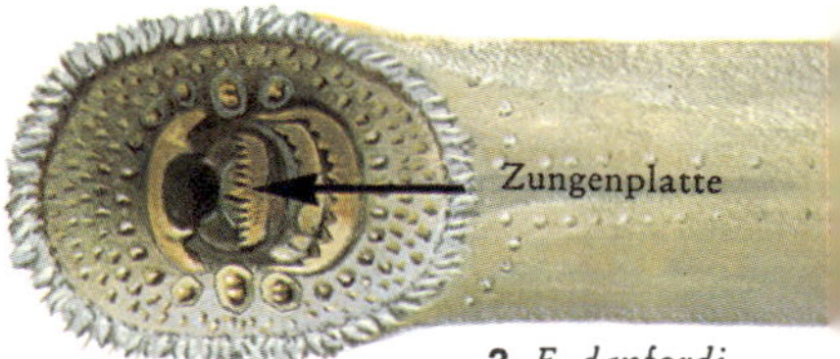

Zungenplatte

Flußneunauge

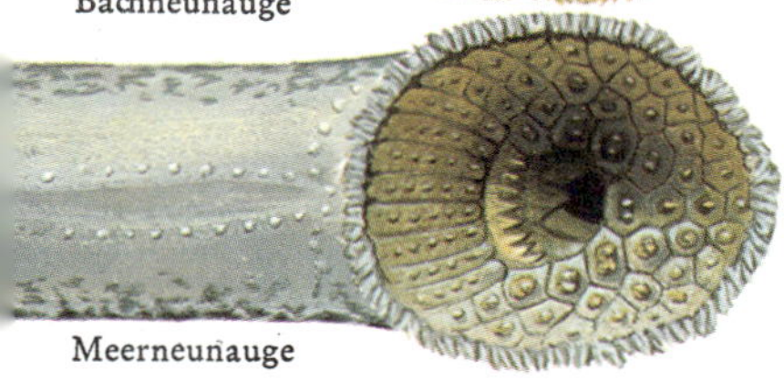

3. *E. danfordi*

Bachneunauge

4. *E. vladykovi*

Meerneunauge

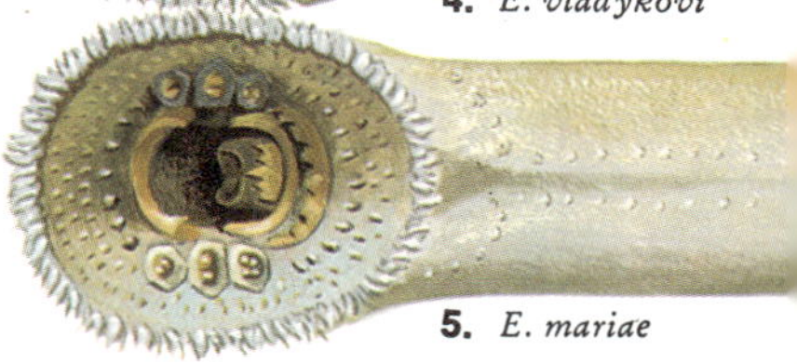

5. *E. mariae*

KNOCHENFISCHE

Osteichthyes

Diese Fischgruppe umfaßt u. a. die Störartigen *(Chondrostei)* und die »Echten Knochenfische« *(Teleostei),* zu denen alle europäischen Süßwasserfische gehören.
Weitaus die meisten aller heute lebenden Fische (ca. 19 000 Arten) sind Knochenfische.
Sie unterscheiden sich von den Knorpelfischen (Haie und Rochen) unter anderem dadurch, daß sie ein Schuppenkleid oder Knochenschilder, Kiemendeckeln, Flossenstrahlen und ein mehr oder weniger stark verknöchertes Skelett besitzen.

STÖRE

Körper haiförmig, mit fünf Längsreihen von Knochenschildern bedeckt. Schwanzflosse mit verlängertem Oberlappen; Flossen durch Knorpelstrahlen gestützt. Der zahnlose, kleine Mund kann rüsselförmig vorgestreckt werden, davor stehen vier Bartfäden in einer Querreihe.
Die meisten der insgesamt 26 Arten kommen in russischen oder asiatischen Gewässern vor und sind für die dortige Fischerei von größter Bedeutung. Der Jahresertrag der UdSSR im Bereich des Schwarzen und Kaspischen Meeres beläuft sich auf 12 000—16 000 t. Durch schonungsloses Wegfangen während der Laichzeit, Verunreinigung der Fließgewässer und Stromverbauungen sind die Störbestände heute vielerorts stark zurückgegangen.
Da mehrere Arten, zumindest als Gäste, im Donau- und Mittelmeergebiet auftreten, wird nachfolgend ein kurzer Bestimmungsschlüssel gegeben. Dabei ist jedoch zu beachten, daß Kreuzungen und Variationen vorkommen können.

Bestimmungstabelle für die Störarten

Die mit einem Stern versehenen Arten werden nur in der Bestimmungstabelle erwähnt.
◇ bedeutet, daß die Art auch in Deutschland vorkommt

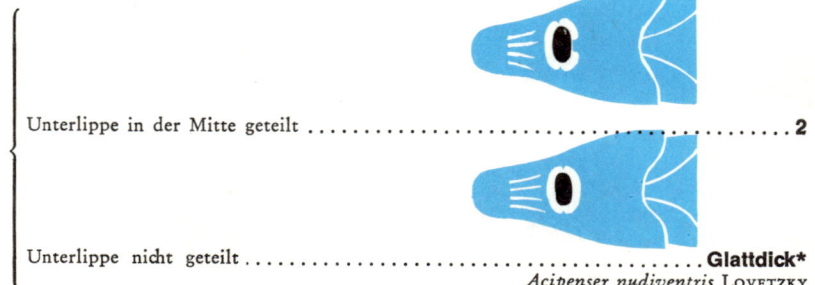

1 { Unterlippe in der Mitte geteilt **2**

Unterlippe nicht geteilt . . . . **Glattdick***
Acipenser nudiventris LOVETZKY

2 | Bartfäden an der Spitze deutlich gefranst. Über 60 Seitenschilder .... ◇ **Sterlet,** Seite 47

Bartfäden glatt oder fast glatt. Weniger als 60 Seitenschilder **3**

3 | Schnauze sehr lang, schmal und spitz. Ihre Länge mehr als ¹/₂ der Kopflänge .... **Sternhausen***
A. stellatus PALLAS

Schnauzenlänge höchstens ¹/₂ der Kopflänge **4**

4 | Bartfäden abgeplattet, reichen zurückgelegt bis zur Mundöffnung .... **Hausen*** *Huso huso* LINNÉ

Bartfäden rund, näher der Schnauzenspitze als dem Mund, reichen zurückgelegt nicht bis zum Mundrand **5**

5 | Seitenschilder durch Zwischenräume getrennt, in denen die Seitenlinie sichtbar wird .... **Waxdick***
A. güldenstädti BRANDT

Seitenschilder eng aneinanderliegend, doppelt so hoch wie breit. Schnauze stumpf .... **Adriastör***
A. naccari BONAPARTE

Seitenschilder eng aneinanderliegend, knapp doppelt so hoch wie breit. Schnauze spitz .... ◇ **Stör,** Seite 47

7. Stör

Acipenser sturio LINNÉ

Kennzeichen: Bartfäden rund, ohne Fransen. 24—40 Seitenschilder, 11—13 Bauchschilder.

Durchschnittliche Länge 1—2 m, max. 5—6 m (400 kg, Alter über 100 Jahre). Exemplare mit einer Länge von mehr als 2—3 m werden heutzutage nur noch äußerst selten gefangen.

Wanderfisch, der zur Laichzeit aus dem Meer in die Flüsse aufsteigt. (Im Ladoga-See kommt eine stationäre Süßwasserform vor.) Laichzeit: Juni bis Juli. Die Eiablage erfolgt in 2—10 m Tiefe an kiesigen Stellen mit starker Strömung. Eizahl: 800 000—2 400 000. Die ca. 3 mm großen Eier kleben an den Steinen des Untergrundes fest. Die Elterntiere wandern wieder ins Meer zurück. Nach 3—6 Tagen schlüpfen die etwa 10 mm langen, kaulquappenähnlichen Larven. Sie verbleiben 1—2 Jahre im Süßwasser und wandern dann ebenfalls ins Meer ab, wo sie bis zum Eintritt der Geschlechtsreife verbleiben. Die Männchen sind im Alter von 7—9 Jahren und einer Länge von 110—150 cm, die Weibchen mit 8—14 Jahren und 120—180 cm Länge geschlechtsreif. Ihre Nahrung besteht aus Bodentieren (Würmer, Insektenlarven, Weichtiere).

8. Sterlet

Acipenser ruthenus LINNÉ

Kennzeichen: Schnauze spitz, schmal, leicht nach oben gebogen. Bartfäden mit Fransen. 60—70 kleine Seitenschilder; 10—18 größere Bauchschilder.

Der Sibirische Sterlet gilt als Unterart der europäischen Form.

Länge: 5sömmerige Tiere 35—40 cm lang. Kann bis zu 80 cm lang und etwa 20 Jahre alt werden.

Süßwasserfisch, in fließenden Gewässern und größeren Seen. Nur im nördlichen Bereich des Kaspischen Meeres geht er auch ins Brackwasser.

Die Hauptnahrung des Sterlets besteht aus Insektenlarven, die er von Steinen, versunkenem Astwerk u. dgl. abweidet (Eintagsfliegenlarven), außerdem aus Würmern, Kleinkrebsen und Schnecken. Im Winter nimmt er fast keine Nahrung zu sich: er hält einen Winterschlaf an tiefen Stellen des Flußbettes.

Vor dem Laichen wandert der Sterlet im Frühjahr weiter flußaufwärts als der Stör. Die Männchen erreichen zuerst die Laichplätze. Das Ablaichen erfolgt im Mai—Juni auf Geröllgrund. Eizahl je nach Größe des Weibchens: 11 000—140 000. Die klebrigen, ca. 3 mm großen Eier haften am Grund des Gewässers. Nach 4—5 Tagen schlüpfen die Larven, die sich anfangs in der Nähe des Laichplatzes aufhalten, später im seichten Wasser verteilen. Die Männchen sind im Alter von 4—5 Jahren und einer Länge von ca. 35 cm, die Weibchen erst mit 5 bis 9 Jahren und 40—45 cm Länge geschlechtsreif. Der Sterlet wird hauptsächlich in der Wolga und im Don mit Hakengeräten, Netzen und speziellen Reusen gefangen. Durch künstliche Erbrütung und Zucht wird Besatzmaterial gewonnen, das in viele Staubecken ausgesetzt wird und in der Teichwirtschaft Verwendung findet. In Rußland ist es auch geglückt, Kreuzungen zwischen Waxdick *(A. güldenstädti)* und Sterlet künstlich zu erzeugen, die sich für diese Zwecke besonders eignen.

Fleisch wohlschmeckend; die Eier werden zu feinkörnigem Kaviar verarbeitet. Aus der Schwimmblase wird Fischleim gewonnen.

◇ 7. STÖR

Acipenser sturio LINNÉ

105 cm

Hauptnahrung im Brack- und Meerwasser:

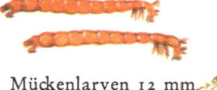

Mückenlarven 12 mm

Schnecken

Krebse, Borstenwürmer

Sandaale

Larve 10 mm

26 cm

◇ 8. STERLET

Acipenser ruthenus LINNÉ

Nahrung:

Köcherfliegenlarve 12 mm

Mückenlarve 10 mm, zwischen Algen

Unterseite des Kopfes

HERINGSFISCHE

Heringsfische sind schlanke, pelagisch lebende Schwarmfische, mit einer kurzen Rückenflosse und ohne Seitenlinie. Die meisten Arten leben im Meer. Etwa ein Drittel oder 14 Millionen Tonnen der gesamten Weltausbeute sind Heringsfische.

Fast alle unternehmen weite Laichwanderungen. Einige steigen zum Laichen in die Flüsse auf. Daneben sind auch stationäre Süßwasserformen bekannt.

Maifische

In unserem Küstengebiet kommen zwei Vertreter der Heringsfamilie als anadrome Süßwasserfische vor, nämlich die Finte und die Alse, die einander sehr ähnlich sind und von denen z. B. in den holländischen Flüssen fortpflanzungsfähige Bastarde auftreten. Ihre Bestände sind aber heute bereits stark zurückgegangen, u. a. wegen der immer mehr zunehmenden Verschmutzung unserer Flüsse, in die sie zum Laichen aufsteigen. Sie sind nahe verwandt mit den Kaspisch-Pontischen Heringen der Gattung *Caspialosa*, die mit sieben Arten im Schwarzen und Kaspischen Meer vertreten ist.

9. Finte, Elben

Alosa fallax (LACÉPÈDE)

Kennzeichen: kurze Rückenflosse, keine Seitenlinie. Augen mit unbeweglichen Fettlidern. Kiemendeckel radiär gestreift. 60—65 Schuppen in einer Längsreihe. 6—10 schwarze Flecken auf den Körperseiten. Erster Kiemenbogen mit 40—60 Reusendornen (s. Abb.).
Länge: 6- bis 7jährig 35—40 cm lang. Max. Größe ca. 55 cm, 1½—2 kg schwer. Höchstalter wahrscheinlich 20 bis 25 Jahre. Die Finte bewohnt als pelagisch lebender Schwarmfisch die Küstengewässer bis in etwa 100 m Tiefe. Daneben kommen auch stationäre Bestände in einigen Seen vor. Lugano-, Maggiore-, Como-, Iseo-, Garda- und Scutarisee. Nahrung: Garnelen, Mysis-Arten und andere pelagische oder halbpelagische Krebstiere.

Im Mai—Juni versammeln sich die laichreifen Tiere und dringen in den Unterlauf der Flüsse ein, um dort zu laichen. Eizahl: 80 000—200 000. Die 1,6 mm großen Eier quellen nach dem Ablegen bis zu 4,5 mm auf. Sie sind nicht klebrig, sondern treiben knapp über dem Grund mit der Gezeitenströmung hin und her. Die Brut schlüpft nach 2—8 Tagen; günstigste Wassertemperatur 15—25° C. Im Herbst ziehen die Jungen dann ins Meer, wo sie schnell heranwachsen. Einjährige Tiere sind 8 bis 14 cm lang. Nach 2—3 Jahren, mit einer Länge von etwa 30 cm, werden sie geschlechtsreif.
Fang mit Treibnetzen, Zugnetzen und Reusen. Fleisch besonders nach der Laichzeit wenig geschätzt. Heute nur noch von geringer wirtschaftlicher Bedeutung.

10. Alse, Maifisch

Alosa alosa (LINNÉ)

Kennzeichen: kurze Rückenflosse, keine Seitenlinie. Augen mit Fettlidern wie bei der Finte. Kiemendeckel radiär gestreift. 70—80 Schuppen in einer Längsreihe. 1—5 (meist 1) schwarze Flecken auf den Körperseiten. Erster Kiemenbogen mit 90—130 Reusendornen (s. Abb.).
Länge: 6jährig 35—40 cm lang; max. ca. 70 cm. Die Alse ähnelt in der Lebensweise sehr der Finte, dringt aber nicht so weit nach Osten hin vor. Früher konnte sie bis zu 800 km weit vom Meer entfernt bei ihrer Frühjahrswanderung in den Flüssen angetroffen werden. Heutzutage sind ihre Bestände noch stärker zurückgegangen als die der Finte, so daß sie heute ohne jede wirtschaftliche Bedeutung sind.

◇ 9. FINTE
Alosa fallax (LACÉPÈDE)

41 cm

◇ 10. ALSE, MAIFISCH
Alosa alosa (LINNÉ)

60 cm

Hauptnahrung für die Brut im Süßwasser:

Rädertier 1 mm

Hüpferling 2 mm

Wasserfloh 1 mm

Reusendornen

1. Kiemenbogen der Finte

Finte
Alse
Beide Arten

Reusendornen

1. Kiemenbogen der Alse

LACHSARTIGE FISCHE

Kennzeichnend für alle lachsartigen Fische in unseren Gewässern (Lachse, Forellen, Huchen, Saiblinge, Renken, Äschen, Stinte) ist die »Fettflosse«, eine dicke, strahlenlose Hautfalte auf dem Schwanzstiel zwischen Rücken- und Schwanzflosse.

Für die künstliche Fischzucht ist wichtig, daß die Weibchen dieser Fische kompakte Eierstöcke (ohne Eileiter) besitzen: die reifen Eier fallen in die Leibeshöhle und gelangen durch die hinter dem After gelegene Geschlechtsöffnung nach außen. Dadurch ist es möglich, die reifen Eier durch vorsichtiges »Abstreichen« entlang der Körperseiten zu gewinnen. Nach dem Ablaichen wird die noch vorhandene Eimasse zurückgebildet.

Zu den lachsartigen Fischen gehören sowohl Wanderformen, die zwar im Süßwasser ablaichen, aber längere Zeit im Meer verweilen (anadrome Fische), als auch Standformen, die ständig in Seen oder Flüssen leben. Sie bevorzugen kalte, sauerstoffreiche Gewässer und laichen in den Herbst- und Wintermonaten.

Diese Fischgruppe neigt sehr dazu, lokale Rassen und Formen zu bilden, die sich in ihrer Lebensweise und Körperform voneinander unterscheiden. Hinzu kommt, daß vor allem die Wanderformen zur Laichzeit völlig ihr Aussehen verändern. Wegen der Vielfalt der Formen ist es daher in dieser Gruppe besonders schwierig, die einzelnen Arten voneinander abzugrenzen.

Große wirtschaftliche Bedeutung. Der Gesamtertrag der Weltfänge an Lachsartigen beträgt ca. 600 000 t jährlich.

Bestimmungstabelle für lachsartige Fische

1
Mundspalte eng, reicht höchstens bis zum Augenvorderrand. Zähne klein oder völlig zurückgebildet **2**

Mundspalte weit, reicht bis hinter den vorderen Augenrand. Zahlreiche spitze Zähne **3**

2
Mit länger und hoher Rückenflosse . . . . ◇ **Äsche,** Seite 77

Rückenflosse von normaler Größe. Unterkiefer vorstehend . . . . ◇ **Kleine Maräne,** Seite 75

Rückenflosse von normaler Größe. Mund endständig oder unterständig . . . . ◇ **Große Maränen,** Seiten 70-73

3 Körper ohne Flecken oder Zeichnungen. Seitenlinie unvollständig (endet über der Brustflosse) .... ◇ **Stint,** Seite 75

Körper mit Flecken oder Zeichnungen **4**

4 Mit einem mehr oder weniger deutlichen rotviolettem Band entlang der Seitenlinie. Schwanzflosse mit vielen schwarzen Flecken .... (◇) **Regenbogenforelle,** Seite 61

Mit einem roten oder orangen Streifen an der Kehle .. (◇) **Cutthroat-Forelle,** Seite 61

Andere Kennzeichen **5**

5 Vorderrand der Brust- und Bauchflossen und der Afterflosse weiß gesäumt. Mundspalte sehr weit. 160—240 kleine Schuppen entlang der Seitenlinie **6**

Vorderrand der paarigen Flossen und der Afterflosse ohne weißen Saum **7**

6 Paarige Flossen und Afterflosse rot mit weißem Vordersaum. Rückenflosse nicht marmoriert .... ◇ **Wandersaibling,** Seite 67

Paarige Flossen und Afterflosse orange mit weiß-schwarzem Vordersaum. Rückenflosse dunkel marmoriert ..... ◇ **Bachsaibling,** Seite 69

Paarige Flossen und Afterflosse rosa mit weißem Vordersaum. Rückenflosse und Rücken mit grauen Marmorierungen .... ◇ **Amerikanischer Seesaibling,** Seite 69

7 Schuppen klein (120—130 Seitenlinienschuppen, 11 bis 19 Schuppenreihen zwischen Fettflosse und Seitenlinie). Körper seitlich etwas zusammengedrückt .. ◇ **Lachs und Forelle,** Seiten 53-59

Schuppen sehr klein (180—220 Seitenlinienschuppen). Körper fast drehrund. (Nur im Donaugebiet!) .... ◇ **Huchen,** Seite 63

Schuppen sehr klein (150—240 Seitenlinienschuppen). Afterflosse lang, 14—15 Strahlen. (Irrgäste aus dem Weißmeergebiet, wo sie ausgesetzt wurden!) .... **Pazifiklachse,** Seite 65

◇ 11. LACHS
Salmo salar LINNÉ

Kennzeichen: Lachse sind nur schwer von Meerforellen (›Lachsforellen‹) zu unterscheiden, vor allem wenn man nicht beide Arten nebeneinander vor sich liegen hat: Lachse sind schlanker gebaut, ihr Kopf ist kleiner, die Schnauze spitzer, der Schwanzstiel länger und niedriger (»Lachse kann man am Schwanz halten, Forellen gleiten aus der Hand«). Die Schwanzflosse ist meist stärker ausgeschnitten als bei der Meerforelle. Zwischen Fettflosse und Seitenlinie befinden sich (inklusive der Seitenlinienschuppe) 11—15, am häufigsten 12—14 Schuppenreihen. Die Reusendornen des ersten Kiemenbogens sind alle stabförmig (s. Abb., Seite 53).
Länge: Lachsmännchen max. ca. 1,5 m lang (36 kg Gewicht), Weibchen selten über 120 cm lang (20 kg Gewicht). Durchschnittliches Alter 4—6 Jahre, Höchstalter wahrscheinlich um 10 Jahre.
Der Laichaufstieg in den Flüssen findet zu sehr verschiedenen Zeiten statt (Sommerlachs und Winterlachs, der erst im darauffolgenden Herbst ablaicht). Die aufsteigenden Lachse sind mit großen Fettreserven ausgerüstet. Vom Zeitpunkt des Aufstiegs an bis nach der Laichperiode nehmen sie keine Nahrung mehr zu sich, der Beißreflex bleibt jedoch noch einige Wochen lang in Aktion — zur Freude unserer

Sportfischer. Auf ihrem Weg zu den Laichplätzen haben die Laichtiere oft große Hindernisse zu überwinden. Große Lachse können jedoch nur Sprünge von höchstens 3—4 m Weite ausführen, wenn sie von tiefen Stellen aus starten können. Wasserfälle bezwingen sie, indem sie den Sprung durch rasche Schwanzschläge in der reißenden Strömung fortsetzen. Heutzutage wird ihnen durch Wehrbauten vielfach der Zugang zu ihren Laichplätzen versperrt.
Während der Laichwanderung flußaufwärts werden ihre großen Fettreserven in Energie umgesetzt und bis zum Herbst zum Aufbau der Ge-

Lachs, Pflugscharbein

Seitenansicht

Meerforelle, Pflugscharbein

Seitenansicht

Männchen im Hochzeitskleid 90 cm

Hauptnahrung im Süßwasser:

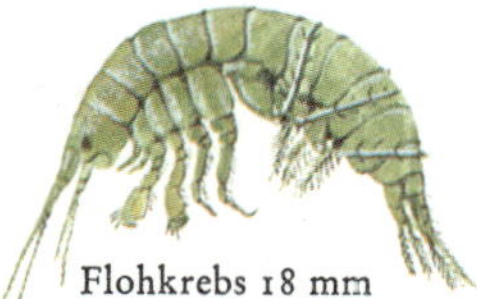

Flohkrebs 18 mm

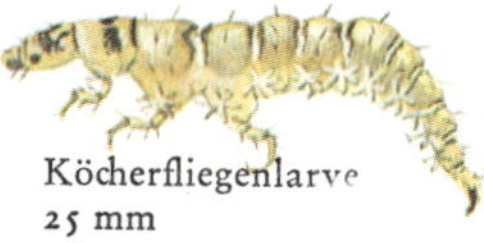

Köcherfliegenlarve
25 mm
Wachstumsringe
im Süßwasser
1. Jahr
2. Jahr

im Meer
3. Jahr
4. Jahr
5. Jahr

Eintagsfliegenlarve
9 mm

Schuppe eines
fünfsömmerigen
Lachses

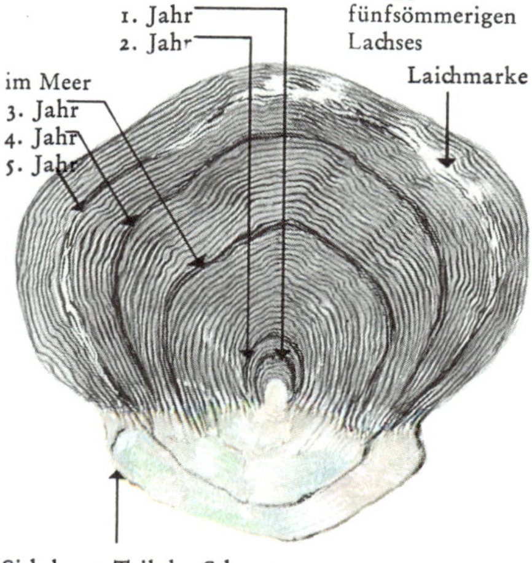

Laichmarke

Sichtbarer Teil der Schuppe

Eintagsfliege

Groppe

Lachs, erster Kiemenbogen

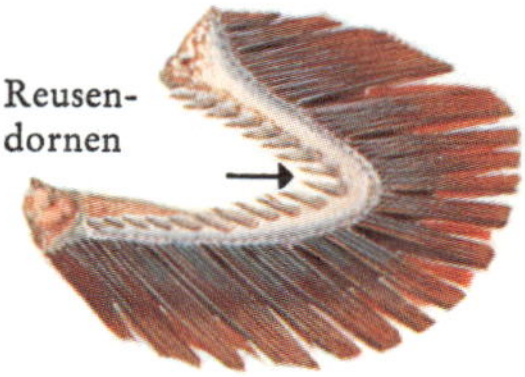

Reusen-
dornen

Forelle, erster Kiemenbogen

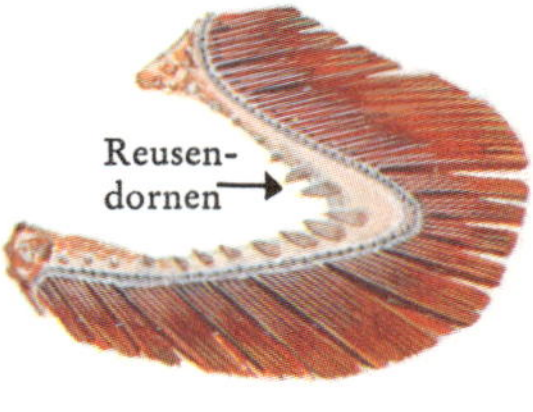

Reusen-
dornen

schlechtsprodukte verbraucht. Gleichzeitig findet auch der Übergang vom Blanklachs zum »farbigen Lachs« statt. Die Haut wird zäh und dick; bei den Männchen bildet sich ein kräftiger, knorpeliger Fortsatz an der Unterkieferspitze (Hakenlachs).

Im Sept.—Febr. (je nach Flußsystem) wird in kühlen, klaren und rasch fließenden Gewässern in einer Tiefe von 0,5—3 m abgelaicht. Das Weibchen wählt hierzu eine geeignete Stelle mit sandigem oder kiesigem Untergrund aus und gräbt durch seitliche Rumpfschläge eine Laichgrube, die etwa 2—3 m lang und 10—30 cm tief ist.

Während des Ablaichens schwimmen Männchen und Weibchen eng aneinandergeschmiegt; unter heftigem Zittern und Schnappen werden Eier und Samen über dem Geröllgrund ausgestoßen. Die Eiablage erfolgt dabei ratenweise im Abstand von 5—10 Minuten. Danach wird die Grube zugedeckt und das Weibchen bereitet ein neues Nest vor. Die Laichzeit dauert etwa 3—14 Tage, öfters unterbrochen durch Ruhepausen, wozu die Lachse tiefere Stellen des Flußbettes aufsuchen. An den Laichplätzen spielen sich oft heftige Rivalenkämpfe um die Weibchen ab; außerdem müssen Laichräuber vertrieben werden.

Eizahl: 8000—26 000; pro kg Körpergewicht etwa 2000 Stück. Eidurchmesser: 5—7 mm. Die Eier sind schwerer als Wasser, leicht klebrig und liegen den Winter über zwischen den Steinen der Laichgrube eingebettet.

Nach den Anstrengungen der Laichwanderungen und des Laichgeschäftes sind die Lachse stark abgemagert. Sie haben 30—40% ihres ursprünglichen Gewichtes vor Beginn des Laichaufstiegs verloren. Viele, vor allem die Männchen, sterben nach dem Laichen ab, werden mit Schimmelpilzen befallen oder stranden am Ufer, andere wiederum überwintern in tiefen Gumpen oder lassen sich mit der Strömung seewärts treiben. Das Hochzeitskleid verblaßt, der Unterkieferhaken der Männchen bildet sich zurück. Nur 4 bis 6% laichen ein zweites und vielleicht 1 Promille ein drittes Mal. Im Meer angekommen erholen sich die Lachse schnell wieder und können dann in einer Woche bis zu 1 kg Zuwachs erreichen. 1—2 Jahre später nehmen sie erneut am Laichaufstieg teil. Blanklachse, die schon einmal abgelaicht haben, sind stärker gefleckt als diejenigen Tiere, die zum erstenmal geschlechtsreif werden.

Die Larven schlüpfen im April—Mai, nach 70—200 Tagen je nach den Wassertemperaturen (ca. 440 Tagesgrade sind erforderlich). Sie sind etwa 20 mm lang und besitzen einen großen Dottersack, von dessen Vorräten sie sich 1½ Monate lang ernähren. Danach beginnen sie auf Kleinkrebschen, später auf Insektenlarven und Würmer Jagd zu machen.

Die jungen Lachse unterscheiden sich von der Forellenbrut durch den Besitz von 8—10 deutlichen blaugrauen Flecken mit einem einzelnen roten Tupfen dazwischen, während die Jungforellen weniger deutliche dunkle Querbinden mit vielen roten, hell umsäumten Tupfen an den Körperseiten aufweisen. Die Fettflosse ist bei der Lachsbrut graugrün, bei den Forellen rot umrandet.

Die Junglachse verbleiben, je nach Laichgewässer, 1—5 Jahre im Süßwasser, am längsten im nördlichen Nor-

Ei im Augenpunktstadium 5,8 mm   Larven mit Dottersack 16 und 23 mm

11. LACHS

Entwicklung:

3 cm

11 cm

2sömmerig 18 cm

Hauptnahrung:

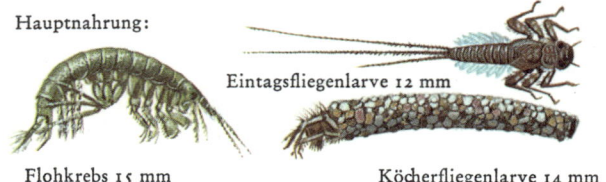

Eintagsfliegenlarve 12 mm

Flohkrebs 15 mm   Köcherfliegenlarve 14 mm   Wasserjungfer

wegen; im Rhein dagegen wandern sie schon im ersten oder zweiten Sommer stromabwärts. Eigenartigerweise verbleibt ein Teil der zukünftigen Männchen im Süßwasser: diese Zwergmännchen werden schon mit 10–15 cm Länge geschlechtsreif.

Die meisten Jungfische färben sich jedoch mit 10–19 cm Länge allmählich zum Blanklachs um und wandern gleichzeitig ins Meer ab. Die Abwanderung wird durch die steigende Wassertemperatur ausgelöst. Einige Zeit verbringen sie noch in den Flußmündungen, um sich an den Salzgehalt des Meerwassers und an die Kostveränderung zu gewöhnen. Ihre Hauptnahrung bilden nun Flohkrebse und andere Krebstiere, später auch kleine Fische (Stichlinge).

Im Süßwasser nehmen die Junglachse nur langsam an Gewicht zu, im Meer dagegen sehr schnell: nach einem Jahr sind sie bereits 50–65 cm (1½ bis 3½ kg) lang, nach 2 Jahren 70–90 cm (»Zwischenlachs« 4–8 kg) und nach 3 Jahren 90–105 cm (8–13 kg) lang (bzw. schwer). Auch streifen sie im Meer als freischwimmende (pelagische) Raubfische nahe der Wasseroberfläche weit umher, und ernähren sich von Kleinfischen (Sprotten, Kleinheringen u. a.) und Krebstieren.

Nach einem Aufenthalt von 1–4 Jahren im Meer wandern die Lachse in ihre Heimatgewässer zurück, um dort zu laichen. Ein höchst erstaunlicher Instinkt führt sie in diejenigen Gewässer

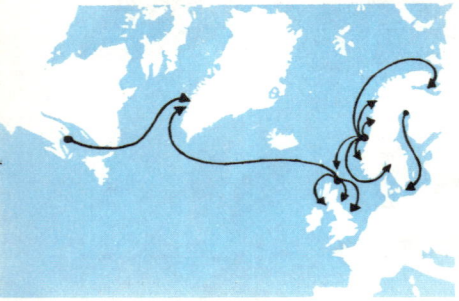

zurück, in denen sie aufgewachsen sind. Man nimmt an, daß sie dabei u. a. von ihrem Geruchssinn geleitet werden. Durch Markierungsversuche wurden Wanderwege von mehreren tausend Kilometern nachgewiesen, mit Durchschnittsgeschwindigkeiten von 50 bis 100 km pro Tag.

Die Lebensgeschichte der Lachse kann man an den Zuwachsstreifen der Schuppen ablesen: die »mageren« Jahre im Süßwasser, der schnelle Zuwachs im Meer ebenso wie die Laichzeiten. In einigen Seen, ohne passierbare Abflüsse zum Meer, kommen stationäre Lachsbestände, oft reine Zwergformen, vor. Der Sebago-Lachs, eine Standform, die auf dem Abwanderungsstadium stehen geblieben ist, bewohnt zahlreiche kalte Seen im Osten Nordamerikas. Im St. John-See und im Saguenay-Fluß kommt außerdem der sogenannte Ouananiche vor, der als Sportfisch sehr geschätzt ist. Ebenso leben in verschiedenen Seen Norwegens Binnenlachse, die höchstens 30 cm lang werden. Den Väner-See (Schweden), Ladoga- und Onega-See bewohnen nicht-anadrome Lokalrassen des Lachses, die bis zu 1 m Länge und ca. 12 kg Gewicht erreichen. Eine völlig isolierte Lachsrasse kommt auch in dalmatinischen Flüssen und im Ochridsee vor, ein Relikt der letzten Eiszeit, das als *Salmothymus obtusirostris* (Heckel) mit mehreren Formen beschrieben worden ist.

Im Meer werden die Lachse hauptsächlich während ihrer Wanderungen entlang den Küsten, in der Ostsee auch auf ihren Weidegründen gefischt. Fang mit Treibnetzen, Ankerreusen, außerdem mit kilometerlangen, schwimmenden Langleinen (Lachsketten), die mit Heringen beködert sind. In den Binnengewässern erfolgt der Fang des Lachses bei dessen Aufstieg in die Flüsse. In unseren Gewässern werden kaum noch Lachse gefangen. Einige Länder versuchen, die Bestände durch künstliche Zucht zu heben.

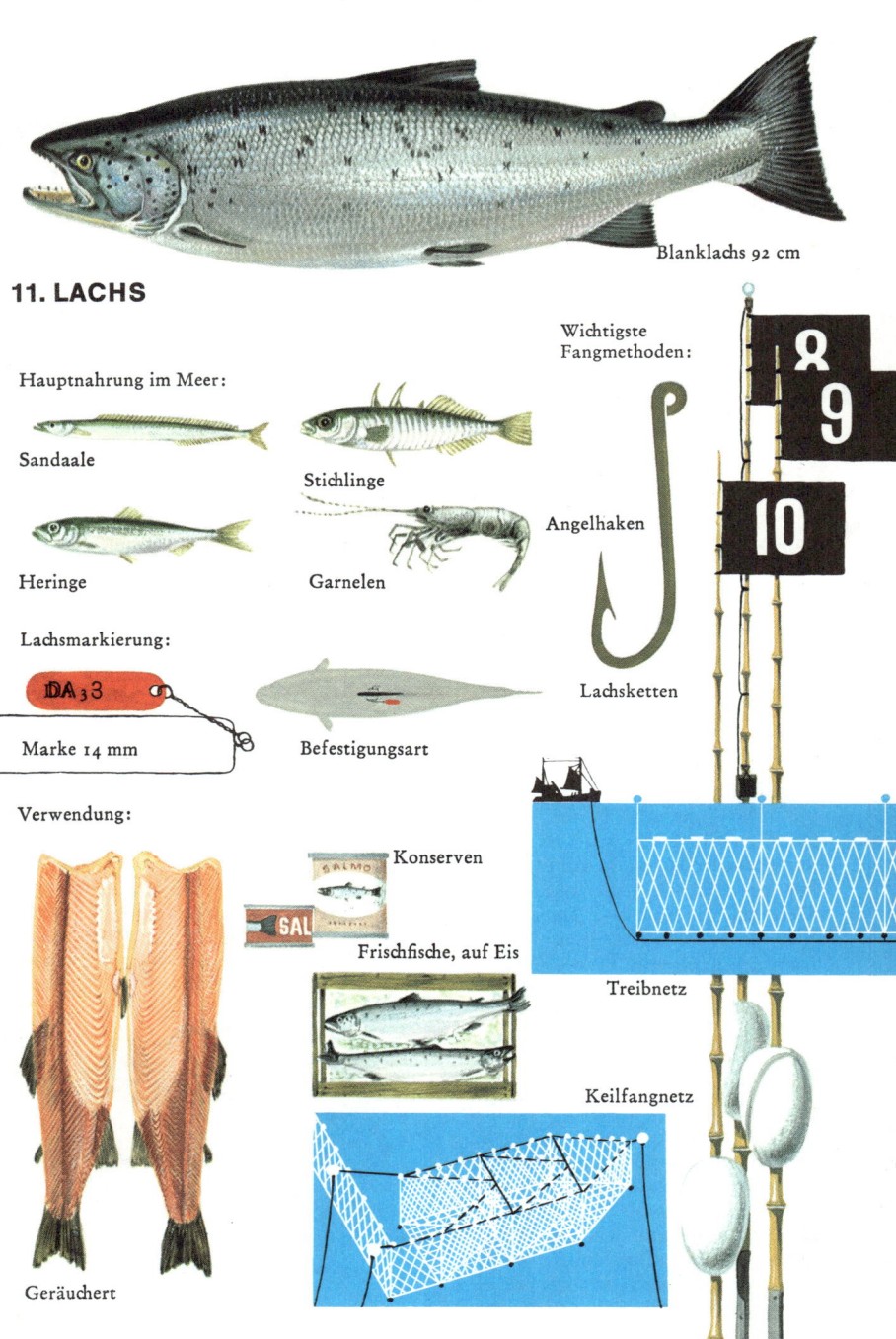

Blanklachs 92 cm

11. LACHS

Hauptnahrung im Meer:

Sandaale

Stichlinge

Heringe

Garnelen

Wichtigste
Fangmethoden:

Angelhaken

Lachsketten

Lachsmarkierung:

DA₃3

Marke 14 mm

Befestigungsart

Verwendung:

Konserven

SALMO

SAL

Frischfische, auf Eis

Treibnetz

Keilfangnetz

Geräuchert

12. Forelle

Salmo trutta LINNÉ

Kennzeichen: Unterscheidet sich vom Lachs durch die etwas plumpere Körperform und den höheren Schwanzstiel. Ihr Kopf ist weniger zugespitzt, der Hinterrand der Schwanzflosse kaum eingebuchtet, fast gerade. Zwischen Fettflosse und Seitenlinie befinden sich (inklusive der Seitenlinienschuppe) 14—19, am häufigsten 16 Schuppenreihen. Von den Reusendornen des ersten Kiemenbogens sind die 2—5 oberen und unteren knopfförmig, die mittleren stabförmig (Abb. Seite 53).

Größe: max. 140 cm und ca. 50 kg schwer (Kaspische Forelle), selten über 80—100 cm (10—15 kg). Durchschnittsalter 4—6 Jahre.

Ist in ihrer Lebensweise dem Lachs sehr ähnlich, unternimmt aber im Meer keine so weite Wanderungen. Sie bildet im Süßwasser ebenfalls Formen aus, die nicht ins Meer abwandern.

Heute unterscheidet man drei Standortsformen der Forelle. Die *Meerforelle*, ein anadromer Wanderfisch, kommt vom Weißen Meer bis Nordspanien vor. Die Jungfische halten sich 1—5 Jahre im Süßwasser auf, am längsten in Nordeuropa, und wandern dann mit einer Länge von 15—25 cm ins Meer ab, wo sie 1/2—5 Jahre lang in Küstennähe umherstreifen. Während ihres Laichaufstiegs in die Flüsse im Juli—Nov. legen sie sich, ähnlich wie die Lachse, ein prächtiges Hochzeitskleid zu. Die Eiablage erfolgt später als beim Lachs, im Dez. — März, und meist weiter flußaufwärts. Eizahl: bis etwa 10 000 (ca. 1500 Eier je kg Fischgewicht). Entwicklungsdauer der Eier um 410 Tagesgrade. Die meisten Elterntiere überleben und laichen wiederum im nächsten Jahr.

Die Jungfische sind wie die Lachsbrut durch dunkle Querbinden gekennzeichnet, die jedoch weniger deutlich hervortreten und mit vielen roten, hellgesäumten Tupfen durchsetzt sind. Ihre Fettflosse ist rot umrandet. Die *Seeforelle* ist eine Wanderform, die große, tiefe Seen bewohnt und in den einmündenden Flüssen im Sept. bis Dez. ablaicht, in denen dann auch die Jungfische aufwachsen, ehe sie im Alter von 1—3 Jahren, meist im Frühsommer, in den See selbst abwandern. Ein Teil der Männchen wird schon im 3. Winter, die meisten jedoch im 4. geschlechtsreif, die Weibchen im 4. oder 5. Jahr. Die älteren Tiere (Grundforellen) halten sich meist in größeren Tiefen auf, während die jüngeren (Schwebforellen) in den oberen Wasserschichten anzutreffen sind. Die *Bachforelle* ist eine stationäre Zwergform, die kühle, sauerstoffreiche Fließgewässer bevorzugt. In nahrungsarmen Bächen wird sie oft nur 15—20 cm lang (Steinforelle). Die Männchen werden meist im 2., die Weibchen meist im 3. Jahr geschlechtsreif. Die Bachforelle ist sehr standorttreu und verteidigt ihr Revier gegenüber Eindringlingen.

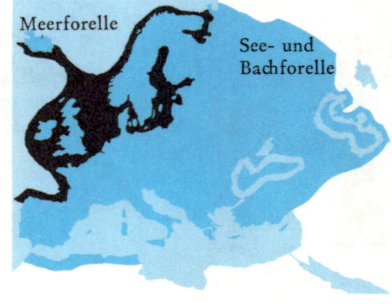

Meerforelle

See- und Bachforelle

»Silberlachs« 52 cm

◇ **12. FORELLE**
Salmo trutta LINNÉ

Männchen im Hochzeitskleid 47 cm

Hauptnahrung im Meer:

Heringe

Garnelen

Stichlinge

Nährtiere im Süßwasser:

Köcherfliegenlarve 40 mm

Köcherfliege

Elritze

◇ **BACHFORELLE**
Salmo trutta f. fario

24 cm

13. Regenbogenforelle

Salmo gairdneri RICHARDSON

Kennzeichen: Körperform ähnlich der Bachforelle. Mit einem breiten, rötlichen Band entlang den Körperseiten. Kopf, Körper, Rücken-, Fett- und Schwanzflosse mit vielen dunklen Tupfen.
Größe: max. 70 cm, ca. 7 kg schwer.
Seit 1880 sind bei uns 2 verschiedene Formen dieser Art aus Nordamerika eingeführt worden, die sich hier vermischt haben. Die Stammform *S. gairdneri* (= *S. irideus*) bewohnt als anadromer Wanderfisch die Küstengewässer im Westen Nordamerikas und ähnelt in der Lebensweise der Meerforelle. *S. g. shasta* dagegen ist wie die Bachforelle eine reine Süßwasserform, die in Bergbächen der Sierra Nevada lebt.
Da die Regenbogenforelle ein sehr raschwüchsiger Fisch ist, wird sie vielerorts in Teichwirtschaften gezogen. In der Nähe von Zuchtanstalten kommt sie auch verwildert vor oder wurde ausgesetzt. So trifft man u. a. in Österreich und Jugoslawien stationäre Bestände in freien Gewässern an. Die meisten Versuche, freilebende Bestände aufzubauen, sind jedoch inzwischen mißglückt. Satzfische, bei denen die Erbanlagen der Stammform überwiegen, wandern nach 1—2 Jahren ab, während Stämme mit den Eigenschaften der *shasta*-Form auch in Europa wildlebende, stationäre Bestände bilden können.
Laichzeit: Dez.—Mai, am frühesten der *shasta*-Stamm. Eizahl: 1000 bis 5000. Die jungen Forellen (bis ca. 15 cm Länge) sind durch 11—13 große dunkle Flecken gekennzeichnet.
In der Lebensweise ist die *shasta*-Form der Bachforelle ähnlich. Sie ist jedoch schnellwüchsiger und erreicht z. B. in österreichischen Bergbächen schon nach 2 Sommern eine Länge von 20—26 cm (120—250 g). Eintritt der Geschlechtsreife im 2.—3. Lebensjahr.

Beobachtungen deuten darauf hin, daß die Regenbogenforelle stellenweise die Bachforelle aus ihrem Revier verdrängen kann. Im Ganzen gesehen nützen jedoch die beiden Arten verschiedene Abschnitte der Fließgewässer aus. Die Regenbogenforelle ist nicht so sauerstoffbedürftig, unempfindlicher gegenüber höheren Wassertemperaturen und nicht so sehr auf Versteckmöglichkeiten angewiesen wie die Bachforelle; außerdem ist sie im Futter nicht wählerisch.

14. Cutthroat-Forelle

Salmo clarki RICHARDSON

Kennzeichen: Auf beiden Seiten der Kehle ein langer, blutroter Streifen.
Diese Art stammt ebenfalls aus dem Westen Nordamerikas. Sie ähnelt in ihrer Lebensweise der Seeforelle. In einigen Teichwirtschaften Europas werden reine Stämme von ihr gehalten; sie eignet sich auch zum Besatz von freien Gewässern. Früher wurden vielfach Kreuzungen mit der Regenbogenforelle künstlich erzeugt, so daß zum Teil auch die Eigenschaften dieser Forellenart in den Bastardschwärmen der bei uns gehaltenen Regenbogenforellen vorhanden sind.

61

(◇) 13. REGENBOGENFORELLE
Salmo gairdneri RICHARDSON

Nährtiere freilebender Bestände:

Feind

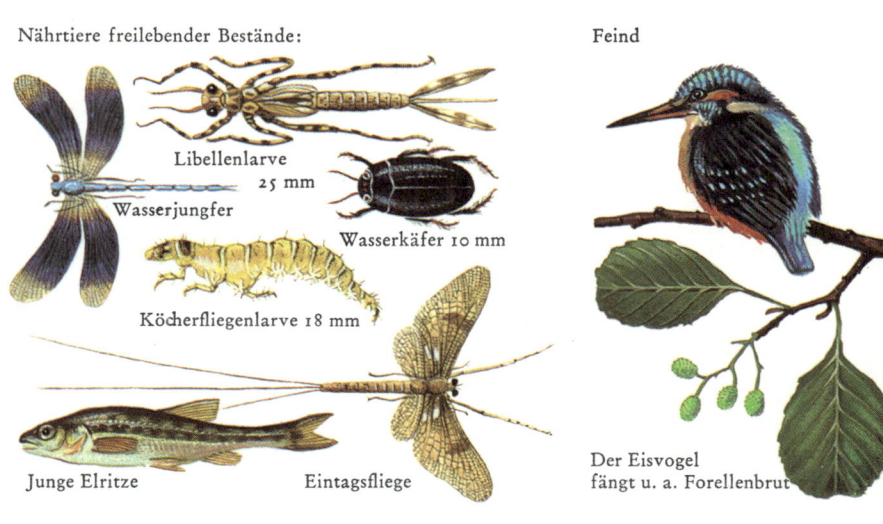

Libellenlarve
25 mm

Wasserjungfer

Wasserkäfer 10 mm

Köcherfliegenlarve 18 mm

Junge Elritze

Eintagsfliege

Der Eisvogel
fängt u. a. Forellenbrut

29 cm

(◇) 14. CUTTROAT-FORELLE
Salmo clarki RICHARDSON

◇ 15. HUCHEN
Hucho hucho (LINNÉ)

Kennzeichen: Langgestreckter, fast drehrunder Körper. Rücken bräunlich oder grünlichgrau, Seiten mit rötlichem Kupferglanz, Bauch weißlich. Die Platte des Pflugscharbeins trägt am Hinterrand 4—8 in einer Querreihe stehende Zähne; der Stiel ist zahnlos. Größe: 5sömmerig ca. 70 cm lang und 2—3 kg schwer. Max. Länge um 150 cm, im Alter von etwa 15 Jahren (über 50 kg Gewicht).

Der Huchen kommt nur im Stromgebiet der Donau in schnellfließenden, sauerstoffreichen und kühlen Gewässern mit steinigem oder kiesigem Grund vor. In Seen wird er nur selten, und dann in der Nähe der einmündenden Flüsse, angetroffen. Im Unterlauf der Donau fehlt er. Als typischer Standfisch bezieht er ein bestimmtes Revier und wandert nur zur Laichzeit kurze Strecken flußaufwärts. Meist hält er sich in der Tiefe starker Stromschnellen, unter überhängenden Uferpartien und Brücken oder hinter Wehren auf.

Die großen Huchen ernähren sich hauptsächlich von Nasen, daneben aber auch von Elritzen, Äschen, Barben, Groppen, Fröschen etc.

Laichzeit: März—April. Zum Ablaichen suchen die Huchen seichtere Stellen mit Kiesgrund in der Donau selbst oder in den Nebenflüssen auf. Das Weibchen schlägt eine flache Laichgrube, in die die Eier abgelegt und mit Kies zugedeckt werden. Eizahl: 2000 bis 25 000 (ca. 1000 Stück pro kg Körpergewicht). Eidurchmesser etwa 5 mm. Die Entwicklung der Eier dauert bei 8—10° C Wassertemperatur ungefähr 35 Tage (nach etwa 19 Tagen wird das Augenpunktstadium erreicht). Die Larven leben während der ersten Zeit von den Nahrungsreserven des Dottersakkes und halten sich zwischen den Steinen des Laichplatzes versteckt; später machen sie dann Jagd auf kleine Bodentiere. Die Jungfische sind sehr schnellwüchsig: am Ende des 1. Lebensjahres sind sie bereits um 20 cm lang. Ihre Nahrung besteht nun aus kleinen Elritzen, Nasen und Groppen. Geschlechtsreif nach dem 3.—4. Jahr.

Huchen werden heute leider immer seltener angetroffen. Man hat diese Tatsache mit dem Rückgang der Nasen-Bestände, einer allzu intensiven Befischung und dgl. in Zusammenhang gebracht. Ausschlaggebend sind jedoch sicherlich die gleichen Mißstände, die auch zum Rückgang der anderen Edelfischbestände führten: zunehmende Verschmutzung der Flüsse durch Einleiten von Abwässern aller Art, Uferverbauungen und Begradigungen, Wehranlagen ohne oder mit nur unzureichenden Fischtreppen, so daß den Fischen der Zugang zu ihren Laichplätzen versperrt ist.

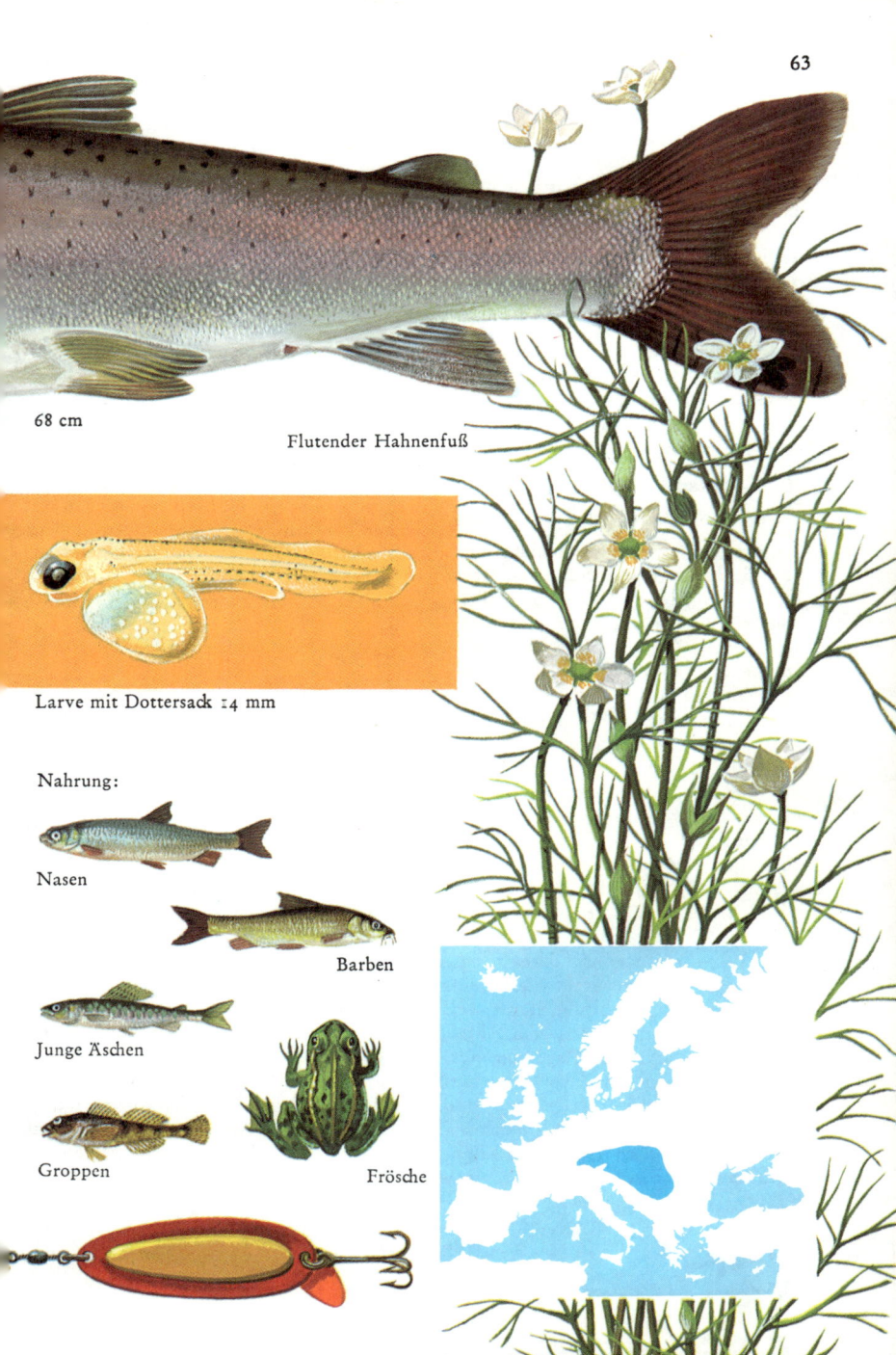

68 cm

Flutender Hahnenfuß

Larve mit Dottersack 14 mm

Nahrung:

Nasen

Barben

Junge Äschen

Groppen

Frösche

Pazifiklachse

Diese Gruppe umfaßt die 6 Arten der Gattung *Oncorhynchus,* die sich von den übrigen Lachsen durch den Besitz einer langen Afterflosse mit 12—19 Strahlen unterscheiden. Alle sind Wanderfische: zum Laichen steigen sie in die Zuflüsse des nördlichen Teils des Stillen Ozeans und des Eismeeres auf. Zwei Arten davon, die von den Russen mit Erfolg im Weißmeergebiet ausgesetzt worden sind, können als Irrgäste auch in nordeuropäischen Gewässern auftreten (Island, Schottland, Südnorwegen).

16. Buckellachs

Oncorhynchus gorbuscha (WALBAUM)

Kennzeichen: Erster Kiemenbogen mit 28 Reusendornen. Schuppen sehr klein, 180—240 längs der Seitenlinie. Rücken und Schwanzflosse mit schwarzen Flecken. Größe: selten über 40 bis 50 cm lang (2—3 kg schwer, 2sömmerig). Die Männchen sind bei allen Pazifiklachsen etwas größer als die Weibchen.

Der Buckellachs lebt die längste Zeit im Meer, wo er sich hauptsächlich von Fischen und Krebstieren ernährt. Der Laichaufstieg in die Flüsse erfolgt im Juli: das Männchen trägt dann ein prächtiges Hochzeitskleid, die Form seiner Kiefer verändert sich und es bildet sich ein kräftiger Buckel.

Im Aug.—Sept. wird dann abgelaicht: das Weibchen gräbt hierzu eine flache Grube an kiesigen Stellen mit stärkster Strömung. Nach dem Ablaichen gehen die Elterntiere zugrunde. Die Entwicklung der Eier (insgesamt nur etwa 1500 Stück) dauert 110—130 Tage. Die ausschlüpfenden Larven besitzen einen großen Dottersack. Zwischen den Steinen verborgen bleiben die Jungfische bis zum nächsten Frühjahr im Nest. Dann beginnt sofort die Abwanderung ins Meer, wo sie sich in den Küstengewässern zu dichten Schwärmen zusammenschließen. Hier streifen sie auch weit umher; über ihre Lebensweise im Meer ist sonst kaum etwas bekannt. Offensichtlich sind sie sehr schnellwüchsig: schon im zweiten Sommer werden sie geschlechtsreif, und dringen von ihren Weidegründen kommend in die Flußmündungen ein. Dieser kurze, schnelle Lebenszyklus unterscheidet den Buckellachs von allen übrigen Pazifiklachsen. Wie die anderen Lachsfische bildet er eine Reihe von Lokalrassen. Daher treten die zweijährigen Schwankungen zwischen starken und schwachen Jahrgängen in den einzelnen Gebieten in verschiedenen Jahren auf. Sehr wertvolles Fischereiobjekt in den Gewässern der Kamtschatka-Halbinsel und in Alaska.

17. Ketalachs

Oncorhynchus keta (WALBAUM)

Kennzeichen: Erster Kiemenbogen mit ca. 24 kurzen Reusendornen. Höchstens 160 Schuppen längs der Seitenlinie. Laichreife Tiere mit Querbinden, Flossen dunkel gefärbt.

Größe: 3sömmerig 50—70 cm lang, 2 bis 5 kg schwer. Max. ca. 1 m lang (6 kg Gewicht). Höchstalter: 6 Jahre. Der Ketalachs hält sich bis zum Eintritt der Geschlechtsreife 3—4 Jahre im Meer auf, wo er sich hauptsächlich von Sandaalen, Heringen und kleinen Dorschen ernährt. Danach steigt er in die Flüsse auf, um dort zu laichen. Während dieser Wanderung verändert sich sein Farbkleid. Man unterscheidet zwischen dem kleineren Sommerlachs, der im Juli—August aufsteigt, und dem Herbstlachs, der später flußaufwärts wandert (Aug. — Sept.).

Beide Arten

Blanklachs, Männchen 28 cm

16. BUCKELLACHS
Oncorhynchus gorbuscha (WALBAUM)

Nährtiere im Meer:

Sandaale

Garnelen

Männchen
im Hochzeitskleid

Männchen im Hochzeitskleid 42 cm

17. KETALACHS
Oncorhynchus keta (WALBAUM)

Nährtiere im Meer:

Heringe

Kleine Dorsche

Blanklachs, Männchen

Das Ablaichen erfolgt an der vom Weibchen ausgewählten und gereinigten Stelle nahe dem Flußufer, auf Geröllgrund und in starker Strömung. Die Eier werden portionsweise im Laufe von 3—5 Tagen in flache Laichgruben abgesetzt und mit Kies bedeckt. Eizahl: 2000—5000. Eidurchmesser: etwa 7 mm. Das Weibchen bleibt noch ca. 10 Tage lang beim Nest, um es vor den nachfolgenden Laichfischen zu beschützen. Nach der Laichzeit gehen dann die erschöpften Elterntiere zugrunde. Die Entwicklung der Eier dauert 100 bis 120 Tage. Die lichtscheue Brut verbirgt sich unter und zwischen den Steinen des Laichplatzes. Erst wenn die Junglachse nach 2—3 Monaten die Nahrungsreserven des Dottersackes aufgezehrt haben, verlassen sie das Nest und jagen nach Kleintieren (Insektenlarven u. a.). Schon nach wenigen Wochen wandern die Jungsfiche dann ins Meer ab.

18. Wandersaibling

Salvelinus alpinus (LINNÉ)

Kennzeichen: Vorderrand der paarigen Flossen und der Afterflosse meist mit leuchtendweißem Saum. Während der Laichzeit sind diese Flossen und die Bauchseite, insbesondere bei den Männchen, rot gefärbt. Sehr kleine Schuppen: 190—240 längs der Seitenlinie; 36—37 Schuppenreihen zwischen Fettflosse und Seitenlinie.

Diese sehr variable Art ist innerhalb ihres Verbreitungsgebietes durch zahlreiche Lokalrassen, darunter auch Zwergformen, vertreten.

Vorkommen: Küstengewässer und Zuflüsse des nördlichen Eismeeres. Außerdem in einer Reihe von tiefen, kalten, sauerstoffreichen Seen auf den Britischen Inseln (Irland, Seendistrikt, Wales, Schottland), in den Alpenländern, in Schweden, Norwegen, Finnland, auf Grönland und Island, im Norden Rußlands, Japans und Nordamerikas. Größe: je nach Form und Gewässer

sehr unterschiedlich. Die Wanderformen werden meist 50—60 cm lang und 1,5—3 kg schwer (5.—8. Lebensjahr), selten bis 80 cm lang, 8—10 kg schwer und 10—12 Jahre alt. Aus einigen nahrungsarmen Gebirgsseen sind Zwergformen mit einer Durchschnittslänge von 10—15 cm bekannt.

Im Eismeergebiet ist diese Art hauptsächlich durch Wanderformen vertreten, die zum Laichen aus dem Meer in die Flüsse und Seen aufsteigen; daneben kommen innerhalb ihres Verbreitungsgebietes stationäre Seepopulationen vor, so in den bayerischen und österreichischen Alpen- und Voralpenseen der Seesaibling, *S. a. salvelinus*.

Die Wanderformen kehren im Sept. bis Okt. in die Flüsse zurück. Während des Laichaufstiegs bildet sich das Hochzeitskleid aus und reifen die Geschlechtsprodukte. In einigen Flußsystemen erfolgt das Ablaichen noch im gleichen Spätherbst oder im Winter, in anderen überwintern die geschlechtsreifen Tiere in den an den Oberläufen der Flüsse gelegenen Seen und laichen erst im Jahre darauf, meist in den Seen selbst. Eidurchmesser 3—4 mm, pro kg Körpergewicht 3000—4000 Stück. Nach der Laichablage und Überwinterung wandern die Elterntiere ins Meer zurück.

Die im Frühjahr ausschlüpfenden Larven sind etwa 15 mm lang. Nach ungefähr vier Wochen haben sie ihren großen Dottersack aufgezehrt und beginnen dann auf Kleinkrebse, Chironomidenlarven u. dgl. Jagd zu machen. Je nach Gebiet verbleiben sie mehr

Weibchen 30 cm

◇ 18. SEESAIBLING
Salvelinus a. salvelinus (LINNÉ)

Larve 19 mm

16 cm

Kümmerform des Seesaiblings (»Tiefseesaibling«)

oder weniger lang in der Nähe der Laichplätze, ehe sie flußabwärts wandern. Die Jungsaiblinge halten sich dann meist in den Unterläufen der Flüsse und in der Brackwasserzone auf. Einige Formen werden schon im 3. bis 4., andere im 6.—7. Lebensjahr geschlechtsreif. Die erwachsenen Saiblinge ernähren sich in den Küstengewässern des Eismeeres hauptsächlich von Fischen.

Die stationären Saiblingsbestände in den Seen weisen einen besonders großen Formenreichtum auf. Es lassen sich hier Unterschiede in der Ernährungsweise, im Wachstum, in den Laichzeiten und Laichplätzen feststellen. Beim Seesaibling werden z. B. folgende Formen unterschieden: 1. Der Normalsaibling, der sich von Planktonkrebsen und Bodentieren ernährt. 2. Der schnellwüchsige Wildfangsaibling, der als Räuber von anderen Fischen lebt. 3. Der Schwarzreuter, eine Zwergform, die meist unter 100 g Gewicht bleibt und höchstens 25 cm lang wird. 4. Der Tiefsee- oder Hungersaibling, eine Kümmerform der Seentiefe. Die Stellung der Formen zueinander ist noch nicht völlig geklärt.

(◇) 19. BACHSAIBLING
Salvelinus fontinalis (MITCHILL)

Kennzeichen: Sehr weite Mundspalte, bis hinter die Augen reichend. Rücken braun und oliv marmoriert. Paarige Flossen und Afterflosse am Vorderrand mit weiß-schwarzem Saum.

Größe: 3- bis 5sömmerig 30—40 cm lang (0,5—1 kg), selten über 45 cm. Wachstum je nach Aufenthaltsort sehr unterschiedlich, bleibt meist kleiner.

Der Bachsaibling, der im Osten Nordamerikas beheimatet ist, wird bei uns seit 1884 in Teichwirtschaften gezogen. Daneben kommen heute auch in den meisten europäischen Ländern freilebende Bestände vor. Als ausgeprägte Kaltwasserform bevorzugt er kalte, sauerstoffreiche Fließgewässer mit starker Strömung. Da er mehr im freien Wasser jagt und weniger auf Verstecke angewiesen ist als die Bachforelle, eignet er sich auch zum Besatz von begradigten Bachläufen. Außerdem gedeiht er auch in einigen kalten, klaren Seen. Wie die Bachforelle ernährt er sich von Würmern, Kleinkrebsen, Insektenlarven, Insekten und Weichtieren; erwachsene Bachsaiblinge greifen ebenfalls kleine Fische an.

Laichzeit: Okt.—März. Die laichreifen Tiere sind besonders prächtig gefärbt und zählen zu den schönsten Lachsfischen überhaupt. Die Eier werden in flache Laichgruben an Stellen, wo Kiesgrund und rasche Strömung vorhanden sind, abgelegt und mit Kies bedeckt. Eidurchmesser: etwa 4 mm. Eizahl: pro kg Körpergewicht rund 2000 Stück. Die Männchen werden Ende des 2., die Weibchen Ende des 3. Lebensjahres geschlechtsreif.

Die unempfindlichere, ertragreichere Regenbogenforelle hat heute den Bachsaibling weitgehend aus den Forellenteichwirtschaften verdrängt.

Kreuzungen zwischen dem Bachsaibling und der Bachforelle, wie sie auch in freien Gewässern vorkommen, ergeben sterile Bastarde, die sog. »Tigerfische«. Als »Elsässer Saiblinge« werden Bastarde zwischen Bach- und Seesaibling bezeichnet.

Weibchen 37 cm

Wichtige Nährtiere:

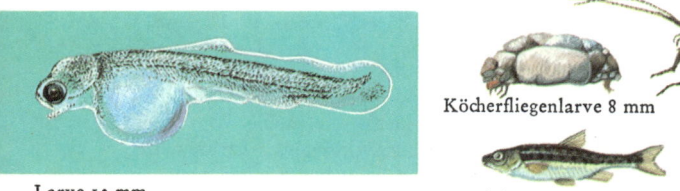

Larve 13 mm

Köcherfliegenlarve 8 mm

Köcherfliege

Elritze

Schwimmkäfer 10 mm

36 cm

(◇) 20. AMERIKANISCHER SEESAIBLING
Salvelinus namaycush (WALBAUM)

Kennzeichen: Sehr weite Mundspalte. Kopf und Körper übersät mit unregelmäßigen, hellen Flecken.
Größe: bis über 1 m lang und 7—8 kg schwer. Wurde in verschiedene Seen der Schweiz und Schwedens mit Erfolg eingesetzt.

Maränen, Renken oder Felchen

Kennzeichen: Silberglänzende, oft heringsähnliche Fische mit mehr oder weniger langgestrecktem, seitlich zusammengedrücktem Körper, einer Fettflosse und tief eingeschnittenen Schwanzflosse. Mit größeren Schuppen als die Forellen und Saiblinge; die Seitenlinie ist vollständig ausgebildet. Die enge Mundspalte reicht höchstens bis zum vorderen Augenrand; Zähne klein oder völlig zurückgebildet.

Kiemenbogen mit Reusendornen

Die Unterscheidung der einzelnen Arten und Rassen der Gattung *Coregonus* ist selbst für den Fachmann äußerst schwierig. Schuld daran ist der ungeheuer große Formenreichtum dieser Fischgruppe.

Eingehende Untersuchungen in der Schweiz und in Schweden ergaben nun, daß viele aus europäischen Gewässern beschriebene Formen auf insgesamt sechs Arten zurückgeführt werden können.

Eines der wichtigsten Artbestimmungsmerkmale ist die Zahl der Kiemenreusendornen. Wegen der großen Variationsbreite der einzelnen Arten ist jedoch auch dieses Merkmal nur statistisch verwertbar, d. h. es muß ein großes Zahlenmaterial aus einem Bestand vorhanden sein. Ein einzelnes Exemplar wird nur selten sicher bestimmt werden können.

Die Renkenarten bewohnen vor allem größere, tiefe Seen mit klarem, sauerstoffreichem Wasser. Neben den stationären Beständen kommen aber auch zahlreiche Wanderformen vor, die in Fließgewässern und im Brackwasser (z. B. in der Ostsee) anzutreffen sind.

Renkenformen, die sich hauptsächlich von Plankton ernähren, besitzen besonders dichte Kiemenreusen mit langen, schlanken Reusendornen, während diese Fortsätze bei Fischen, die größere Nährtiere erbeuten, kürzer, gröber und weniger zahlreich sind. Nach diesem Kennzeichen kann man die einzelnen Renkenformen grob in zwei ökologische Gruppen einteilen: 1. Die Schwebrenken, mit zahlreichen schlanken Reusendornen. Sie halten sich meist im freien Wasser auf und ernähren sich überwiegend von Plankton. 2. Die Bodenrenken, mit kürzeren und weniger zahlreichen Reusendornen. Ihre Hauptnahrung bilden neben Planktonkrebschen vor allem kleine Bodentiere (Muschelkrebse, Flohkrebse, Wasserasseln, Würmer, Insektenlarven, kleine Schnecken und Muscheln). Diese beiden Gruppen sind in Wirklichkeit jedoch durch eine Reihe von Übergangsformen miteinander verbunden.

Die meisten Renkenarten und -rassen laichen im Spätherbst und im Winter bei Wassertemperaturen unter 7° C über Sand- oder Geröllgrund. Die Laichablage, die in mehreren Portionen erfolgt, nimmt in der Regel etwa zwei Wochen in Anspruch. Die Eier können sowohl über den größten Tiefen im freien Wasser als auch in Ufernähe abgelegt werden; sie sinken zu Boden oder bleiben an Pflanzen haften. Je nach den Wassertemperaturen schlüpfen die Larven nach 2—4 Monaten. Die Wachstumsgeschwindigkeit der Jungfische ist vor allem von der zur Verfügung stehenden Nahrungsmenge abhängig. In nahrungsarmen Seen können als Folge der starken Nahrungskonkurrenz Zwergformen auftreten.

Man unterscheidet zwischen den sog. großen Maränen, zu denen die nachfolgenden 5 Formengruppen gehören, und den kleinen Maränen, die bei uns mit einer Art (*C. albula*) vertreten sind.

21. *Coregonus pidschian* (GMELIN)

Deutsch: Kleine Bodenrenke, Kilch, Kropffelchen.

Kennzeichen: Im Durchschnitt auf dem 1. Kiemenbogen (im Boden-, Ammer-, Chiem- und Thunersee: 15—28, im Genfer See: 20—35). Unterständiger Mund. Kommt im Alpengebiet als großäugiger, blaß gefärbter Tiefenfisch in 20—140 m Tiefe vor.

Größe: max. ca. 50 cm lang, im Alpenraum Zwergform von höchstens 30 cm Länge.

Verbreitung: Alaska, Sibirien, Nordrußland, Finnland, Nord- und Mittelschweden und im Alpengebiet in den oben genannten Seen.

In diesem Rassenkreis kommen sowohl Wanderformen als auch stationäre Seen- und Flußformen vor. Alle sind ausgeprägte Kaltwasserfische. Die Jungfische ernähren sich von tierischem Plankton, die älteren von kleinen Bodentieren. Die Wachstumsgeschwindigkeit ist stark von den Umweltbedingungen abhängig. Bei den meisten Formen erfolgt das Ablaichen bei Temperaturen unter 4° C in der Zeit von Sept.—Jan. In den einzelnen Seen des Alpengebiets konnten jedoch ganz unterschiedliche Laichzeiten festgestellt werden. Eizahl: 8000—50 000.

22. *Coregonus nasus* (PALLAS)

Deutsch: Große Bodenrenke, Sandfelchen, Große Maräne.

Kennzeichen: Im Durchschnitt etwa 24 Reusendornen auf dem 1. Kiemenbogen (20—29). Aussehen, Lebensweise und Verbreitung ähnlich *C. pidschian;* Vertreter beider Formenkreise kommen oft im gleichen Gewässer vor (z.

B. Kilch und Sandfelchen im Bodensee). Standformen auch in großen, tiefen Seen des norddeutschen Flachlandes (Selentersee, Schaalsee) und in Polen.

Größe: In den Gewässern Sibiriens bis 86 cm lang (16 kg), im Alpengebiet etwa 50—60 cm lang und um 1,3 kg schwer.

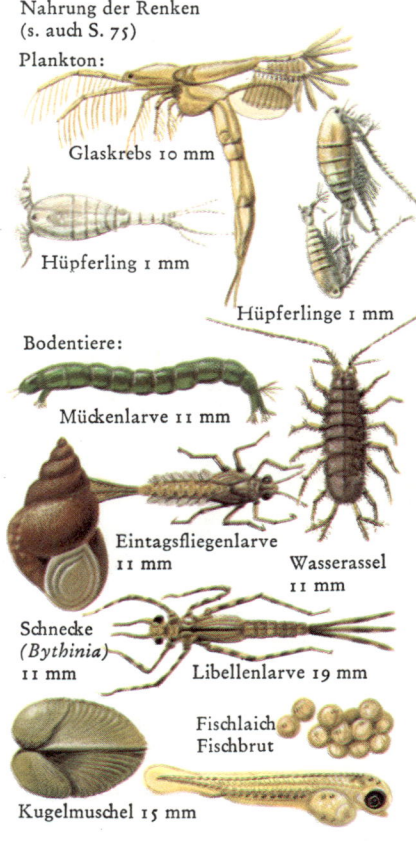

Nahrung der Renken
(s. auch S. 75)
Plankton:

Glaskrebs 10 mm

Hüpferling 1 mm

Hüpferlinge 1 mm

Bodentiere:

Mückenlarve 11 mm

Eintagsfliegenlarve 11 mm

Wasserassel 11 mm

Schnecke (*Bythinia*) 11 mm

Libellenlarve 19 mm

Fischlaich Fischbrut

Kugelmuschel 15 mm

Renken

23. *Coregonus lavaretus* (Linné)

Deutsch: Große Schwebrenke, Blaufelchen, Madümäräne.

Kennzeichen: Im Durchschnitt etwa 30 bis 34 Reusendornen auf dem 1. Kiemenbogen (25—39). Je nach Gewässer große Unterschiede im Aussehen und in der Lebensweise. Bestände im Ostseegebiet oft mit einer nasenförmig verlängerten Schnauze (Ostseeschnäpel). Größe: Bis etwa 70 cm lang und 10 kg schwer. In kleinen, nahrungsarmen Seen kommen häufig Zwergformen von 10—20 cm Länge vor.

Verbreitung: England, Schottland (Loch Lomond, Loch Ask; engl.: Powan), Seen des Alpen- und Voralpengebietes (Blaufelchen), Ostsee (Wanderfische), Madüsee, schwedische und finnische Seen (schwed. Älvsik), Nordrußland. Eine Zwergform lebt als Standfisch in sibirischen Flüssen (russ.: Tugun).

Die meisten Bestände leben überwiegend von Planktonkrebschen. Laichzeit verschieden in den Gewässern, häufig Nov. — Dez. Die Wanderformen der Ostsee dringen dann in die Haffe und in den Unterlauf der Flüsse ein.

Im Alpengebiet von großer wirtschaftlicher Bedeutung.

24. *Coregonus oxyrhynchus* (Linné)

Deutsch: Nordseeschnäpel, Kleine Schwebrenke, Gangfisch, Edelmäräne.

Kennzeichen: Im Durchschnitt etwa 40 Reusendornen auf dem 1. Kiemenbogen (35—44). Aussehen und Lebensweise ebenfalls stark veränderlich. Zwergformen in nahrungsarmen Seen. Einige Bestände mit langen »Schnäpelnasen« ausgestattet.

Aus dem großen Verbreitungsgebiet sind zahlreiche Lokalformen bekannt. Der Nordseeschnäpel gilt als die typische Form. Größe: Max. bis 50 cm lang und ca. 2 kg schwer; im Alpengebiet bis 32 cm lang.

Verbreitung: Nordeuropa, Nordasien, Alaska. Irland (Lough Neagh), England (Haweswater, Ullswater, Red Tarn, Lake Bala; engl.: Schelly, Gwyniad), Küstengewässer der südlichen Nordsee (Nordseeschnäpel, engl.: Houting), Seen im Oder-Warthe-Gebiet (Edelmäräne), in einigen schwedischen Seen (schwed.: Blåsik), im Peipus-, Ladoga- und Onega-See. Im Alpengebiet als »Gangfisch« bekannt.

Schwarmfische der freien Wassers. Als Jungfische ernähren sie sich von Plankton, später auch von Bodentieren. Sie bilden meist stationäre Seepopulationen, jedoch kommen innerhalb des Verbreitungsgebietes auch zahlreiche Wanderformen vor, die zum Laichen aus den Küstengewässern in die Flüsse aufsteigen. So wanderte früher der Nordseeschnäpel in großen Schwärmen den Rhein und die Elbe aufwärts; heute sind jedoch seine Bestände stark zurückgegangen.

25. *Coregonus peled* (Gmelin)

Deutsch: Peledmäräne

Kennzeichen: 1. Kiemenbogen mit 44 bis 68 Reusendornen.

Größe: Max. ca. 70 cm lang und 8 kg schwer. Wie bei den übrigen Renkenarten kommen auch hier Zwergformen vor. Verbreitung: Ausgeprägt arktische Formen, die von Sibirien bis zum Ostseegebiet vorkommen (russ.: Muksun, Peljad). In schwedischen Seen z. B. im Einzugsgebiet der Flüsse Skellefte, Pite, Ume und Ångerman. Wahrscheinlich gehört auch eine Form aus Jütland zu diesem Rassenkreis.

Neben stationären Seepopulationen kommen auch hier Wanderformen vor, wie sie vor allem im Mündungsgebiet der sibirischen Flüsse anzutreffen sind. Der Laichaufstieg beginnt dort im Juli bis Aug. Laichzeit: meist Okt. — Nov. Die Eiablage erfolgt überwiegend in den Flußbetten auf Sand- oder Kiesgrund. Nach dem Ablaichen wandern die Elterntiere, ebenso wie später die einsömmerigen Jungfische, in den Unterlauf der Flüsse ab.

◇ 24. NORDSEESCHNÄPEL
Coregonus oxyrhynchus (Linné)

◇ 23. BLAUFELCHEN
Coregonus lavaretus (Linné)

26. *Coregonus albula* Linné

Deutsch: Kleine Maräne, Zwergmärä-
ne. Kennzeichen: 1. Kiemenbogen mit
36—52 Reusendornen. Schlanke, heringsähnliche Fische; Unterkiefer etwas
vorstehend, Mund schräg nach oben gerichtet.
Größe: Meist etwa 20 cm, im Ladoga-
See bis 45 cm lang (1 kg).
Verbreitung: Vom Nordwesten Rußlands und einigen Seen des oberen
Wolgagebiets bis ins Ostseebecken und
in allen angrenzenden Ländern
(schwed.: Siklöja, Smaasik, finn.:
Miukku, poln.: Sielawa, dän.: Helt-
ling). Außerdem im Südosten Norwegens (norweg.: Lagesild), in England
und Schottland (engl.: Vendace). In
Norddeutschland in einem großen Teil
der tieferen Seen, vor allem östlich der
Elbe. In Bayern im Waginger See ausgesetzt. In den Seen lebt die Kleine Maräne
als Schwarmfisch im freien Wasser; nur
zum Ablaichen sucht sie flachere Stellen
mit Sand- oder Kiesgrund auf. Ihre
Nahrung bilden vor allem Planktonkrebschen (Wasserflöhe, Hüpferlinge).
In der Ostsee kommt die Kleine Maräne auch als Wanderform vor, die zur
Laichzeit im Sept.—Dez. in die Flüsse aufsteigt. Die Larven schlüpfen im

46 cm

zeitigen Frühjahr. Die Wachstumsgeschwindigkeit ist je nach Gewässer sehr unterschiedlich: eine schnellwüchsige Form ist im Ladoga-See z. B. im dritten Sommer bereits über 24 cm lang. In unseren Seen wird die Kleine Maräne bereits Ende des 2. Sommers geschlechtsreif; sie ist ein kurzlebiger Fisch, der meist schon im 3.—5. Lebensjahr abstirbt. Massenfang mit Zugnetzen, Stellnetzen und Reusen vor allem während des Laichaufstiegs der Wanderform aus dem Finnischen Meerbusen in die Newa. Hohe Erträge auch aus den Seen NW-Rußlands.

27. Stint

Osmerus eperlanus (LINNÉ)

Kennzeichen: Kleine, schlanke, lachsartige Fische mit weiter Mundspalte und vorstehendem Unterkiefer. Zarte, leicht abfallende Schuppen. Die Seitenlinie endet über der Brustflosse. Kräftige Bezahnung. Lebende Tiere durchscheinend. Gurkenartiger Geruch. Größe: Standformen im Süßwasser (Binnenstinte) meist nur 10—15 cm, selten 20 cm lang (ca. 7—9 Jahre alt), Wanderstinte (Seestinte) 15—18 cm (3 bis 4 Jahre), selten 30 cm lang (ca. 10 Jahre alt). Im Weißmeergebiet lebt eine Unterart, *O. e. dentex*, die etwas größer wird.

Die Wanderform des Stints lebt in den Küstengewässern Europas von der Biskaya bis Südnorwegen und in der Ostsee. Die stationären Binnenstinte bewohnen größere, tiefe Seen, insbesondere diejenigen mit sommertrübem Wasser, in England, Norddeutschland, Schweden, Finnland und Nordwestrußland.

Die Wanderstinte halten sich vorwiegend im Brackwasser der Flußmündungen auf, wo sie sich oft zu großen Schwärmen zusammenschließen. Ihre Nahrung besteht hauptsächlich aus Planktonkrebschen. Erwachsene Stinte ernähren sich auch von kleinen Bodentieren und Fischen (darunter auch vor

allem Jungfische der eigenen Art). Die Hauptnahrung der Binnenstinte bilden Mysiden, garnelenähnliche Krebstiere, die als Relikt der letzten Eiszeit u. a. in den Seen des Ostseegebietes vorkommen (s. Abb. Seite 75).

Laichzeit: Ende Febr. bis Anfang Mai. Nach der Eisschmelze ziehen die Wanderstinte in großen Scharen aus den Küstengewässern in den Unterlauf der Flüsse. Die Binnenstinte laichen entweder an flacheren Stellen der Seen selbst oder steigen kürzere Strecken in die Zuflüsse auf. Das Ablaichen erfolgt über Sandgrund, oft an Stellen mit Pflanzenbewuchs. Eizahl: 9000—40 000.

Nach Beendigung des Laichgeschäftes geht ein Teil der Tiere zugrunde. Die gelblichen Eier (0,6—0,9 mm $\oslash$) sinken zu Boden und kleben an Steinen, Pflanzenteilen u. dgl. fest. Dabei zerplatzt die äußere Eihülle, gleitet vom Ei herunter und bildet eine Art Füßchen, an dem das Ei haftet. Später löst sich die Hülle vom Untergrund ab und das Ei treibt nun, wie an einem kleinen Fallschirm hängend, frei im Wasser. Je nach den Temperaturen der Laichgewässer dauert die Entwicklung der Eier 2—5 Wochen. Die ausschlüpfenden, sehr langgestreckten Larven ernähren sich von winzigen Planktonorganismen. Die Nahrung der Jungfische besteht aus Planktonkrebschen und kleinen Bodentieren. Im Durchschnitt wachsen die Weibchen etwas schneller als die Männchen. Binnenstinte werden manchmal schon am Ende des 1. Lebensjahres, meist jedoch nach 2 Jahren mit einer Länge von 7—10 cm geschlechtsreif, die Wanderstinte dagegen erst im 3.—4. Lebensjahr bei 15—18 cm Länge. Der Binnenstint bleibt viel kleiner, ist weniger fruchtbar und wird nicht so alt wie die Seestinte.

Die Stärke der Stintschwärme ist nicht jedes Jahr die gleiche (Stintjahre!); mehr oder weniger günstige Umweltbedingungen während der Laichzeit dürften vor allem die Ursache dafür sein.

26 cm

◇ 26. KLEINE MARÄNE
Coregonus albula LINNÉ

Nährtiere:

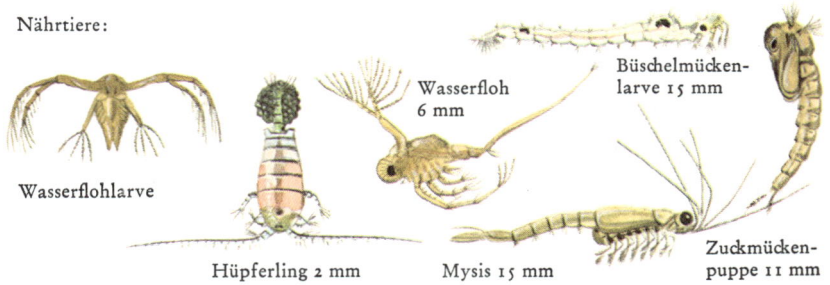

Wasserflohlarve

Hüpferling 2 mm

Wasserfloh
6 mm

Büschelmücken-
larve 15 mm

Mysis 15 mm

Zuckmücken-
puppe 11 mm

17 cm

◇ 27. STINT
Osmerus eperlanus (LINNÉ)

Larve 24 mm

28. Äsche

Thymallus thymallus (LINNÉ)

Kennzeichen: Rückenflosse, besonders bei den Männchen, hoch und lang. Kleiner Kopf mit spitzer Schnauze und vorstehendem Oberkiefer. Die enge Mundspalte reicht höchstens bis zum vorderen Augenrand. Fettflosse. Die Äsche besitzt einen charakteristischen, an Thymian erinnernden Geruch, daher der wissenschaftl. Name *Thymallus*.

Größe: 3- bis 4sömmerig ca. 30 cm lang (um 250 g schwer), selten über 50 cm lang und 7—14 Jahre alt (1 kg), max. Länge ca. 60 cm (2—3 kg Gewicht).

Die Äsche lebt als Standfisch in klaren, kühlen, schnellfließenden Gewässern mit Sand- oder Kiesgrund (»Äschenregion«). Sie hält sich gern in kleinen Schwärmen in der Nähe tieferer Gumpen, hinter versunkenem Astwerk und unter überhängenden Uferpartien auf, jagt jedoch auch im freien Wasser. In Schweden, Norwegen, Finnland und Nordrußland kommt sie auch in vielen Seen vor; im Schärengürtel der schwedischen und finnischen Küste wurde sie sogar im Brackwasser angetroffen.

In der Jugend ernährt sich die Äsche überwiegend von Insektenlarven (Köcherfliegen-, Zuckmücken-, Kriebelmückenlarven), die sie von den Steinen des Flußbettes abweidet, außerdem von kleinen Würmern, Schnecken, Luftinsekten und Fischlaich. Ältere Tiere jagen auch kleine Fische, z. B. Elritzen, und greifen selbst die eigene Brut an.

Laichzeit: März—Mai. Beide Geschlechter sind dann besonders intensiv gefärbt. Die Rückenflosse erstrahlt in einem leuchtenden Violettrot, verziert mit grünen Längsstreifen. Alle Körperfarben sind nun etwas dunkler geworden und besitzen einen purpurfarbenen Glanz. Rücken- und Afterflosse und die Bauchflossen sind beim Männchen größer als beim Weibchen. Außerdem ist die Haut beim reifen Männchen am Rücken und an den Schwanzseiten schwartig verdickt. Die Eiablage erfolgt an seichteren Stellen mit Kiesgrund; weite Laichwanderungen werden dabei nicht unternommen. Die Seenbewohner in Nordeuropa laichen entweder an geeigneten Uferstellen im See selbst ab oder steigen kürzere Strecken in die Zuflüsse auf. Das Weibchen schlägt eine flache Laichgrube aus, in die die Eier abgelegt und vom Männchen besamt werden; danach werden sie wieder mit Kies bedeckt. Eizahl: 3000—6000. Eidurchmesser: 3—4 mm. Die Entwicklung der Eier dauert ca. 2—4 Wochen (180—200 Tagesgrade sind erforderlich). Die ausschlüpfenden Larven verbergen sich zwischen und unter den Steinen des Laichplatzes. Schon nach wenigen Tagen haben sie die Nahrungsreserven des nicht sehr großen Dottersackes aufgezehrt. Sie verlassen dann ihre Verstecke und schwimmen auf der Suche nach Nahrung frei umher, bleiben jedoch in kleinen Schwärmen beisammen. Die Jungfische, gekennzeichnet durch große dunkle Flecken an den Körperseiten wachsen rasch: schon am Ende des ersten Sommers sind sie 7—12 cm lang. Die Männchen werden frühestens im 2., die meisten im 3. Lebensjahr geschlechtsreif, die Weibchen in der Regel erst im 4. Jahr bei einer Länge von etwa 30 cm. Die Wachstumsgeschwindigkeit ist sehr vom Aufenthaltsort abhängig.

Obwohl als Speisefisch sehr geschätzt, ist die wirtschaftliche Bedeutung der Äsche nur gering, da sie kaum zu hältern und lebend transportierbar ist; schon kurz nach dem Tode verliert ihr festes, weißes Fleisch den charakteristischen Wohlgeschmack. Als Sportfisch ist die Äsche jedoch sehr beliebt; besonders interessant ist ihr Fang mit der Flugangel, an der sie ausdauernd und in langen Fluchten kämpft.

Leider sind heute, insbesondere durch die Verunreinigung der Gewässer, die Äschenbestände stark zurückgegangen.

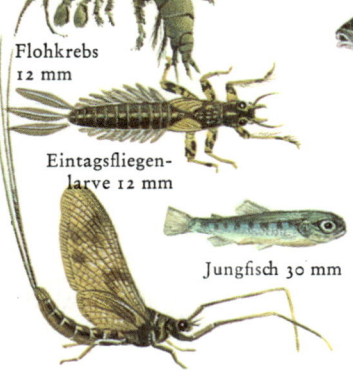

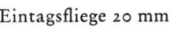

26 cm

◇ 28. ÄSCHE
Thymallus thymallus (Linné)

Schuppe einer Äsche

Hauptnahrung:

Köcherfliegenlarve 12 mm

Zuckmücken- und
Kriebelmückenlarven
20 bzw. 12 mm

Larve mit Dottersack 11 mm

Flohkrebs
12 mm

Eintagsfliegen-
larve 12 mm

einsömmerige Äsche 8 cm

Jungfisch 30 mm

Eintagsfliege 20 mm

◇ 29. HECHT
Esox lucius LINNÉ

Kennzeichen: Langgestreckter, seitlich nur wenig zusammengedrückter Körper. Kurze, weit nach hinten verlagerte Rückenflosse, der ebenfalls kurzen Afterflosse gegenüberstehend. Langer Kopf mit flacher, entenschnabelförmiger Schnauze. Sehr weite Mundspalte, starke Bezahnung.

Die Färbung wechselt je nach Aufenthaltsort und Alter. Einjährige Fische aus der verkrauteten Uferregion sind hellgrün gefärbt (Grashechte), Hechte der Brackwasserregion gelblich. Im Alter herrschen meist braune und graue Töne vor.

Größe: Die Männchen werden nicht so groß wie die Weibchen: am Ende des 2.—3. Lebensjahres (Eintritt der Geschlechtsreife) sind sie 25—40 cm lang und etwa $^1/_2$ kg schwer; nur sehr selten werden sie 90—100 cm lang, 5 bis 8 kg schwer und 10—14 Jahre alt. Bei den Weibchen tritt die Geschlechtsreife am Ende des 3.—5. Lebensjahres bei einer Länge von 40—55 cm ($^1/_2$—1 kg Gewicht) ein; die Weibchen können bis zu 1,5 m lang, ca. 35 kg schwer und über 30 Jahre alt werden.

Der Hecht lebt als Standfisch sowohl in Fließgewässern als auch in Seen. Er bevorzugt dabei ruhige, wärmere und klare Gewässer mit kiesigem Grund und verkrauteten Uferpartien. Im Ostseegebiet geht er auch ins Brackwasser. Besonders die Jungfische sind sehr standorttreu.

Nach dem ersten Jugendstadium ernährt sich der Hecht fast ausschließlich von Fischen (Elritzen, Rotfedern, Plötzen usw., in der Ostsee auch von Heringen), wobei er die eigenen Artgenossen nicht verschont. Daneben spielen auch Wasserasseln, Insektenlarven, Kaulquappen und Frösche als Nährtiere eine Rolle; große Hechte greifen selbst junge Wasservögel und kleine Säugetiere an. Schon die Hechtbrut lebt räuberisch. Als äußerst gefräßiger Raubfisch schnappt er auch manchmal nach einer allzu großen Beute und erstickt daran, da die nach rückwärts gerichteten Zähne ein Wiederausspucken verhindern. Meist steht er ruhig nahe der Oberfläche zwischen den Wasserpflanzen der Uferzone und lauert auf vorüberziehende Beute. Sobald diese in erreichbarer Nähe ist, schießt er mit einem kräftigen Schwanzschlag pfeilschnell auf sein Opfer los. Im übrigen ist der Hecht jedoch kein guter, ausdauernder Schwimmer.

Laichzeit: Februar bis Mai, im nördlichsten Teil des Verbreitungsgebietes bis Mitte Juli. Zum Ablaichen suchen die laichreifen Tiere seichte verkrautete Uferstellen auf oder ziehen aus den Flüssen in die vom Frühlingshochwasser überschwemmten Wiesen; dabei wird jedes Jahr, wenn möglich, derselbe Laichplatz benützt. Die Männchen treffen zuerst ein, etwas später folgen dann die Weibchen nach. Wäh-

50 cm

Nährtiere:

Plötzen

Lauben

Frösche

Entenküken

Durchwachsenes
Laichkraut

rend der Laichzeit sind die Hechte auffallend wenig scheu. Da die Laichablage in mehreren Portionen erfolgt, nimmt sie meist 3—4 Wochen in Anspruch. Eizahl: 40 000—45 000 je kg Körpergewicht. Eidurchmesser: 2,5—3 mm. Die Eier sind klebrig und haften an den Grashalmen der Laichwiesen oder an Wasserpflanzen. Sinkt der Wasserstand später ab, so kann ein großer Teil des Laiches austrocknen. Die Eientwicklung dauert je nach der Wassertemperatur 10—30 Tage (120—140 Tagesgrade). Die ausschlüpfenden, 6,5 bis 9 mm langen Larven besitzen Klebedrüsen am Kopf, mit denen sie sich an Pflanzen, Wurzelwerk und dgl. anheften. Während der nun folgenden Ruhezeit ernähren sie sich von den Vorräten ihres großen Dottersackes.

Erst nach 10—20 Tagen sind Mund- und Kiemenöffnung ausgebildet; nun steigen die Larven zur Wasseroberfläche empor, um ihre Schwimmblase mit Luft zu füllen. Sobald sie schwimmfähig sind, beginnen sie auf Beute zu lauern. Diese besteht in den ersten Tagen aus winzigen Planktontieren. Als 25 mm lange Fischchen ähneln sie schon den erwachsenen Hechten und ab einer Länge von 4—5 cm ernähren sie sich dann vorwiegend von der nun reichlich vorhandenen Brut der Karpfenfische.

Die Wachstumsgeschwindigkeit ist je nach den Umweltbedingungen unterschiedlich, im allgemeinen sind die jungen Hechte jedoch sehr schnellwüchsig. Schon am Ende des 1. Sommers erreichen sie meist eine Länge von 12—20 cm oder mehr. Ende des 2. Lebensjahres (selten Ende des 1.) werden die Männchen geschlechtsreif, die Weibchen in der Regel 2 Jahre später.

Während der Laichzeit nimmt der Hecht fast keine Nahrung zu sich; danach ist er erschöpft und hungrig. Zur Freude der Angler ist er dann besonders beißlustig und nimmt den Köder meist sofort an. Im Laufe des Sommers läßt dann vielfach seine Freßgier wieder nach. Man hat dies mit dem Zahnwechsel in Zusammenhang gebracht. Andererseits wird auch behauptet, daß sich dieser Prozeß nicht auf die Beißlust der Hechte auswirken könne, da ja die Zähne nach und nach über einen längeren Zeitraum hinweg erneuert werden.

Der Hecht ist nicht nur ein sehr beliebter Sportfisch, sondern vor allem ein wertvoller Wirtschaftsfisch. Junghechte werden gern in Karpfenabwachsteiche eingesetzt, damit sie dort die unerwünschten »Unkrautfische«, die als Nahrungskonkurrenten der Karpfen auftreten, kurzhalten. Ebenso spielen die Hechte in Seen und Flüssen als Veredler minderwertigen Fischfleisches eine große Rolle. Alte und große Stücke sind jedoch unwirtschaftlich, da

sie viel Nahrung zu sich nehmen, aber nur noch verhältnismäßig wenig wachsen. Jüngere Fische sind viel bessere Nahrungsverwerter: so ergeben bei ihnen 3—4 kg Futterfische bereits einen Zuwachs von 1 kg, während bei alten Hechten hierzu 10—30 kg Nahrung notwendig sind.

Fang mit Stak- und Zugnetzen, Reusen und Angelgeräten, insbesondere mit der Spinn-, Troll- und Schleppangel.

Wichtiger »Polizei-« und Nutzfisch.

30. Hundsfisch

Umbra krameri WALBAUM

Kennzeichen: Kleine, bräunlich gefärbte Fische mit relativ großen Schuppen, die auch die Kiemendeckel, Wangen und die Kopfoberseite bedecken. Die weit nach hinten verschobene Rückenflosse endet über der Afterflosse. Schwanzflosse abgerundet.

Länge: 5—7 cm, max. 12 cm. Die Weibchen werden größer als die Männchen.

Standfisch vor allem in flachen, pflanzenreichen Tümpeln, Sümpfen und Entwässerungsgräben mit Schlammgrund. Nahrung: Wasserasseln, Insektenlarven, Fischbrut. Laichzeit: Febr.—April. Die Eier (ca. 150 Stück) werden in ein vom Weibchen vorbereitetes Nest abgelegt und bewacht. Brutdauer: 6—10 Tage. Beliebter Aquarienfisch.

31. Amerikanischer Hundsfisch

Umbra pygmaea (DE KAY)

Kennzeichen: Körperseiten mit hellen, schmalen Längsstreifen.

Länge: Weibchen bis 15 cm, Männchen bis 11,5 cm lang.

Lebensweise wie *U. krameri*.

Als Aquarienfisch aus den Oststaaten der USA eingeführt; in Norddeutschland stellenweise verwildert.

29. Hecht

Nährtiere der Larven
und Jungfische:

Wasserfloh 1 mm

Hüpferling 2 mm

Fischbrut

Kaulquappen

Larve 10 mm

Larve 13 mm

12 cm

7,5 cm

30. HUNDSFISCH
Umbra krameri WALBAUM

8 cm

(◇) 31. AMERIKANISCHER HUNDSFISCH
Umbra pygmaea (DE KAY)

Hundsfisch

Amerikanischer
Hundsfisch

KARPFENFISCHE

Artenreichste Fischfamilie unserer Gewässer. Keine Zähne auf den Kiefern, jedoch zahnartige Gebilde auf den unteren Schlundknochen, sog. Schlundzähne, die gegen eine harte, hornige Kauplatte (»Karpfenstein«) am Schlunddach arbeiten. Kopf unbeschuppt. Ohne Fettflosse.

Karpfenfische besitzen ein ausgezeichnetes Hörvermögen. Als Schallempfänger und Verstärker wirkt die zweikammerige Schwimmblase, die durch eine Reihe von Knöchelchen (Webersche Knöchelchen) mit dem inneren Ohr verbunden ist.

Insbesondere bei den Männchen treten zur Laichzeit perlartige Hautknötchen auf (»Laichausschlag«), die später wieder rückgebildet werden.

Bestimmungstabelle für Karpfenfische

1
Rückenflosse mindestens doppelt so lang wie die Afterflosse, mit über 16 gefiederten Gliederstrahlen 2

Rückenflosse nicht doppelt so lang wie die Afterflosse, mit weniger als 16 gefiederten Gliederstrahlen 3

2
Mit vier Bartfäden. Schwanzflosse deutlich eingebuchtet . . . . ◇ **Karpfen,** Seite 137

Ohne Bartfäden. Schwanzflosse nur schwach eingebuchtet. Seitenlinie: 30—35 Schuppen. 1. Kiemenbogen mit 23—33 Reusendornen . . . . ◇ **Karausche,** Seite 133

Ohne Bartfäden. Schwanzflosse nur schwach eingebuchtet. Seitenlinie: 28—32 Schuppen. 1. Kiemenbogen mit 39—50 Reusendornen . . . . ◇ **Giebel,** Seite 135

3
Mit Bartfäden 4

Ohne Bartfäden 9

4
Mit zwei Bartfäden 5

Mit vier Bartfäden. Körper beschuppt 6

Mit vier Bartfäden. Körper schuppenlos (Dalmatien) . . . . **Barbengründling,** Seite 113

5
Dicke, schleimige Haut mit sehr kleinen Schuppen, Dunkle, abgerundete Flossen. Schwanzflosse nur schwach eingebuchtet . . . . ◇ **Schleie,** Seite 105

Kleine, schlanke Fische mit deutlich sichtbaren Schuppen. Schwanzflosse gegabelt . . . . ◇ **Gründlinge,** Seite 113

84

32. Plötze, Rotauge

Rutilus rutilus (LINNÉ)

Kennzeichen: Auge rot. Vorderende der Rückenflosse über oder knapp hinter der Basis der Bauchflossen. Bauchkante zwischen Bauchflossen und After gerundet (bei der Rotfeder dagegen als scharfer Kiel ausgebildet). 39—48 Seitenlinienschuppen. Schlundzähne einreihig. Körperform unterschiedlich, schnellwüchsige Tiere aus nahrungsreichen Gewässern ziemlich hochrückig.

Die Plötze bildet eine Reihe von Unterarten, die teils als Standformen, teils als Wanderformen auftreten. Das Wachstum ist stark von den Umweltbedingungen abhängig. In übervölkerten Gewässern wird die Plötze oft nur 10—15 cm lang, gewöhnlich jedoch 25 bis 30 cm lang und ca. 200 g schwer (7- bis 12sömmerig). Im Schwarzmeergebiet erreicht eine Unterart, der Taran, eine Länge bis zu 50 cm und ein Gewicht von über 1000 g. Die Plötze ist einer der häufigsten Fische in stehenden und langsam fließenden Gewässern, wo sie sich meist in Schwärmen in der bewachsenen Uferregion aufhält. Die größeren Plötzen stehen weiter vom Ufer entfernt und in tieferen Wasserschichten. In sommertrüben (eutrophen) Seen kommt sie auch in der Freiwasserzone vor. Im Schwarzmeergebiet und in der Ostsee dringt sie in die Brackwasserregion vor. Die Wanderformen steigen in den Unterlauf der Flüsse auf, um dort zu laichen und zu überwintern.

Die Nahrung der Plötze besteht sowohl aus Kleintieren aller Art (Plankton, Krebschen, Würmer, Insektenlarven, Insekten, kleine Schnecken und Muscheln) als auch Wasserpflanzen (halbverrottete Pflanzenteile, Wasserpest, Tausenblatt, Wasserlinsen, Armleuchteralgen u. dgl.). Während der Wintermonate nimmt die Plötze kaum Nahrung zu sich. Die Tiere versammeln sich zu der Zeit in großen Scharen an besonders geschützten, tiefen Stellen (Winterlager).

Die Plötze laicht in der Zeit von April bis Mai, bei einer Wassertemperatur von mindestens 10° C. Das Ablaichen erfolgt an seichten, bewachsenen Stellen der Uferzone. Laichreife Tiere ziehen auch oft in Schwärmen kurze Strecken flußaufwärts. Die Wanderformen dringen aus der Brackwasserzone in den Unterlauf der Flüsse ein; im Aralsee laicht eine Unterart der Plötze jedoch auch in brackigen Küstengewässern. Die Männchen treffen an den Laichplätzen einige Tage vor den Weibchen ein; ihr Kopf und Rücken ist dann mit einzelnen, weißen Knötchen bedeckt (Laichausschlag, s. Einleitung, Seite 15).

Nachdem die Weibchen angekommen sind, beginnen unter lautem Geplätscher heftige Liebesspiele. Die Ablage des gesamten Laiches dauert etwa eine Woche. Hernach bleiben die Männchen oft noch einige Zeit am Laichplatz. Eizahl: 50 000—100 000, bei Wanderplötzen bis zu 200 000. Eidurchmesser: ca. 1 mm. Die Eier sind schwach klebrig und haften an Wasserpflanzen, Wurzelwerk, Steinen u. dgl. Je nach Wasserwärme schlüpfen die 4,5 bis 6,5 mm langen Larven nach 4—10 Tagen. Während der ersten 2—5 Tage heften sie sich mit Hilfe ihrer auf dem Kopf befindlichen Klebedrüsen an Pflanzenblätter an, bis die Vorräte ihres Dottersackes aufgezehrt sind. Danach jagen die Jungfische in der Uferzone nach winzigen Planktontieren. Bei einer Länge von ca. 30 mm beginnt die Schuppenbildung. Im Durchschnitt wachsen die Weibchen etwas schneller als die Männchen; die Wachstumsgeschwindigkeit ist jedoch immer relativ gering. Am Ende des 3. Lebensjahres werden beide Geschlechter zum ersten Mal laichreif. Die Weibchen sind im geschlechtsreifen Alter wesentlich kräftiger gebaut als die Männchen.

Die Bedeutung der Plötze im Haushalt eines Gewässers beruht vor allem darin,

20 cm

◇ 32. PLÖTZE ODER ROTAUGE
Rutilus rutilus (LINNÉ)

Nahrung:

Rädertier 1 mm

Zuckmücken-
larve
12 mm

Flohkrebs 15 mm

Schlammschnecke 15 mm

Wasserpest

Auf vorjährigem Stengelwerk
abgelegte Eier

Larve 9 mm

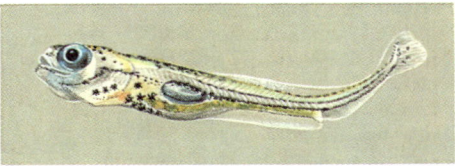

Feinde:

Aal

Fischreiher

Hecht

daß sie wertvollen Raubfischen als Nahrung dient, z. B. dem Hecht und dem Zander, während sie sich selbst von Plankton, kleinen Bodentieren und Pflanzenteilen ernährt.

Fang mit Zugnetzen, Stellnetzen, Reusen und Angelgeräten. Das grätige Fleisch ist wenig geschätzt. Trotzdem findet die Plötze in Gegenden, in denen sie in großen Mengen vorkommt, z. B. im Schwarzmeergebiet, Verwendung als billiger Speisefisch; sie kommt frisch, gesalzen oder geräuchert auf den Markt. Hohe Erträge werden auch aus norddeutschen Seen erzielt. Auch als Köderfisch wird die Plötze viel verwendet.

33. Pigo

Rutilus pigus (LACÉPÈDE)

Kennzeichen: Mund leicht unterständig. Kopf und Augen relativ klein. Schlundzähne kräftig entwickelt. 44 bis 49 Seitenlinienschuppen.

Größe: Durchschnittslänge 20—30 cm (ca. 250 g Gewicht), selten bis 40 cm lang (um 1000 g).

Der Frauennerfling oder Frauenfisch, *R. p. virgo*, eine Unterart des Pigo, lebt als Tiefenfisch im Ober- und Mittellauf der Donau und den größeren Nebenflüssen. Er ernährt sich von kleinen Bodentieren (Kleinkrebse, Würmer, Weichtiere). Die Stammform kommt in Seen und Flüssen Oberitaliens und der Schweiz vor.

Laichzeit: April — Mai. Färbung bei beiden Geschlechtern dann intensiver, Männchen mit Laichausschlag. Die klebrigen Eier (40 000—60 000) haften an Steinen und Wasserpflanzen.

34. Südeuropäische Plötze

Rutilus rubilio (BONAPARTE)

Kennzeichen: In Körperform und Färbung der gewöhnlichen Plötze sehr ähnlich, jedoch manchmal mit einer schmalen, grauen Längsbinde. Größe: bis etwa 25 cm lang, meist kleiner.

Vertritt in Italien, Dalmatien und Westgriechenland die gewöhnliche Plötze, mit der sie auch in der Lebensweise übereinstimmt.

35. Schwarzmeerplötze

Rutilus frisii (NORDMANN)

Kennzeichen: Körper spindelförmig, im Querschnitt fast drehrund. Kopf, Auge und Mundspalte klein.

Die Stammform bewohnt vor allem die Brackwassergebiete im Nordwesten des Schwarzen Meeres, aus denen sie zur Laichzeit in die Flüsse zieht. Sie wird dort in großen Mengen gefangen und als Speisefisch verwertet.

Eine Unterart, der Perlfisch, *R. f. meidingeri* bewohnt einige Seen des Alpengebietes und deren Zu- und Abflüsse (Chiem-, Traun-, Atter- und Mondsee).

Über die Lebensweise des Perlfisches ist noch sehr wenig bekannt. Der größte Teil des Bestandes hält sich fern vom Ufer in größeren Tiefen auf. In der Zeit von April bis Mai wandern die laichreifen Tiere in Schwärmen in die Zu- und Abflüsse der Seen, in de-

37 cm

◇ **33. FRAUENNERFLING**
Rutilus pigus virgo (HECKEL)

20 cm

34. SÜDEUROPÄISCHE PLÖTZE
Rutilus rubilio (BONAPARTE)

nen einige Tiere auch das ganze Jahr
über anzutreffen sind. Das Ablaichen
erfolgt an flachen Stellen über Kiesgrund. Die meist etwas kleineren, zah-
lenmäßig jedoch überlegenen Männchen weisen dann auf Kopf und Rükken einen kräftigen Laichausschlag auf.
Als einer unserer größten Karpfenfische wird der Perlfisch bis 70 cm lang
und 5 kg schwer.

Nahrung:

Schlammfliegen-
larve 40 mm

Borstenwurm

Wasserassel 12 mm

◇ **35. PERLFISCH**
Rutilus frisii meidingeri (HECKEL)

Laichreifes Männchen 54 cm

Iberische Plötzen

Auf der iberischen Halbinsel treten an die Stelle der gewöhnlichen Plötze vier nahverwandte Plötzenarten mit mehr oder weniger eng begrenzter Verbreitung in Portugal und dem mittleren und westlichen Spanien.
Es handelt sich hier um *Rutilus arcasii, R. macrolepidotus, R. lemmingii* und *R. alburnoides,* die alle 1866 von Steindachner beschrieben worden sind. Als gemeinsames Kennzeichen besitzen sie eine dunkle Längsbinde entlang der Körperseiten bis zur Schwanzwurzel und nur 10—11 Rückenflossenstrahlen. Alle vier Arten bleiben klein (15—25 cm).
Wie unsere Plötze leben sie gesellig und ernähren sich von tierischer und pflanzlicher Kost. Über ihre Lebensweise ist sonst kaum etwas bekannt.

Die Gattung Paraphoxinus

Unter diesem Gattungsnamen ist eine Reihe kleiner, elritzenähnlicher Fische vor allem aus Dalmatien beschrieben worden. Über die Beziehungen der einzelnen Arten zueinander besteht noch manche Unklarheit; eine Revision der ganzen Gattung ist daher dringend erforderlich.
Die meisten Arten dieser Gattung werden höchsten 10 cm lang. Ihr Schuppenkleid ist weitgehend rückgebildet. *P. alepidotus* (Heckel) (siehe Abb. Nr. 36) weist nur entlang der Seitenlinie eine Schuppenreihe auf. *P. epiroticus* Steindachner dagegen ist völlig mit hautdünnen Schuppen bedeckt. Bei *P. ghethaldii* Steindachner ist die Brust, der mittlere Teil des Rückens und die Unterseite des Schwanzstieles unbeschuppt. *P. adspersus* (Heckel) (siehe Abb. Nr. 37), *P. croaticus* (Steindachner) und *P. pstrossi* Steindachner weisen ebenfalls eine rudimentäre Beschuppung auf. Sie leben, in kleinen Schwärmen, von Kleintieren aller Art.

Aus kleinen Fließgewässern im Guadiana-Einzugsgebiet, Südwestspanien, sind kleine Fischchen mit langgestrecktem, fast drehrundem Körper beschrieben worden, *Phoxinellus hispanicus* (Steindachner), die in ihrer Lebensweise ebenfalls Elritzen ähnlich sind.

38. Albanische Plötze

Pachychilon pictum (Heckel & Kner)

Kennzeichen: Langgestreckter, seitlich zusammengedrückter Körper. Dicke Lippen. Obere Körperhälfte mit kleinen, braunen Punkten bedeckt. Bis 16 cm lang. Lebt als Schwarmfisch im Skutariseegebiet und im Ochridsee. Ihre Nahrung bilden Kleintiere aller Art. Über die Lebensweise ist nichts Näheres bekannt.

39. Moderlieschen

Leucaspius delineatus (Heckel)

Kennzeichen: Kleine Fischchen mit großen, silberglänzenden Schuppen. Blauer Längsstreifen, vor allem auf dem Schwanzstiel. Seitenlinie unvollständig, sie erstreckt sich nur über 7 bis 12 Schuppen. Mundspalte steil nach oben gerichtet. Basis der Afterflosse länger als die der Rückenflosse. Bauchkante zwischen Bauchflossen und After kielförmig. Schuppen fallen leicht ab.
Größe: 2sömmerig etwa 6—9 cm lang. Die Weibchen werden etwas größer als die Männchen, höchstens jedoch 12 cm lang.
Das Moderlieschen lebt gesellig nahe der Wasseroberfläche und zwischen dem dichten Pflanzenwuchs der Uferzone in kleinen, stehenden oder schwachfließenden Gewässern, vor allem in Teichen, Torfkuhlen und sumpfigen Gräben. In kleinen Wasserlöchern kommt es oft zu einem massenhaften Auftreten der Fischchen in sehr regelmäßigen Abständen, daher der Name Moderlieschen oder Mutterloseken, da

9 cm

36. *Paraphoxinus alepidotus* (Heckel)

8 cm

37. *Paraphoxinus adspersus* (Heckel)

8 cm

38. ALBANISCHE PLÖTZE
Pachychilon pictum (Heckel & Kner)

Nährtiere:

Hüpferling 2 mm

8 cm

◇ **39. MODERLIESCHEN**
Leucaspius delineatus (Heckel)

Rädertier $^1/_2$ mm

R. arcasii
R. macrolepidotus
R. lemmingii und
R. alburnoides

Paraphoxinus alepidotus
und
Paraphoxinus adspersus

Moderlieschen

Albanische Plötze

sie anscheinend von selbst, ohne Eltern, entsehen. Nach dem dänischen Volksnamen »Regnlöje« fallen sie mit dem Regen vom Himmel.

Das Moderlieschen ernährt sich vorwiegend von tierischem und pflanzlichem Plankton und von Luftinsekten. Laichzeit: April—Juni. Das Weibchen besitzt während 'der Laichzeit eine kurze Legeröhre, mit deren Hilfe es seine Eier von ca. 1 mm ⌀ in ring- oder spiralförmigen Bändern an die Stengel der Wasserpflanzen anklebt. Das Ablaichen erfolgt in Raten über mehrere Wochen hinweg. Das Männchen bewacht und betreut die abgelegten Eier. Brutdauer: 9—12 Tage. Geschlechtsreif am Ende des 1. Jahres. Beliebter Aquarienfisch.

40. Hasel

Leuciscus leuciscus (LINNÉ)

Kennzeichen: Spindelförmiger, fast drehrunder Körper. Enge Mundspalte, vorragende Schnauze. Seitenlinie oft oben und unten dunkel eingefaßt. Rand der Afterflosse eingebuchtet. Zweireihige Schlundzähne.

In Südfrankreich (Rhone, Garonne und Adour) ist der Hasel durch eine besondere Unterart, *L. l. burdigalensis* (Valenciennes), vertreten.

Größe: 3- bis 4sömmerig 15—20 cm lang. Selten bis 30 cm lang und über 300 g schwer (10. Lebensjahr).

Der Hasel bewohnt als gesellig lebender Oberflächenfisch vor allem kühle, schnellströmende Fließgewässer mit festem Grund und klare Seen, in denen er sich meist vor den Zu- und Abflüssen aufhält. Er kommt auch in den Haffen der Ostsee vor. Nahrung: Wasser- und Luftinsekten aller Art, Würmer, kleine Schnecken, selten Pflanzenteile.

Laichzeit: März—Mai. Der ganze Körper des Männchens ist dann mit einem feinkörnigen Laichausschlag bedeckt. Das Ablaichen erfolgt an sandigen oder kiesigen Stellen mit Pflanzenwuchs.

Die Eier sind größer (etwa 2 mm ⌀) und daher weniger zahlreich als bei anderen *Leuciscus*-Arten; sie sinken zu Boden und haften an Wasserpflanzen und Steinen. Die Jungfische wachsen im 1. Sommer auf etwa 6—7 cm, im 2. auf 9—11 cm ab. Am Ende des 3. Lebensjahres (selten am Ende des 2.) werden die Tiere geschlechtsreif. Als Speisefisch wegen seines grätigen, weichen Fleisches wenig beliebt.

Leuciscus-Arten in Jugoslawien und Albanien

Aus kroatischen, dalmatinischen und albanischen Gewässern sind sechs Leuciscus-Arten beschrieben worden. Sie sind nur schwer voneinander abzugrenzen und bedürfen dringend einer modernen Revision. Es handelt sich hier um kleine Schwarmfische, die selten über 25 cm lang werden. Ihre Nahrung besteht überwiegend aus Würmern, Kleinkrebsen und Insektenlarven. Über ihre Lebensweise ist sonst kaum etwas bekannt. Folgende Arten sollen erwähnt werden:

41. *Leuciscus svallize* (HECKEL & KNER) 48—49 Seitenlinienschuppen. Afterflosse mit 13 Strahlen. Dalmatien bis Südalbanien.

42. *L. illyricus* (HECKEL & KNER) 49—54 Seitenlinienschuppen. Körper ziemlich hochrückig, seitlich abgeflacht. Auge relativ klein. Schuppen dunkel umsäumt. Dalmatien.

43. *L. ukliva* (HECKEL) 62—64 Seitenlinienschuppen. Mund leicht unterständig. Dunkle Längsbinde. Dalmatien.

44. *L. turskyi* (HECKEL) 70—72 Seitenlinienschuppen. Mit breiter, dunkler Längsbinde. Dalmatien, Bosnien.

45. *L. microlepis* (HECKEL) 73—75 Seitenlinienschuppen. Dalmatien.

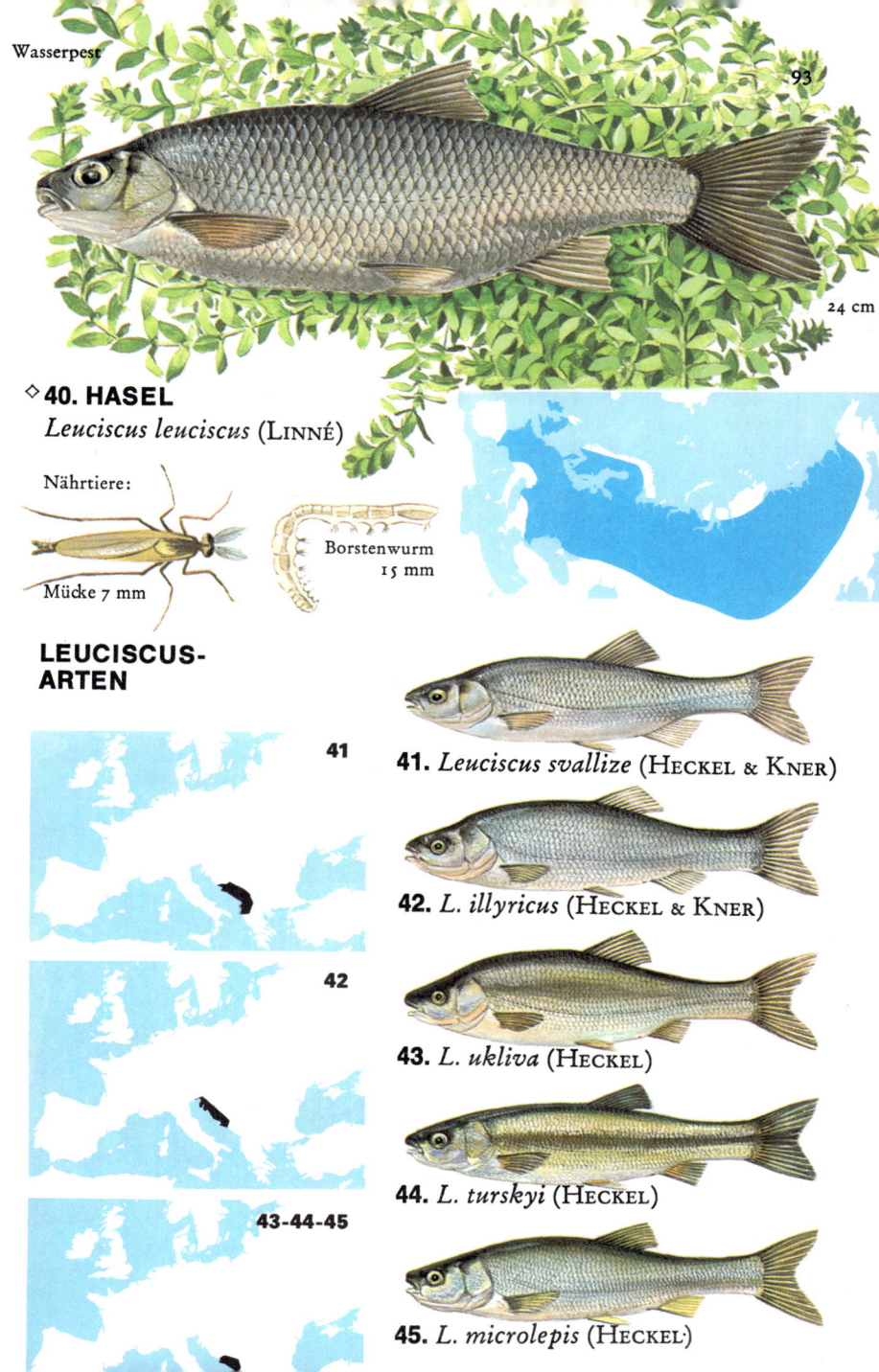

Wasserpest

24 cm

◇ **40. HASEL**

Leuciscus leuciscus (LINNÉ)

Nährtiere:

Mücke 7 mm

Borstenwurm
15 mm

LEUCISCUS-ARTEN

41

41. *Leuciscus svallize* (HECKEL & KNER)

42

42. *L. illyricus* (HECKEL & KNER)

43-44-45

43. *L. ukliva* (HECKEL)

44. *L. turskyi* (HECKEL)

45. *L. microlepis* (HECKEL·)

46. Döbel, Aitel

Leuciscus cephalus (LINNÉ)

Kennzeichen: Gestreckter, im Querschnitt fast drehrunder Körper. Breiter, dicker Kopf mit weiter Mundspalte. Große, derbe, dunkelumrandete Schuppen (Netzzeichnung). 44—46 Seitenlinienschuppen. Rand der Afterflosse nach außen gewölbt, am deutlichsten bei älteren Fischen. Größe: Im 7.—10. Lebensjahr etwa 30—40 cm lang (600—1000 g schwer). Selten bis 60 cm lang und ca. 3—4 kg schwer.

Der Döbel bewohnt als gesellig lebender Oberflächenfisch mit Vorliebe schnellfließende Bäche und Flüsse; in Seen wird er seltener angetroffen. In der Ostsee, z. B. an der finnischen Küste, geht er auch ins Brackwasser. In stehenden Gewässern leben die jüngeren Fische in der Uferregion, während sich die großen Exemplare meist allein im freien Wasser aufhalten.

In der Jugend ernährt sich der Döbel hauptsächlich von Würmern, Kleinkrebsen, Insektenlarven, Luftinsekten, Weichtieren und bisweilen auch von Pflanzenkost. Mit zunehmendem Alter wird er jedoch immer mehr zu einem sehr gefräßigen Raubfisch, der Fische, Frösche, frischgehäutete Krebse und selbst Mäuse angreift und dem Laich anderer Fische nachstellt.

Laichzeit: April—Juni. Männchen dann mit feinkörnigem Laichausschlag. Eizahl: ca. 45 000 je kg Körpergewicht. Die klebrigen, 1,5 mm großen Eier haften an Steinen oder Wasserpflanzen. Brutdauer: etwa 1 Woche. Schlechtwüchsig. Männchen meist nach dem 3., Weibchen nach dem 4. Jahr geschlechtsreif.

47. Bobyrez

Leuciscus borysthenicus (KESSLER)

Kennzeichen: Langgestreckter, seitlich wenig zusammengedrückter Körper. Dunkler, graugrüner Rücken. Afterflossenrand gerade oder nach außen gewölbt. Länge bis zu 40 cm.

Mit dem Döbel nahverwandte Art, die in den Flüssen des Schwarzmeergebietes lebt.

41 cm

◇ 46. DÖBEL
Leuciscus cephalus (Linné)

Nahrung:

Köcherfliegenlarve
25 mm

Köcherfliege

18 cm

Eintags-
fliegenlarve
12 mm

Jungforelle 25 mm

47. BOBYREZ
Leuciscus borysthenicus (Kessler)

48. Strömer

Leuciscus souffia (Risso)

Kennzeichen: Spindelförmiger, seitlich wenig zusammengedrückter Körper. Mund unterständig. Seitenlinie orangegelb. Zur Laichzeit mit einer dunklen, violett glänzenden Längsbinde, besonders kräftig bei den Männchen. Mittellänge 12—17 cm, max. 25 cm. Die Art kommt in drei geographischen Rassen vor: 1. *L. s. souffia* Risso im Rhone- und Vargebiet, franz.: Seufe, Soufie. 2. *L. s. muticellus* Bonaparte in Nord- und Mittelitalien, ital.: Strigione. 3. *L. s. agassizi* Valenciennes im oberen und mittleren Donau- und Rheingebiet, dtsch. Strömer. Bevorzugte Aufenthaltsorte der Strömer sind rasch fließende Gewässer mit Kiesgrund (Äschenregion), in denen sie meist scharenweise an tieferen Stellen des Flußbettes anzutreffen sind. In Seen kommen sie nur selten vor (z. B. im Bodensee). Laichzeit: März—Mai.

49. Aland

Leuciscus idus (Linnè)

Andere Namen: Nerfling, Orfe. Kennzeichen: Gestreckter, etwas hochrückiger Körper. Augenkreis gelb, Bauchflossen und Afterflosse rötlich. 55 bis 61 Seitenlinienschuppen. Vom ähnlichen Döbel unterscheidet er sich durch die engere Mundspalte, die kleineren Schuppen und den eingebuchteten Rand der Afterflosse. Größe: Im 6.—9. Sommer etwa 30 bis 40 cm lang (700—1300 g). Selten bis 60 cm lang und ca. 4 kg schwer. Der Aland, ein gesellig lebender Oberflächenfisch, kommt sowohl in größeren Fließgewässern als auch in Seen und Haffen vor. Er ernährt sich in der Jugend von Plankton, später von Kleinkrebsen, Würmern, Insektenlarven, kleinen Schnecken und Muscheln. Größere Exemplare stellen auch kleinen Fischen nach. Im Frühjahr ziehen die laichreifen Tiere in großen Scharen aus dem Brackwasser und den Seen flußaufwärts, um an sandigen oder kiesigen Stellen nahe am Ufer abzulaichen. Laichzeit: April—Juni. Beide Geschlechter dann mit messinggelben Körperseiten; Männchen mit Laichausschlag. Die Ablage des gesamten Laiches dauert etwa drei Tage, sie erfolgt unter heftigen Paarungsspielen und starkem Geplätscher. Eizahl: 40 000 bis 115 000. Die klebrigen Eier (1,5 mm ∅) sinken zu Boden und haften an Steinen oder Wasserpflanzen. Nach dem Ablaichen wandern die Elterntiere wieder flußabwärts. Die nach etwa 10 bis 20 Tagen schlüpfende Brut zieht noch im ersten Lebensjahr ebenfalls in ruhigeres Wasser. Der Aland ist schlechtwüchsig. 2sömmerige Fische sind etwa 8—12 cm, 3sömmerige um 18—20 cm lang. Die Männchen werden nach dem 3.—4. Lebensjahr geschlechtsreif. Früher Massenfänge mit Zugnetzen, Stellnetzen und Hamen vor allem während der Laichwanderungen flußaufwärts. Heute sind durch die Verschmutzung der Gewässer die Bestände stark zurückgegangen. Guter Sportfisch, der jedoch nur langsam anbeißt; Fang mit der Flug- und Grundangel. Fleisch weich, grätenreich, wenig geschätzt. Die Goldorfe, eine gelbrote Farbvarietät des Aland, wird gern als Zierfisch in Parkteichen gehalten.

14 cm

◇ 48. STRÖMER
Leuciscus souffia agassizi Valenciennes

Nahrung:

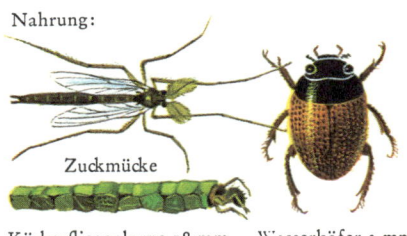

Zuckmücke

Köcherfliegenlarve 18 mm   Wasserkäfer 3 mm

38 cm

◇ 49. ALAND
Leuciscus idus (Linné)

Nährtiere im Süßwasser:

Goldorfe

Flohkrebs 15 mm

Nährtiere im Brackwasser:

Köcherfliegenlarve 20 mm

Napfschnecke 7 mm

Grundel

50. Elritze

Phoxinus phoxinus (LINNÈ)

Kennzeichen: Langgestreckter, fast drehrunder Körper, Schwanzstiel seitlich abgeflacht. Vom Rücken bis unter die Seitenmitte dunkle Querbinden. Goldglänzender Längsstreifen. Körperunterseite hell. Kleine Schuppen. Seitenlinie oft unvollständig.
Mittellänge 7—10 cm. Selten bis 14 cm lang. Die Weibchen werden etwas größer als die Männchen.
Die Elritze, ein kleiner, lebhafter Schwarmfisch, bevorzugt klare, sauerstoffreiche Fließgewässer und Seen mit Kiesgrund, in denen sie sich meist nahe der Wasseroberfläche aufhält. Als eine der anpassungsfähigsten Fischarten ist sie jedoch sehr weit verbreitet und kommt z. B. auch im Schärengürtel der Ostsee vor. Besonders häufig ist sie in der Forellenregion der Gewässer (in den Alpen bis über 2000 m Höhe) wobei sie sich gerne den Schwärmen der Jungforellen anschließt. Ihre Nahrung bilden kleine Bodentiere und Luftinsekten. Obwohl zugleich ein wichtiger Futterfisch für größere Forellen, kann sie bei massenhaftem Auftreten in Forellengewässern als Nahrungskonkurrent und Laichräuber schädlich werden.
Laichzeit: April—Juli. Beide Geschlechter dann mit Laichausschlag, Männchen mit rötlicher Unterseite und einem hellen Fleck auf jedem Kiemendeckel. Die laichreifen Tiere schließen sich zu größeren Schwärmen zusammen und wandern stromaufwärts. Das Ablaichen erfolgt an seichten, kiesigen Stellen im strömenden Wasser. Eizahl: 200—1000 je nach Weibchengröße. Die portionsweise abgelegten Eier (1—1,3 mm ⌀) haften an Steinen, seltener an Pflanzen. Brutdauer: 5—10 Tage. Während der ersten Tage verbergen sich die Larven zwischen den Steinen des Laichplatzes und ernähren sich von den Vorräten ihres Dottersackes. Die Elritze wächst sehr langsam. Am Ende des 1.—2. Lebensjahres werden die Tiere geschlechtsreif.
Wirtschaftlich nur von lokaler Bedeutung. Vorzüglicher Köderfisch.

51. Sumpfelritze

Phoxinus percnurus (PALLAS)

Kennzeichen: Gelbe Seiten mit kleinen, dunklen Punkten. Hochrückiger als die Elritze.
Mittellänge 5—9 cm, max. 12 cm. Die Sumpfelritze lebt gesellig in stark verkrauteten, stehenden Gewässern Polens und Rußlands, in denen sie sich von Würmern, Kleinkrebsen, Insektenlarven und Anflugnahrung ernährt. Die klebrigen Eier werden auf Wasserpflanzen abgelegt. Gleich nach dem Schlüpfen machen die Larven eine Ruhezeit durch, in der sie mit Hilfe ihrer Klebedrüsen an Pflanzenwerk haften.

9 cm

◇ **50. ELRITZE**
Phoxinus phoxinus (Linné)

Männchen
im Hochzeitskleid

Nährtiere:

Steinfliegenlarve 18 mm

Steinfliege 10 mm

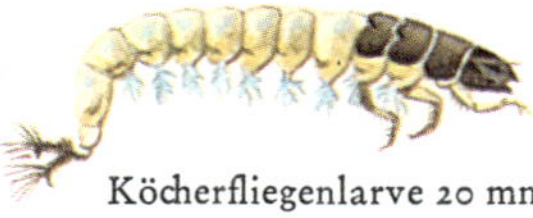

Flohkrebs 18 mm

Köcherfliegenlarve 20 mm

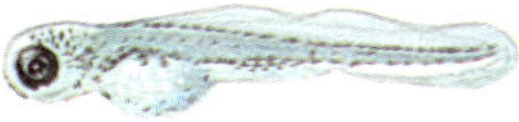

Fischlarve 12 mm

11 cm

51. SUMPFELRITZE
Phoxinus percnurus (Pallas)

Nährtiere:

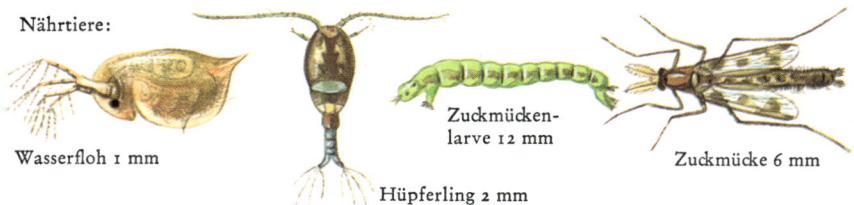

Wasserfloh 1 mm

Zuckmücken-
larve 12 mm

Zuckmücke 6 mm

Hüpferling 2 mm

52. Rotfeder

Scardinius erythrophthalmus (LINNÉ)

Kennzeichen: Gedrungener, mehr oder weniger hochrückiger, seitlich abgeflachter Körper. 40—42 Seitenlinienschuppen. Mundspalte eng, steil nach oben gerichtet. Vorderende der Rückenflosse deutlich hinter dem Bauchflossenansatz. Scharfe Bauchkante zwischen Bauchflossen und After. Augenkreis goldglänzend. Bauchflossen, After- und Schwanzflosse außen hellrot, an der Ansatzstelle bräunlich bis grau. Schlundzähne zweireihig.

Mittellänge 20—30 cm, 200—400 g Gewicht (8—10sömmerig). Max. 40 cm lang.

Die Rotfeder bewohnt Teiche, Seen und langsam fließende Gewässer mit weichem Grund. Besonders gern hält sie sich in kleinen Rudeln in den Pflanzenbeständen der Uferregion nahe der Wasseroberfläche auf. In krautarmen Seen gedeiht sie nur schlecht. Ihre Nahrung besteht in der Hauptsache aus Pflanzen (Laichkraut, Tausendblatt, Wasserpest u. a.), in geringerem Maße aus Kleintieren der Uferregion. Im Winter zieht sie in tieferes Wasser.

Laichzeit April—Mai. Kopf und Rükken des Männchens sind dann mit einem feinkörnigen Laichausschlag bedeckt. Die Laichtiere suchen in Scharen seichte, bewachsene Uferstellen auf. Eizahl: 100 000—200 000. Die klebrigen Eier (ca. 1,5 mm ⌀) werden auf Wasserpflanzen abgelegt. Brutdauer je nach Wassertemperatur 3—10 Tage. Während der ersten Tage nach dem Schlüpfen haften die Larven mit Hilfe ihrer Klebedrüsen an Wasserpflanzen. Nach dem Aufzehren des Dottersackes ernährt sich die Brut zunächst von kleinen Planktontieren. Ende des 2.—3. Lebensjahres wird die Rotfeder geschlechtsreif.

Die Art ist bekannt dafür, daß sie sich gern am Laichgeschäft anderer Karpfenfische beteiligt. Daher werden öfters Bastarde zwischen ihr und z. B. der Plötze, der Güster und dem Ukelei angetroffen.

Als Speisefisch wenig geschätzt. Wichtiger Futterfisch, z. B. für den Hecht. Guter Köderfisch für Raubfische. In den heißen Quellen (28—34° C) von Baile Episcopesti (Westrumänien) lebt eine interessante Unterart der Rotfeder, *S. e. racovitzai* Müller, die nur um 9 cm lang und bereits im 1.—2. Lebensjahr geschlechtsreif wird. Nach dem Ablaichen (ebenso bei Temperaturen unter 20° C) gehen die Fische zugrunde.

53. Griechische Rotfeder

Scardinius graecus STEPHANIDIS

Kennzeichen: Größte Körperhöhe weit vor der etwas nach hinten verschobenen Rückenflosse. Stirnlinie oft konkav.

Mittellänge 25—35 cm, max. 40 cm. Bewohnt die Gewässer Südgriechenlands (Lokalrasse der Rotfeder?).

20 cm

◇**52. ROTFEDER**
Scardinius erythrophthalmus (LINNÉ)

Nährtiere:

Lungenschnecke 10 mm

Eintagsfliegenlarve 7 mm

Köcherfliegenlarve 22 mm

53. GRIECHISCHE ROTFEDER 22 cm
Scardinius graecus STEPHANIDIS

Spiegelndes Laichkraut

◇ 54. RAPFEN ODER SCHIED
Aspius aspius (LINNÉ)

Kennzeichen: Langgestreckter, seitlich etwas zusammengedrückter Körper. Weite Mundspalte, vorstehender Unterkiefer. Relativ kleine Augen und Schuppen (65—73 Seitenlinienschuppen). Paarige Flossen und Afterflosse rötlich. Männchen zur Laichzeit mit starkem Laichausschlag.

Größe: 4- bis 5sömmerig etwa 50—55 cm lang (2—3 kg). Sehr selten bis zu 100 cm lang (9 kg).

Der Rapfen hält sich mit Vorliebe in Fließgewässern (Barbenregion) auf, wird aber auch in größeren Seen und Haffen, meist nahe der Oberfläche, angetroffen. Während er in der Jugend gesellig lebt und sich von Kleintieren aller Art ernährt, wird er mit zunehmendem Alter immer mehr zum Einzelgänger und gefräßigen Raubfisch, der den Ukelei-, Hasel- und Plötzenschwärmen nachstellt und sogar Frösche, Mäuse und kleine Wasservögel angreift.

Laichzeit: April—Juni. Das Ablaichen erfolgt in raschfließenden Gewässern mit Kiesgrund. Die in Seen und Haffen lebenden Rapfen steigen hierzu in die Zuflüsse auf. Unter heftigen Paarungsspielen werden die klebrigen Eier, die zu Boden sinken und am Kies haften, abgelegt. Eizahl: 80 000—100 000, bei einem 2—3 kg schweren Weibchen. Brutdauer: 10—17 Tage (bei 8,5 bis 12,5° C). Die ausschlüpfenden Larven wandern nach einer Ruhezeit, während der sie zwischen den Steinen versteckt liegen, flußabwärts. Im 1. Sommer wachsen sie auf etwa 10—15 cm ab. Winterruhe an tiefen Stellen. Geschlechtsreif im 4.—5. Lebensjahr. Außer im Schwarzmeergebiet, wirtschaftliche Bedeutung gering. Beliebter Sportfisch (Flug- und Spinnangel).

Tausendblatt 48 cm

Nährtiere:

Plötzen

Ukeleie

Frösche

Kleine Wasservögel

Schuppe mit
Jahresringen

Wasser-Knöterich
Wasser-Hahnenfuß

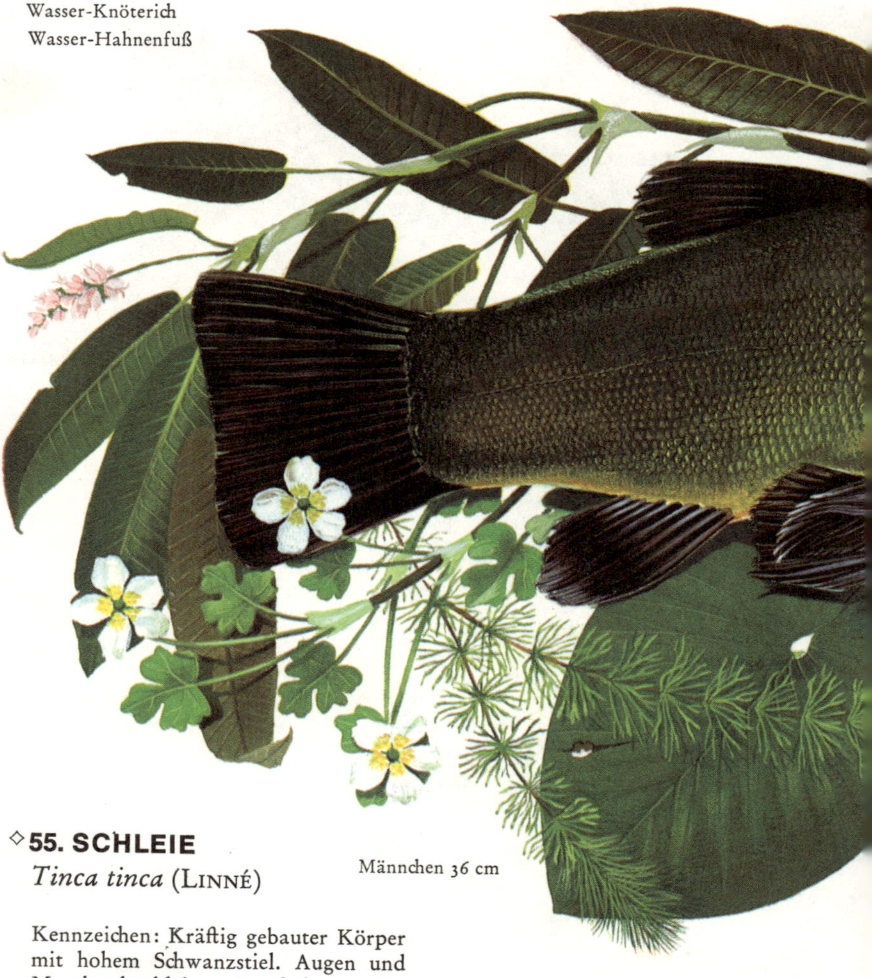

◇55. SCHLEIE

Tinca tinca (LINNÉ)

Männchen 36 cm

Kennzeichen: Kräftig gebauter Körper mit hohem Schwanzstiel. Augen und Mundspalte klein, 1 Bartfaden an den Mundwinkeln. Kleine Schuppen, 95 bis 100 längs der Seitenlinie, unter einer dicken und sehr schleimigen Oberhaut. Rücken dunkelgrün oder -braun; Seiten heller, mit Messingglanz.
Ab dem 2. Jahr und einer Länge von ca. 12 cm sind die Männchen an der verlängerten Bauchflosse mit stark verdicktem 2. Strahl erkennbar.
Mittellänge 20—30 cm. Selten über 50 cm lang und 2 kg schwer. Höchst-

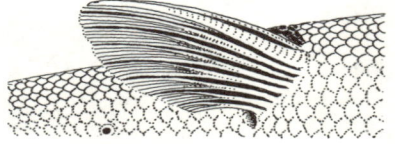

Gelbe Teichrose
Hornblatt

Larve 5 mm

länge in Osteuropa 60 cm (7,5 kg). Die Schleie bewohnt vor allem träge fließende Gewässer (Bleiregion) und flache, warme Seen und Teiche mit dichten Pflanzenbeständen und Schlammgrund, in denen sie sich meist in Bodennähe aufhält. Sie dringt auch ins Brackwasser vor, z. B. in der östlichen Ostsee, und steigt in den Alpen bis zu 1600 m Höhe auf.

Tagsüber hält sich die lichtscheue Schleie meist verborgen; erst mit Beginn der Dämmerung wird sie lebhafter und geht auf Nahrungssuche. Sie ernährt sich hauptsächlich von kleinen Bodentieren (Insektenlarven, Schnecken, kleine Muscheln), die sie aus dem Schlamm wühlt, außerdem von Pflanzen und halbverrotteten Pflanzenresten. Im Winter wird die Nahrungsaufnahme eingestellt: sie gräbt sich in den Schlamm ein und hält ihren »Winterschlaf«.

Laichzeit: Mai—Juli, je nach den Wassertemperaturen, meist bei 19—20° C. Vor Beginn der Laichzeit schließen sich die laichreifen Tiere bereits zu Schwärmen zusammen und streifen am Ufer entlang. Die Ablage des gesamten Laiches dauert etwa 1½—2 Monate, da die Eier portionsweise im Abstand von etwa 2 Wochen an Wasserpflanzen abgesetzt werden. Eizahl: ca. 300 000 bei 500 g schweren Weibchen; max. ca. 900 000. Eidurchmesser: 0,8—1 mm. Bei einer Wassertemperatur von 20° C entwickeln sich die Eier innerhalb von etwa 3 Tagen (60—70 Tagesgrade). Die ausschlüpfenden, 4—5 mm langen Larven besitzen Klebedrüsen am Kopf, mit denen sie sich während des nun folgenden Ruhestadiums an Wasserpflanzen festheften. Auf diese Weise wird verhindert, daß sie im Schlamm der Laichplätze versinken. Sobald die Kiemen funktionsfähig sind, werden diese Haftorgane zurückgebildet. Die Jungfische machen dann zunächst Jagd auf winzige Planktontiere, gehen aber schon sehr bald zur Bodennahrung über. Die Schleie wächst

langsam; im Durchschnitt erreicht sie im

1. Sommer   4— 8 cm   5 — 10 g
2. Sommer 10—15 cm 40—100 g
3. Sommer 20—30 cm 200—300 g

Im 2. Sommer entwickeln sich die äußeren Geschlechtsmerkmale (größere, kräftigere Bauchflossen beim Männchen), im 3.—4. Sommer sind die Tiere geschlechtsreif.

Obwohl die Schleie viel langsamer wächst als der Karpfen, ist ihre Zucht und Haltung sehr weit verbreitet, da sie geringere Ansprüche an die Wasserqualität stellt und wegen ihres zarten, wohlschmeckenden Fleisches als Speisefisch sehr geschätzt ist. Besonders wichtig ist sie als Nebenfisch in der Karpfenteichwirtschaft. Durch sorgfältige Zuchtwahl ist es gelungen, daß besonders schnellwüchsige Rassen in gut gedüngten Teichen bereits im 2. Jahr zu Portionsschleien von 150—250 g Gewicht abwachsen. Gute Schleiengewässer sollen sowohl flache, sonnige Uferpartien als auch tiefere Stellen und reiche Krautbestände (Wasserpest, Tausendblatt, Hornblatt, Krebsschere, Laichkraut) besitzen.

Die Schleie ist vielerorts ein sehr beliebter Sportfisch (Grundangel), der jedoch den Köder (Regenwürmer, Maden u. a.) nur langsam annimmt. In Teichen und Seen wird sie meist mit Reusen gefangen.

Eine gelbrote Farbvarietät, die Goldschleie, wird gern als Zierfisch in Parkteichen und Aquarien gehalten.

Weibchen

Männchen
(große, kräftige
Bauchflossen!)

55. SCHLEIE

Nährtiere:

Kugelmuschel 20 mm

Schlammfliegenlarve 40 mm

Zuckmückenlarve 12 mm

Schlammschnecke 20 mm

Goldschleie 28 cm

Schwimmendes
Laichkraut

NASEN ODER NÄSLINGE

Schnauze mehr oder weniger weit vorstehend, Mund unterständig. Unterlippe hornig, scharfkantig, dient zum Abweiden von Algen und Kleintieren.
Schlundzähne messerförmig.
Alle Näslinge sind Schwarmfische, die
sich meist in Bodennähe aufhalten.

56. Nase

Chondrostoma nasus (LINNÉ)

Kennzeichen: Vorragende, stumpfe
Schnauze, unterständiger Mund mit
querer Spalte. Lippen mit scharfen,
kantigen Hornrändern. 57—62 Seitenlinienschuppen. Bauchfell schwarz.
Größe: 25—40 cm; selten bis 50 cm
lang und 1,5 kg schwer.
Die Nase bewohnt vor allem die
Äschen- und Barbenregion der Fließgewässer. In Seen kommt sie seltener
vor und hält sich dort meist vor den
Zu- und Abflüssen auf. Besonders häufig findet man sie unter Wehren und
Mühlschüssen. Ihre Nahrung bilden
vor allem Algen, die sie von Steinen
und Wurzelwerk abweidet, und Kleintiere aller Art, die sich zwischen dem
Algenbewuchs aufhalten. Im Winter
schließen sich die Nasen an tiefen Stellen zu dichten Schwärmen zusammen
(Winterlager).
Laichzeit: März—Mai. Die laichreifen
Tiere wandern dann in großen Scharen
flußaufwärts oder dringen in die Sei-
tenbäche ein, um an flachen, kiesigen
Stellen unter lebhaften Paarungsspielen abzulaichen. Beide Geschlechter
sind zu der Zeit besonders intensiv gefärbt (Kopf und Rücken schwarzglän-

zend) und tragen einen Laichausschlag,
insbesondere die Männchen. Eizahl:
max. bis 100 000 (1,5 mm Ø). Geschlechtsreif im 2.—4. Jahr.
Während der Laichwanderungen flußaufwärts Fang mit Reusen, Schwimm-
netzen und Hamen. Im Donaugebiet
von lokaler Bedeutung. Futterfisch für
wertvolle Raubfische (z. B. für den
Huchen).

57. Lau

Chondrostoma genei BONAPARTE

Kennzeichen: Mundspalte halbkreis-
förmig. Dunkle Längsbinde über der
Seitenlinie. 52—56 Seitenlinienschuppen. Schnauze kürzer als bei der Nase.
Mittellänge 15—20 cm; selten bis 30
cm lang.
Bewohnt als gesellig lebender Bodenfisch vor allem die Flüsse (Barbenregion) Nord- und Mittelitaliens sowie
das Var- und Rhonegebiet. Vereinzelt
im Inn und oberen Rhein beobachtet.
Über die Lebensweise ist nichts Näheres bekannt.

58. Südwesteuropäischer Näsling

Chondrostoma toxostoma VALLOT

Kennzeichen: 57—62 Seitenlinienschuppen. Kleine, halbkreisförmige
Mundspalte. Oft mit dunkler Längsbinde über der Seitenlinie. Bis 25 cm
lang.

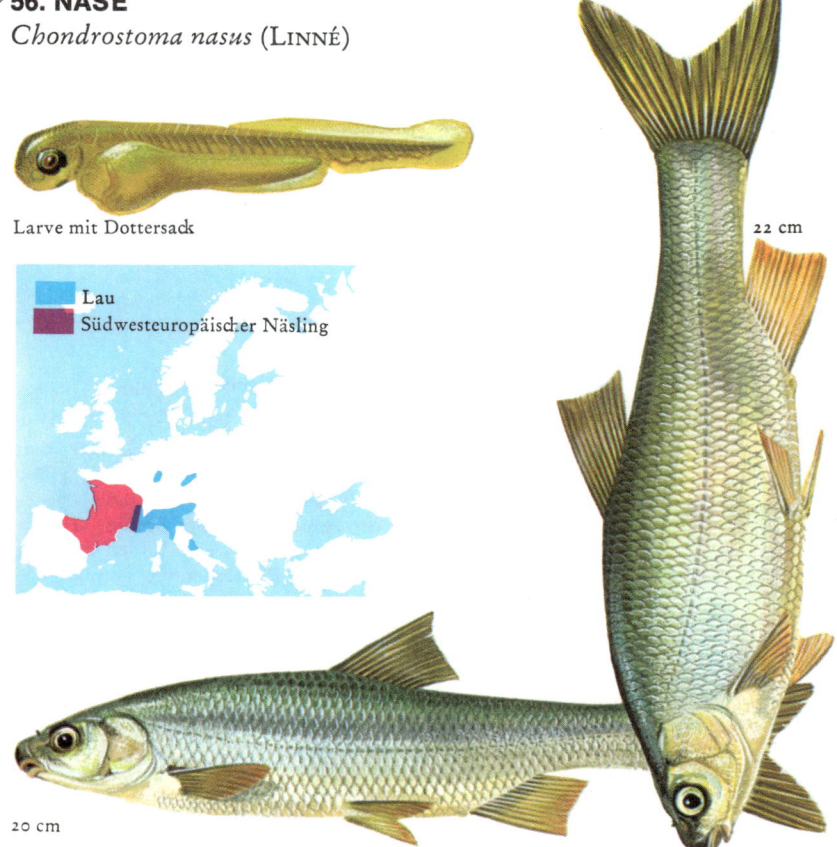

42 cm

◇ **56. NASE**
Chondrostoma nasus (LINNÉ)

Larve mit Dottersack

Lau
Südwesteuropäischer Näsling

22 cm

20 cm

◇ **57. LAU**
Chondrostoma genei BONAPARTE

58. SÜDWESTEUROPÄISCHER NÄSLING
Chondrostoma toxostoma VALLOT

Schwarmfisch der Bodenzone, mit ähnlicher Lebensweise wie die Nase. Im Rhonegebiet, in dem beide Arten nebeneinander vorkommen, scheint er vielerorts von der robusteren Nase verdrängt zu werden.

Ohne größere wirtschaftliche Bedeutung.

59. Italienischer Näsling

Chondrostoma soetta BONAPARTE

Ital.: Savetta. Kennzeichen: Körper hochrückiger als bei der Nase, seitlich nur wenig zusammengedrückt. Flossen dunkel; Brust-, Bauchflossen und Afterflosse bisweilen mit gelber oder roter Tönung.

Bis 45 cm lang.

Wie die anderen Näslinge bewohnt er vor allem den Mittellauf der Flüsse und ernährt sich von Kleintieren und Pflanzen des Gewässerbodens.

Fang mit Reusen und Netzen. Fleisch grätenreich, wenig schmackhaft. Trotzdem als Speisefisch von lokaler Bedeutung.

60. Iberischer Näsling

Chondrostoma polylepis STEINDACHNER

Kennzeichen: Die Art bleibt kleiner und besitzt eine weniger vorspringende Schnauze als die gewöhnliche Nase. Länge bis etwa 25 cm.

Einziger Vertreter der Gattung *Chondrostoma* auf der Iberischen Halbinsel. Bewohnt die Fließgewässer Portugals und die zum Atlantik entwässernden Flüsse Spaniens. Schwarmfisch wie die anderen Näslinge; ansonsten ist über seine Lebensweise nichts Näheres bekannt. Von geringer wirtschaftlicher Bedeutung.

61. Dalmatinischer Näsling

Chondrostoma kneri HECKEL

Kennzeichen: Sehr ähnlich dem Lau. Halbkreisförmiger Mund. 52—54 Seitenlinienschuppen. Schnauze wenig vorragend. Einreihige Schlundzähne, 6 —6 (Lau meist 5—5). Bis 20 cm lang. Wirtschaftliche Bedeutung gering.

62. Elritzennäsling

Chondrostoma phoxinus HECKEL

Kennzeichen: 88—90 Seitenlinienschuppen. Schnauze nur wenig vorragend. Rücken dunkel. Geringe Körperlänge (bis 15 cm).

Interessante Art aus Dalmatien (Sinj) und Bosnien (Livno). Lebt gesellig in Bodennähe in schnellfließenden Bächen und Flüssen. Ernährt sich von tierischer und pflanzlicher Kost. Ohne wirtschaftliche Bedeutung.

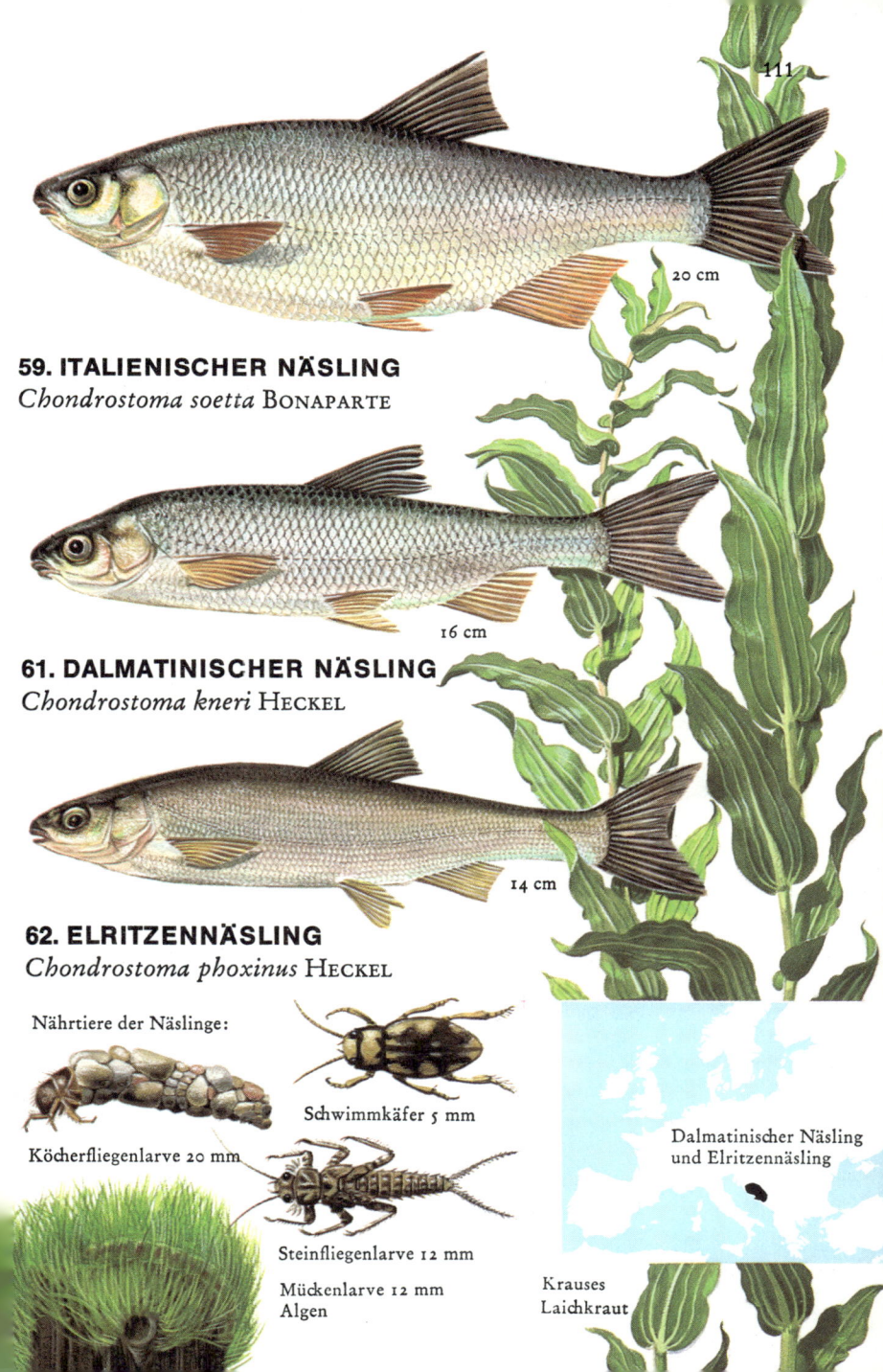

20 cm

59. ITALIENISCHER NÄSLING
Chondrostoma soetta BONAPARTE

16 cm

61. DALMATINISCHER NÄSLING
Chondrostoma kneri HECKEL

14 cm

62. ELRITZENNÄSLING
Chondrostoma phoxinus HECKEL

Nährtiere der Näslinge:

Schwimmkäfer 5 mm

Köcherfliegenlarve 20 mm

Steinfliegenlarve 12 mm

Mückenlarve 12 mm
Algen

Dalmatinischer Näsling
und Elritzennäsling

Krauses
Laichkraut

GRÜNDLINGE

Kleine, gesellig lebende Bodenfische mit unterständigem Mund und zwei Bartfäden.

63. Gründling

Gobio gobio (LINNÉ)

Kennzeichen: Spindelförmiger, fast drehrunder Körper. Kopf, Augen und Schuppen relativ groß. Jederseits am Hinterrand des Oberkiefers ein kurzer Bartfaden, der zurückgelegt höchstens bis zur Augenmitte reicht. Schnauze stumpf.

Größe: Mittellänge 8—14 cm (2.—3. Jahr); max. bis 20 cm lang.

Der Gründling bewohnt vor allem schnellfließende Gewässer mit Sand- oder Kiesgrund (Forellen- und Äschenregion), kommt aber auch in der Uferzone stehender Gewässer und im Brackwasser vor. Im Sommer hält er sich meist in kleinen Trupps an seichten Stellen auf. Er ist ein ausgeprägter Bodenfisch, der sich von kleinen Insektenlarven, Würmern, Krebstieren und gelegentlich vom Laich anderer Fische ernährt. Im Winter zieht er sich in tieferes Wasser zurück, nimmt aber auch dann Nahrung zu sich.

Laichzeit: Mai—Juni. Männchen dann mit Laichausschlag auf Kopf und Vorderkörper. Die Eiablage erfolgt an seichten Stellen im strömenden Wasser. Eizahl: 1000—3000. Die Eier (1,5 mm ⌀) werden im Abstand von mehreren Tagen portionsweise auf Steine oder Pflanzen abgelegt. Brutdauer: 10 bis 30 Tage.

Köderfisch. In Frankreich als Speisefisch geschätzt.

DONAUGRÜNDLINGE

Im Einzugsgebiet der Donau kommen neben dem gewöhnlichen Gründling noch drei weitere nahverwandte Arten vor: der weißflossige Gründling, *G. albipinnatus* Lukasch, mit ungefleckter Rücken- und Afterflosse (Hauptverbreitungsgebiet: Wolga- und Donbekken), der Kesslersche Gründling, *G. kessleri* Dybowski, mit 1—3 dunklen Binden auf der Rücken- und Afterflosse und zwei Bartfäden, die bis zum Augenhinterrand reichen (Dnjestrgebiet, Nebenflüsse der Donau, Weichselgebiet), und der

64. Steingreßling

Gobio uranoscopus (AGASSIZ)

Kennzeichen: Jederseits am Hinterrand des Oberkiefers ein Bartfaden, der zurückgelegt bis weit hinter die Augen reicht. Dünner Schwanzstiel. Augen nach oben gerückt, schief gestellt. Rücken- und Schwanzflosse mit 1—2 dunklen Fleckenbinden. Länge: 10 bis 15 cm.

65. Barbengründling

Aulopyge hügeli HECKEL

Kennzeichen: Körper unbeschuppt, mit mehrfach gekrümmter, vollständiger Seitenlinie. Lange Schnauze, unterständiger Mund mit vier kurzen Bartfäden. Weibchen hochrückiger als das Männchen. Wird bis zu 13 cm lang. Gesellig lebender Bodenfisch in Fließgewässern (Dalmatien, Bosnien).

■ Steingreßling
■ Barbengründling

Weibchen 12 cm

◇ 63. GRÜNDLING
Gobio gobio (LINNÉ)

Nährtiere der Gründlinge:

Köcherfliegenlarve
10 mm

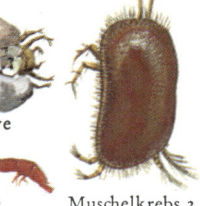

Zuckmückenlarve
12 mm

Muschelkrebs 2 mm

Gründling, Aufsicht

10 cm

◇ 64. STEINGRESSLING
Gobio uranoscopus (AGASSIZ)

Weibchen 11 cm

65. BARBENGRÜNDLING
Aulopyge hügeli HECKEL

BARBEN

Charakteristisches Kennzeichen der Barben europäischer Gewässer sind die rüsselartig verlängerte Schnauze und die vier Bartfäden am Rand der Oberlippe. Sie bevorzugen sauerstoffreiche, klare, größere Fließgewässer mit Sand- oder Kiesgrund (Barbenregion).
Außer den unten genannten Arten kommen in Europa vor: *B. graecus* Steindachner im Aspropotamos (Griechenland) und *B. cyclolepis* Heckel im Schwarzmeergebiet (Bulgarien, Türkei, Westtranskaukasien, Krim).

66. Barbe

Barbus barbus (Linné)

Kennzeichen: Langgestreckter, schlanker Körper. Unterständiger Mund mit wulstigen Lippen; 4 Bartfäden am Oberlippenrand. Kurze Rücken- und Afterflosse; längster Rückenflossenstrahl verknöchert, mit gesägtem Hinterrand. Färbung je nach Aufenthaltsort sehr unterschiedlich. Mehrere Unterarten.
Mittellänge 30—50 cm. In Ausnahmefällen bis ca. 90 cm lang und 8,5 kg schwer. Die Unterart *B. b. borysthenicus* erreicht im Dnjepr ein Gewicht bis zu 16 kg.
Die Barbe bewohnt als gesellig lebender Grundfisch schnellfließende, größere Flüsse und Ströme mit klarem, sauerstoffreichem Wasser und Sand- oder Kiesgrund. Tagsüber hält sie sich meist in Bodennähe in stärkeren Strömungen, z. B. unter Wehren und Mühlschüssen oder hinter Brückenpfeilern, auf und geht erst mit Beginn der Dämmerung auf Nahrungssuche. Sie ernährt sich von kleinen Bodentieren (Würmer, Insektenlarven, Schnecken, Muscheln), Fischlaich und mitunter auch von Pflanzenkost. Größere Barben stellen auch kleinen Fischen nach. Während der kalten Jahreszeit halten sie in größeren Scharen Winterruhe an tiefen, geschützten Stellen, z. B. in ruhigen Buchten und Altwässern.

Laichzeit: Mai—Juli. Männchen dann mit starkem Laichausschlag in Form von weißen, perlartigen Hautknötchen in Längsreihen auf dem Kopf und Rücken. Die laichreifen Barben versammeln sich zu großen Schwärmen und wandern flußaufwärts, um an flachen, kiesigen Stellen im strömenden Wasser gemeinsam abzulaichen. Eizahl: 3000—9000; bei der kräftiger gebauten Dnjepr-Barbe *(B. b. borysthenicus)*: 15 000—32 000. (Der Laich der Barbe ist giftig und verursacht Erbrechen und heftigen Durchfall; auch das Bauchfleisch der Barbe soll während der Laichzeit giftig sein.) Die gelblichen, klebrigen Eier (2 mm ∅) haften zunächst an den Steinen des Laichplatzes; nach einiger Zeit werden jedoch die meisten von ihnen durch die Strömung heruntergespült und vollenden ihre Entwicklung zwischen dem Kies versteckt. Brutdauer: 10—15 Tage. Die ausschlüpfenden Larven machen zunächst ein Ruhestadium durch; nach dem Aufzehren des Dottersackes verbleiben sie noch kurze Zeit am Laichplatz und ernähren sich von kleinen Bodentieren, später wandern sie dann flußabwärts. Am Ende des 3. bis 4. Lebensjahres, bei einer Länge von etwa 25 cm, werden sie zum ersten Mal laichreif.
Fang mit Netzen aller Art, Reusen und Angeln. Fleisch grätenreich, aber wohlschmeckend. Geringe wirtschaftliche Bedeutung.

34 cm

◇ 66. BARBE
Barbus barbus (LINNÉ)

Nährtiere:

Köcherfliegen-
larve 22 mm

Libellenlarve 35 mm

Eintagsfliegenlarve 13 mm

Junger Gründling

Kugelmuschel
8 mm

Pfeilkraut

116

67. Südbarbe

Barbus barbus plebejus VALENCIENNES

Kennzeichen: Körper, Rücken-, Schwanz- und Afterflosse mit feiner, schwarzbrauner Punktierung.
Unterart der Barbe in Italien und Dalmatien.
Mittlere Länge 25—30 cm.
Gesellig lebender Grundfisch klarer sauerstoffreicher Fließgewässer, der sich von kleinen Bodentieren, Fischlaich und -brut ernährt.
Als Speisefisch von lokaler Bedeutung.
Fang mit Netzen, Reusen und Angeln.

68. Hundsbarbe

Barbus meridionalis RISSO

Kennzeichen: Längster Strahl der Rückenflosse am Hinterrand nicht gesägt.
Rücken und Körperseiten mit großen, unregelmäßigen, dunklen Flecken.
Rücken- und Schwanzflosse ebenfalls mit dunklen Flecken, die sich meist zu mehreren Bändern zusammenschließen.
Mittlere Länge 20—25 cm (ca. 150 g Gewicht), selten bis 40 cm lang.
Die Hundsbarbe (franz.: Barbeau truité) ist in Süd- und Osteuropa durch mehrere Unterarten vertreten. Man hält sie für ein Relikt aus der Wärmeperiode vor der letzten Eiszeit. Die Unterart *B. m. petenyi* Heckel, der Semling, kommt vor allem im Einzugsbereich der mittleren Donau vor, wurde aber auch u. a. im Oberlauf der Oder, in der Weichsel und im Dnjestr

beobachtet. Nahrung: kleine Bodentiere und (seltener) Pflanzenkost. Örtlich von geringer wirtschaftlicher Bedeutung.
Wie die anderen Barbenarten bevorzugt die Hundsbarbe klare, raschfließende Gewässer mit Sand- oder Kiesgrund.

69. Iberische Barbe

Barbus comiza STEINDACHNER

Kennzeichen: 49—51 Seitenlinienschuppen. Dünne Lippen und Bartfäden. Bewohnt folgende Flüsse im Südwesten der Iberischen Halbinsel: Tajo, Jarama, Guadiana, Guadalquivir. Mittellänge: 15—20 cm.
Grundfisch raschfließender Gewässer, dessen Lebensweise nur wenig erforscht ist.

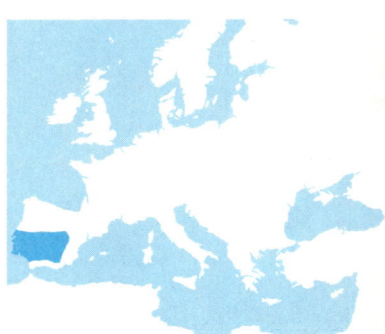

28 cm

67. SÜDBARBE
Barbus barbus plebejus Valenciennes

22 cm

68. HUNDSBARBE
Barbus meridionalis Risso

18 cm

◇SEMLING
Barbus meridionalis petenyi Heckel

118

70. Ukelei, Laube

Alburnus alburnus (LINNÉ)

Kennzeichen: Langgestreckter, seitlich zusammengedrückter Körper mit oberständigem Mund (Mundspalte steil nach oben gerichtet). Seiten und Bauch stark silberglänzend. Basis der Afterflosse länger als die der Rückenflosse. Kiel zwischen Bauchflossen und After nicht mit Schuppen bedeckt. Mehrere Unterarten. Größe: Mittellänge 12 bis 15 cm. Selten 18—20 cm lang und 40 g schwer.

Der Ukelei bewohnt als gesellig lebender Oberflächenfisch stehende und langsam fließende Gewässer, in denen er sich sowohl in der Ufer- als auch in der Freiwasserzone aufhält. Er meidet starke Strömungen, trübe Gewässer und allzu dichten Pflanzenwuchs. Seine Nahrung besteht aus Plankton, Würmern, Insektenlarven und Anflug. Im Winter versammeln sich die Tiere in großen Scharen an geschützten, tiefen Stellen.

Laichzeit: April—Juni. Das Ablaichen erfolgt nachts unter lautem Geplätscher an flachen, kiesigen Uferstellen oder in den Zu- und Abflüssen der Seen. Männchen mit Laichausschlag. Die klebrigen Eier werden in 3—6 Raten an Steinen, Wurzelwerk oder »harten« Pflanzen abgelegt. Eizahl: ca. 1500. Die nach etwa einer Woche ausschlüpfende Brut ernährt sich von tierischem Plankton. Am Ende des 1. Lebensjahres sind die Jungfische im Durchschnitt 3—5 cm lang. Geschlechtsreif wird der Ukelei im Alter von 2 bis 3 Jahren. Gelegentlich werden Kreuzungen mit anderen Karpfenfischen (z. B. Plötze, Rotfeder, Güster) beobachtet.

Fleisch trocken, grätig, wenig geschätzt. Wichtiges Raubfischfutter (Barsch, Hecht, Zander). Aus den Schuppen wird Perlessenz für die Herstellung künstlicher Perlen gewonnen. Guter Köderfisch für die Spinnangel, jedoch wenig haltbar.

71. Schemaja

Chalcalburnus chalcoides (GÜLDENSTÄDT)

Kennzeichen: Ukelei-ähnlich. Vorstehender, verdickter Unterkiefer. Kiel zwischen Bauchflosse und After nur im hinteren Teil nicht mit Schuppen bedeckt. Zahlreiche Unterarten, darunter auch Wanderformen, die zum Laichen in die Flüsse aufsteigen. Max. bis ca. 40 cm lang. Die Mairenke (Schiedling, Seelaube), *Ch. ch. mento* (Agassiz) lebt ständig im Süßwasser (Donaugebiet, nördl. Zuflüsse des Schwarzen Meeres). Nahrung: Plankton, Insektenlarven, Anflug, seltener kleine Bodentiere. Laichzeit: April—Juni. Männchen mit Laichausschlag. Eiablage an flachen, kiesigen Stellen. Eizahl: 15 000—23 000.

Im östlichen Verbreitungsgebiet, vor allem die Wanderformen, wirtschaftlich wichtig.

72. Alborella

Alburnus a. alborella (DE FILIPPI)

Kennzeichen: 16—19 Afterflossenstrahlen (Ukelei 18—23). Norditalien—Dalmatien. Unterart des Ukelei, wie *A. a. albidus* aus Süditalien.

17 cm

70. UKELEI, LAUBE
Alburnus alburnus (Linné)

Nährtiere:

Wasserfloh 2 mm

Eintagsfliege
20 mm

Stechmückenpuppe
6 mm

Feinde:

Barsch

Seeforelle   Seeschwalbe

23 cm

71. MAIRENKE
Chalcalburnus ch. mento (Agassiz)

16 cm

72. ALBORELLA
Alburnus a. alborella (De Filippi)

73. Schneider

Alburnoides bipunctatus (BLOCH)

Kennzeichen: Hochrückiger, gedrungener als der Ukelei. Mund endständig, Mundspalte fast horizontal. Seitenlinie oben und unten dunkel eingefaßt. Besonders während der Laichzeit mit einer dunklen Längsbinde über der Seitenlinie von den Kiemendeckeln bis zur Schwanzflossenbasis.
Größe: 9—13 cm, selten über 16 cm lang.
Wie der Ukelei ist der Schneider ein Schwarmfisch, der jedoch klare, schnellfließende Gewässer bevorzugt und sich dort meist in Bodennähe aufhält. Er ernährt sich vorwiegend von kleinen Bodentieren, nimmt aber auch Plankton und Anflugnahrung. Eiablage: Mai bis Juni, auf Kiesgrund in der Strömung. Köderfisch.

74. Güster, Blicke

Blicca björkna (LINNÉ)

Vom sehr ähnlichen Blei oder Brachsen unterscheidet sich die Güster durch folgende Merkmale: Augendurchmesser größer als oder zumindest ebenso groß wie die Schnauzenlänge. Paarige Flossen rötlich mit grauen Spitzen. Afterflosse mit 22—26 Strahlen. Schlundzähne zweireihig. Männchen während der Fortpflanzungszeit mit sehr feinkörnigem, schwachem Laichausschlag.
Die Güster bleibt kleiner als der Blei (meist 20—30 cm, selten bis 35 cm lang) und wächst langsamer. Am be-

sten gedeiht sie in seichten, warmen Flachlandseen mit dichten Pflanzenbeständen und in langsamfließenden, größeren Flüssen (Bleiregion). Sie hält sich meist in Bodennähe im Pflanzenwuchs der Uferzone auf, wo sie sich von kleinen Bodentieren (Würmer, Insektenlarven, Schnecken, kleine Muscheln) und Pflanzen ernährt. Man trifft sie jedoch auch im freien Wasser auf der Jagd nach Planktontieren an. Bei Beginn der kalten Jahreszeit zieht sie sich zur Winterruhe in tiefere Stellen zurück.
Laichzeit: Mai—Juni. Die Laichschwärme suchen flache, bewachsene Uferstellen auf, an denen dann nachts unter großem Getümmel die Eiablage erfolgt. Die klebrigen, hellgelben Eier (ca. 2 mm $\emptyset$) haften an den Wasserpflanzen des Laichplatzes; sie werden im Abstand von einigen Tagen meist in drei Raten abgesetzt. Eizahl: 17 000 bis 109 000 (Wolgadelta). Die ausschlüpfenden Larven halten sich in der Uferzone auf; winzige Planktonkrebschen bilden ihre erste Nahrung. Die Güster wächst zwar sehr langsam, wird jedoch schon bei einer Länge von 10—12 cm (3.—5. Lebensjahr) geschlechtsreif. Die Weibchen sind wesentlich größer als die Männchen. Als Speisefisch wegen seiner Kleinwüchsigkeit und seines grätenreichen Fleisches wenig geschätzt; ebenso als Sportfisch nicht beliebt. Beifang der Bleifischerei. Schädlicher Nahrungskonkurrent wertvoller Fische (Aal, Blei).

13 cm

◇ **73. SCHNEIDER**
Alburnoides bipunctatus (BLOCH)

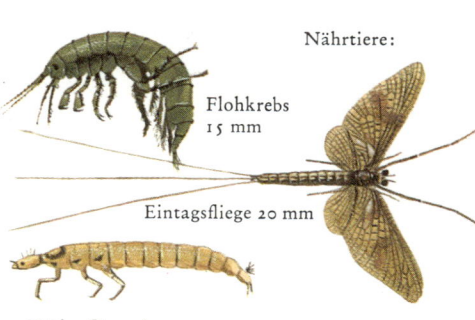

Nährtiere:

Flohkrebs
15 mm

Eintagsfliege 20 mm

Köcherfliegenlarve 20 mm

22 cm

◇ **74. GÜSTER, BLICKE**
Blicca björkna (LINNÉ)

Nährtiere:

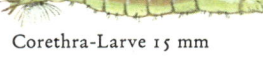

Corethra-Larve 15 mm

Schlammfliegenlarve 40 mm.

Schlammschnecke 22 mm

◇ 75. BLEI, BRACHSEN
Abramis brama (LINNÉ)

Kennzeichen: Hochrückiger, seitlich stark zusammengedrückter Körper. Afterflosse mit 26—31 Strahlen, ihre Basis doppelt so lang wie die der Rükkenflosse. 50—57 Seitenlinienschuppen (Güster 44—50). Schlundzähne einreihig. Während der Fortpflanzungszeit tragen die Männchen einen starken Laichausschlag an Kopf, Körper und Flossen (perlartige, anfangs weiße, später gelbe Knötchen).

Mittlere Länge: 30—40 cm. Selten 60 cm lang und 3 kg schwer. Maximalgröße ca. 75 cm (9 kg Gewicht).

Der Blei gedeiht vor allem in größeren, nährstoffreichen Seen und langsam fließenden Gewässern (Bleiregion) mit Schlammgrund. Im Ostseegebiet und im Bereich der südrussischen Meere geht er auch ins Brackwasser.

In der Jugend hält er sich in kleinen Gruppen in der Uferregion auf, wo er sich vorwiegend von Planktonkrebschen und Zuckmückenlarven ernährt. Die älteren Fische dagegen sind sehr scheu und vorsichtig und ziehen sich in die Tiefe zurück; nur nachts kehren sie auf der Suche nach Nahrung ans Ufer zurück. Sie wühlen dabei mit ihrem rüsselartig vorstreckbaren Mund im Boden, so daß kleine, runde Gruben (Fraßlöcher) im Schlamm zurückbleiben. Ihre Nahrung bilden vor allem Röhrenwürmer (Tubifex), Zuckmükkenlarven (Chironomiden), Schnecken und kleine Muscheln. Fast senkrecht auf dem Kopf stehend werden die Nährtiere zusammen mit dem sie umgebenden Schlamm, der wieder ausgestoßen wird, aufgesogen. In flachen oder übervölkerten Gewässern dienen Pflanzen und Plankton als »Notnahrung«; die Bestände bleiben dann jedoch im Wachstum zurück (Verbuttung). Im Winter versammeln sich die Fische oft in großen Scharen an geschützten, tiefen Stellen.

Laichzeit: Mai—Juli (je nach Wasserwärme). Die laichreifen Tiere suchen in Scharen flache, pflanzenbestandene

42 cm

Ei 1 mm   frischgeschlüpfte Larve 6 mm   8—9 Tage alt ca. 8 mm

16 cm   Hornblatt

Uferstellen auf. Die Männchen beziehen dabei kleine Laichreviere, die sie vor eindringenden Rivalen verteidigen. Die Eiablage erfolgt nachts unter lebhaftem Geplätscher; sie kann 1- bis 2mal im Abstand von etwa einer Woche wiederholt werden. Eizahl: 92 000 bis 338 000 (Asow-Blei). Die klebrigen, gelblichen Eier (ca. 1,5 mm ⌀) haften an Wasserpflanzen; sie entwickeln sich, je nach Wassertemperatur, in 3 bis 12 Tagen. Die ausschlüpfenden Larven sind etwa 4 mm lang und relativ schlank. Bis zum Aufzehren des Dottersackes heften sie sich mit ihren Klebedrüsen an Pflanzen fest. Nach dieser Ruhezeit von 1—3 Tagen versammeln sie sich in Scharen in der Uferzone, wo sie sich anfangs von tierischem Plankton ernähren. Bei einer Länge von ca. 30 mm beginnt sich das Schuppenkleid zu entwickeln, gleichzeitig gehen die Jungfische dann auch zur Bodennahrung über. Die Brut der Wanderformen zieht bereits im Juli aus dem Don und der Wolga ins Brackwasser.

Je nach den Umweltbedingungen ist das Wachstum sehr unterschiedlich. In übervölkerten Seen und im nördlichen Verbreitungsgebiet wächst der Blei nur sehr langsam: die Tiere werden hier erst im Alter von ca. 10 Jahren bei einer Länge von etwa 20 cm geschlechtsreif. In nährstoffreichen Seen wächst der Blei jedoch wesentlich schneller ab und wird bereits nach dem 3.—4. Jahr bei einer Länge von 20 bis 30 cm geschlechtsreif.

Massenfänge vor allem bei der Eisfischerei. Fang mit Zugnetz, Stellnetz, Reusen und Grundangel. Der Blei ist wenig empfindlich und kann daher auch lebend versandt werden. Auch als Sportfisch ist er mancherorts beliebt, obwohl er den Köder nur vorsichtig und langsam annimmt. Wegen des schmackhaften Fleisches größerer Exemplare (über 1 kg) einer der wichtigsten Speisefische.

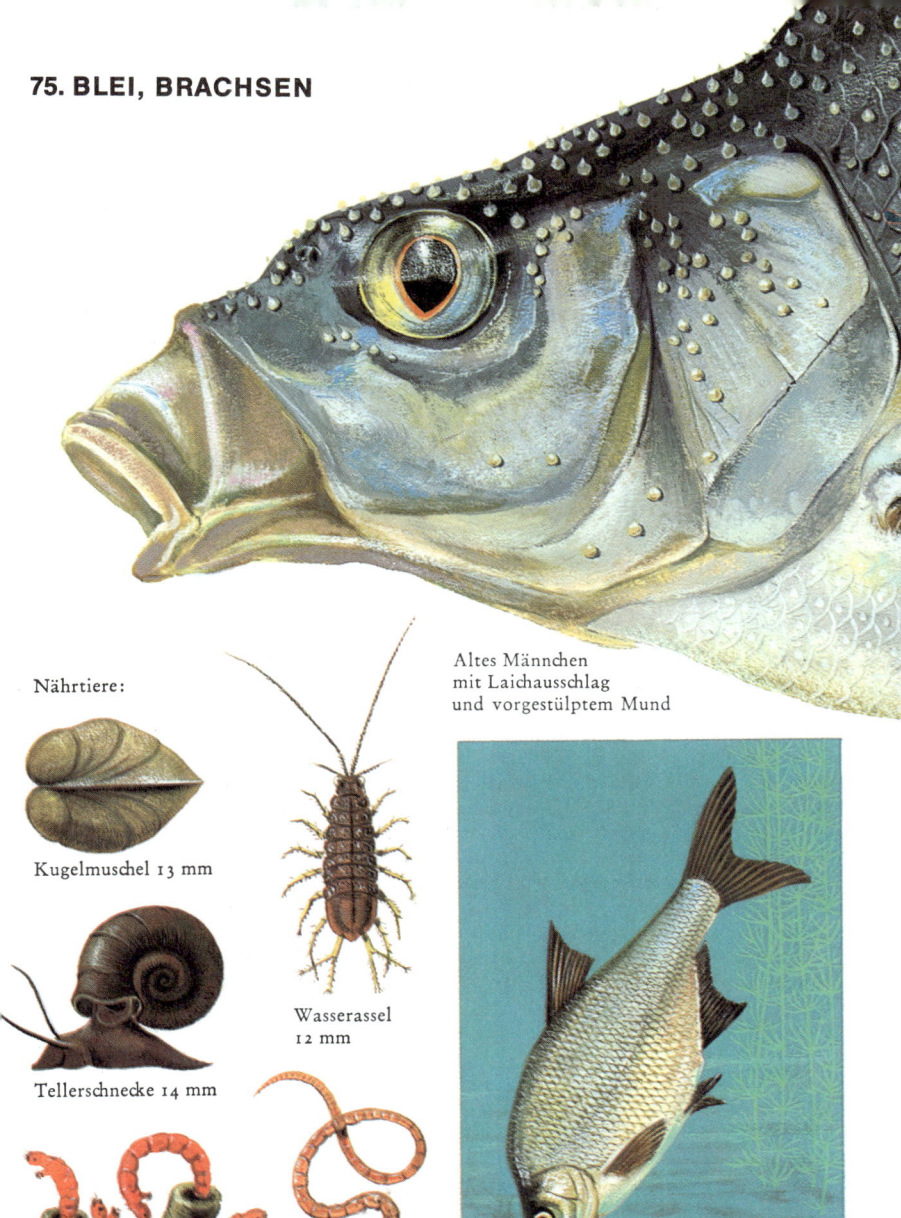

75. BLEI, BRACHSEN

Nährtiere:

Kugelmuschel 13 mm

Tellerschnecke 14 mm

Zuckmückenlarven 12 mm

Wasserassel 12 mm

Röhrenwurm 40 mm

Altes Männchen mit Laichausschlag und vorgestülptem Mund

Körperstellung bei der Nahrungsaufnahme

76. Zobel

Abramis sapa (Pallas)

Kennzeichen: Blei-ähnlicher, seitlich stark zusammengedrückter Körper (Scheibpleinzen). Dicke, stumpfe, hochgewölbte Schnauze. Afterflosse länger als beim Blei, mit 41—48 Strahlen. 47—52 Seitenlinienschuppen. Unterer Lappen der Schwanzflosse verlängert. Mittlere Länge: 15—20 cm. Selten bis 30 cm lang (500 g Gewicht). Gesellig lebender Grundfisch größerer Fließgewässer (z. B. Donau). Im Gebiet der südrussischen Meere tritt er auch als Wanderfisch auf, der sich im Brackwasser ernährt, zum Laichen und Überwintern aber in den Unterlauf der Flüsse (z. B. Wolga, Dnjestr, Dnjepr) eindringt. Seine Nahrung bilden Würmer, Kleinkrebse, Insektenlarven, Schnecken, kleine Muscheln und gelegentlich auch Pflanzen.

Laichzeit: April—Mai. Die Männchen tragen zu der Zeit einen Laichausschlag auf Kopf, Körper und Innenseiten der Brust- und Bauchflossen. Eiablage an seichten, pflanzenreichen Uferstellen im Fließwasser. Über die Zahl der Eier liegen folgende Angaben vor: ca. 8000 (Dnjepr-Zobel), 11 000—42 000 (Aral-Zobel), ca. 100 000 (Donau-Zobel). Durchmesser: ca. 2 mm.

Als Speisefisch wenig geschätzt. Fleisch grätenreich, fett. Fang mit Zug- und Stellnetzen. Ohne Sportwert.

77. Zope

Abramis ballerus (Linné)

Kennzeichen: Blei-ähnlicher, seitlich stark zusammengedrückter Körper. Mund endständig, Mundspalte schräg nach oben gerichtet. Schmale, hohe Rückenflosse. Lange Afterflosse mit 39 bis 46 Strahlen. 65—73 Seitenlinienschuppen. Unterer Lappen der Schwanzflosse länger als oberer. Mittlere Länge: 20—30 cm. Selten bis 35 cm lang.

Die Zope bewohnt vor allem den Unterlauf großer Flüsse und einige Seen im Gebiet der Nord- und Ostsee, sowie des nördlichen Schwarzen und Kaspischen Meeres; ins Brackwasser dringt sie jedoch nur selten vor. Meist hält sie sich im freien Wasser auf, wo sie sich von Planktontieren ernährt. Im Winter suchen die Tiere tiefgelegene Winterlager auf und stellen die Nahrungsaufnahme ein.

Laichzeit: April—Mai. Die laichreifen Tiere wandern dann aus den Mündungsgebieten der Flüsse weiter stromaufwärts, um an flachen, pflanzenreichen Stellen im strömenden Wasser abzulaichen. Eizahl: 4000—25 000. Die klebrigen Eier (1,5 mm ϕ) haften an Wasserpflanzen. Brutdauer: 10—14 Tage. Am Ende des 4.—5. Lebensjahres, bei einer Länge von etwa 20 cm werden die Tiere geschlechtsreif. Minderwertiger Speisefisch.

18 cm

◇ 76. ZOBEL
Abramis sapa (PALLAS)

Nahrung:

Zuckmückenlarve 12 mm Wandermuschel 30 mm Flohkrebs 15 mm Tausendblatt

26 cm

◇ 77. ZOPE
Abramis ballerus (LINNÉ)

Nährtiere:

Wasserflöhe 1 mm

Büschelmückenlarve 12 mm

Hüpferling 1 mm

78. Zährte, Rußnase

Vimba vimba (LINNÉ)

Kennzeichen: Gestreckter, seitlich zusammengedrückter Körper. Mund unterständig; Schnauze nasenartig vorragend, fleischig, dunkel berußt; Unterlippe ohne hornigem Überzug. Afterflosse mit 20—25 Strahlen. 53—61 Seitenlinienschuppen. Während der Laichzeit Kopf und Rücken schwarz; Bauchseite, paarige Flossen und Afterflosse orangerot.

Mittlere Länge: 20—30 cm (90—250 g). Sehr selten bis 50 cm lang und über 1 kg schwer.

Die Zährte bildet 5 geographische Rassen, die teils als Standformen im Unterlauf größerer Flüsse (Bleiregion) und in Seen, teils als Wanderformen im Brackwasser vorkommen. Die Stammform, *V. v. vimba,* bewohnt das Einzugsgebiet der Nord- und Ostsee, *V. v. carinata* die Donau und das nördliche Schwarzmeerbecken. (Der Seerüßling, *V. elongata,* der in der oberen Donau und in südbayerischen und oberösterreichischen Seen vorkommt, wird heute als eigene Art betrachtet; er besitzt einen niedrigeren Körper, eine kürzere Schnauze und größere Augen als die Zährte. Die ebenfalls nahverwandte Art, *V. melanops,* bewohnt die nördlichen Zuflüsse des Ägäischen Meeres.)

Als Grundfisch ernährt sich die Zährte hauptsächlich von kleinen Bodentieren (Würmer, Insektenlarven, Weich-

Vimba-Arten

[Verbreitungskarte]

tiere), die sie aus dem Schlamm wühlt. Laichzeit: Mai—Juli. Das Ablaichen erfolgt an flachen, kiesigen oder pflanzenbestandenen Stellen im strömenden Wasser. Die Wanderformen dringen hierzu in großen Scharen in die Flußmündungen ein. Die Männchen tragen dann einen Laichausschlag. Eizahl: 80 000—300 000, bei der kleiner bleibenden Kaspischen Rasse: 25 000—58 000. Die klebrigen Eier (ca. 1,4 mm ⌀) werden nachts unter lautem Geplätscher ratenweise abgelegt und haften an Steinen oder Pflanzen. Brutdauer: 2½—10 Tage, je nach Wassertemperatur. Die Larven besitzen keine Haftorgane; sie verbergen sich zwischen den Steinen, bis der Dottersack aufgezehrt ist. Die Brut der Wanderformen zieht dann ins Meer ab.

Massenfänge mit Zug- und Stellnetzen während der Laichwanderungen und auf den Laichplätzen. Trotz des grätenreichen Fleisches als Speisefisch geschätzt.

79. Ziege, Sichling

Pelecus cultratus (LINNÉ)

Kennzeichen: Messerförmiger Körper. Oberständiger Mund. Wellige Seitenlinie. Sehr große Brustflossen.

Mittlere Länge: 25—35 cm. Sehr selten bis zu 60 cm lang und 2 kg schwer. Gesellig lebender Fisch in langsamfließenden und stehenden Gewässern, vor allem im Brackwasser der Ostsee und der südrussischen Meere. In der Donau früher bis Passau vordringend. Tagsüber hält sich die Ziege mehr in Bodennähe auf, nachts steigt sie zur Wasseroberfläche empor. Ihre Nahrung bilden Planktonkrebse, Insektenlarven und -puppen, Luftinsekten und kleine Fische.

Laichzeit: Mai—Juni. Die Eiablage erfolgt meist im Unterlauf der Flüsse, seltener im Brackwasser. Die laichreifen Tiere ziehen in großen Schwärmen zu ihren Laichplätzen. Eizahl: ca. 30 000. Die Eier schweben im Wasser. Brutdauer: 3—4 Tage.

30 cm

78. ZÄHRTE, RUSSNASE
Vimba vimba (LINNÉ)

Nährtiere:

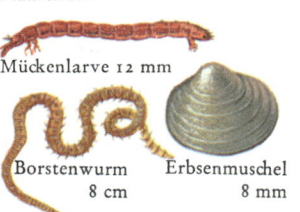

Mückenlarve 12 mm

Borstenwurm
8 cm

Erbsenmuschel
8 mm

Männchen im Hochzeitskleid

38 cm

79. ZIEGE, SICHLING
Pelecus cultratus (LINNÉ)

Nährtiere im Süßwasser:

Wasserfloh
2 mm

Stechmückenpuppe 6 mm

Eintagsfliege 20 mm

im Brackwasser: Fischbrut

80. Bitterling

Rhodeus sericeus amarus BLOCH

Kennzeichen: Kleine, hochrückige, seitlich abgeplattete Fische. Seitenlinie unvollständig, nur 5—6 Schuppen lang. Blaugrün schillernde Längsbinde von der Körpermitte bis zur Schwanzflossenwurzel.
Mittlere Länge: 5—6 cm (2.—3. Jahr). Max. 9 cm lang.
Der Bitterling bewohnt die pflanzenbewachsene Uferzone stehender und langsamfließender Gewässer mit Schlamm- oder Sandgrund. Seine Nahrung besteht überwiegend aus Pflanzenstoffen, in geringerem Maße aus Kleintieren (Würmer, Kleinkrebse, Insektenlarven).
Laichzeit: April—Juni. Das Männchen trägt dann ein prächtiges Hochzeitskleid; beim Weibchen ist die Geschlechtspapille zu einer langen, häutigen Legeröhre ausgewachsen.
Das Männchen wählt sich ein Weibchen mit langer Legeröhre und führt es zu einer Teich- oder Malermuschel. Diese besitzt an ihrem Hinterende zwei Öffnungen: durch die untere wird das Atemwasser und mit ihm die Nahrung (Plankton, Detritus) eingesaugt (Atemöffnung), durch die obere das verbrauchte Wasser und der Kot ausgestoßen (Kloakenöffnung). Sobald die Muschel ihre Schale öffnet, führt das Weibchen seine Legeröhre in die Kloakalöffnung ein und läßt 1—2 Eier in den Kiemenraum der Muschel gleiten. Unmittelbar darauf spritzt das Männchen seinen Samen über die Muschel, der mit dem Atemwasser eingesaugt wird und die abgelegten Eier befruchtet. Der Laichakt kann vom gleichen Paar mehrmals wiederholt werden oder das Männchen findet eine neue Partnerin für »seine« Muschel, die er vor anderen Männchen verteidigt. Insgesamt legt ein Weibchen 40—100 Eier ab. Durchmesser: ca. 3 mm. Brutdauer: 2—3 Wochen.
Bei den ausschlüpfenden Larven bilden sich hornartige Auswüchse des Dottersackes, mit denen sie an den Kiemenlamellen der Muschel haften. Erst wenn ein Teil der Nahrungsreserven verbraucht und die Brut schwimmfähig ist (bei ca. 11 mm Länge), verläßt sie den Kiemenraum und gelangt mit dem ausströmenden Wasser durch die Kloakenöffnung ins Freie.
In Aquarien hat man beobachtet, daß sich das Hochzeitskleid des Männchens nur dann ausbildet, wenn eine Muschel vorhanden ist. Entfernt man diese, so verschwindet die prächtige Färbung der Männchen.
Die eigenartige Fortpflanzungsweise, das Paarungsspiel und die Revierverteidigung durch das Männchen haben den Bitterling zu einem interessanten Studienobjekt der Verhaltensforschung gemacht. Ebenso ist er als Aquarienfisch sehr beliebt, da er wohl der schönste unserer einheimischen Fische und außerdem recht munter und zählebig ist.
Trotz der geringen Eizahl und der vielen Feinde kommt der Bitterling oft in großen Mengen vor. Dadurch, daß die Eier in den Kiemenraum von Muscheln abgelegt werden, sind sie und die ausschlüpfenden Larven weitgehend vor Räubern geschützt. Außerdem wandern die Muscheln bei sinkendem Wasserstand vom Ufer weg, so daß Eier und Larven vor dem Austrocknen bewahrt werden.
Rassen: *Rh. s. sericeus* (Amurbecken-Nordchina), *Rh. s. sinensis* (Jangtzebecken).

Dreifurchige Wasserlinse
Teichlinse

8,5 cm

◇ 80. BITTERLING
Rhodeus sericeus amarus BLOCH

Frischgeschlüpfte Larve 9 mm

Weibchen

Eiablage

Männchen

Das Weibchen beobachtet die vom Männchen ausgewählte Muschel

Das Männchen spritzt seinen Samen über die Muschel

81. Karausche

Carassius carassius (LINNÉ)

Andere Namen: Moor-, Bauernkarpfen. Kennzeichen: Gedrungener, hochrückiger, seitlich abgeplatteter Körper. Ohne Bartfäden. Hohe, lange Rückenflosse. Schwach eingebuchtete Schwanzflosse. 30—35 Seitenlinienschuppen. 1. Kiemenbogen mit 23—33 Reusendornen. Schlundzähne einreihig. Mittlere Länge: 15—25 cm. Max. bis 45 cm lang (2—3 kg).

Die Karausche bewohnt alle Arten von Gewässern, sie meidet nur große, tiefe und kalte Seen und schnellfließende Bäche, verträgt aber auch Brackwasser. Man trifft sie oft in kleinen, stark verkrauteten Tümpeln, wo sie meist die einzige Fischart ist, die sich dort erhalten kann. Unter diesen schlechten Lebensbedingungen wächst sie jedoch sehr langsam und tritt als Kümmerform mit großem Kopf und Messerrücken auf (Teichkarausche, Steinkarausche). In Gewässern mit guten Ernährungsbedingungen wächst sie dagegen rasch und wird sehr hochrückig (Seekarausche, Tellerkarausche). Zwischen diesen beiden extremen Typen kommen alle Arten von Übergängen vor.

Als eine der zählebigsten, anpassungsfähigsten Fischarten erträgt sie einen hohen Grad von Verschmutzung und Sauerstoffmangel in ihrem Wohngewässer. So kann sie noch bei einem Sauerstoffgehalt des Wassers leben, der ein Zehntel dessen beträgt, bei dem eine Forelle zugrundegehen würde. Während der kalten Jahreszeit gräbt sie sich in den Boden ein und verfällt in eine Art Winterschlaf. Wenn ihr Wohngewässer auszutrocknen beginnt, verbirgt sie sich ebenfalls im Schlamm. Ihre Nahrung besteht aus Pflanzen und kleinen Bodentieren, insbesondere Zuckmücken- und Eintagsfliegenlarven. Laichzeit: Mai—Juni. Das Ablaichen erfolgt an flachen Stellen mit reichlichem Pflanzenwuchs bei einer Wassertemperatur von mindestens 14° C (am

günstigsten 19—20°). Die klebrigen, hellorange gefärbten Eier (1—1,5 mm ⌀) werden meist in drei Raten abgelegt und haften an Wasserpflanzen. Eizahl: 150000—300000. Die Entwicklung der Eier dauert je nach Wassertemperatur 3—7 Tage. Die ausschlüpfenden, 4,2—4,9 mm langen Larven besitzen vor den Augen gelegene Haftorgane, mit denen sie sich während der Ruheperiode an Wasserpflanzen anheften. Sobald die Brut schwimmfähig ist, beginnt sie, winzigen Planktontieren nachzustellen. Die Wachstumsgeschwindigkeit ist stark von den Umweltbedingungen abhängig. In dicht besetzten, flachen Teichen ohne Raubfische bleiben die Tiere oft im Wachstum sehr zurück (Verbuttung). Die Geschlechtsreife tritt meist im 3.—4. Jahr bei einer Länge von 8—15 cm ein. Nach dem 2. Jahr wachsen die Weibchen schneller als die Männchen, die jedoch zuerst geschlechtsreif werden. Die Karauschenbrut wird als Besatzmaterial für Gewässer verwendet, in denen der Karpfen nicht mehr gedeihen kann oder in denen sie den miteingesetzten Raubfischen (Hecht, Aal) als Futterfisch dienen kann (kleine, nicht ablaßbare Teiche, Mergelgruben, Steinbrüche usw.). Es wurden besonders schnellwüchsige, hochrückige Rassen gezüchtet (z. B. in Spechthausen, DDR), die am Ende des 2. Lebensjahres bei einer Länge von 13—15 cm geschlechtsreif werden. In Karpfenteichen muß die Karausche jedoch als »Unkraut« betrachtet werden, da sie sowohl als Nahrungskonkurrent als auch als »Parasitenreservoir« dem Karpfen gefährlich werden kann. Außerdem kreuzt sie sich leicht mit dem Karpfen und bildet Bastarde (Karpfkarausche) von geringerer Wüchsigkeit und wenig geschätztem Fleisch. Diese Kreuzungen besitzen meist ein Paar kurze, dünne Bartfäden, dünne Lippen und eine tief ausgeschnittene Schwanzflosse. Sie eignen sich nur für Gewässer, in denen die

24 cm

◇81. KARAUSCHE
Carassius carassius (LINNÉ)

Nährtiere:

Köcherfliegenlarve
25 mm

8 cm

Flohkrebs

Steinkarausche

Erbsenmuschel
12 mm

Schlammschnecke
15 mm

Wie außerordentlich zählebig die Karauschen sind, bewies auch die oben abgebildete Seekarausche. Leicht betäubt lag sie
als »Modell« insgesamt 14 Stunden lang
in einer flachen, nur mit wenig Wasser gefüllten Schale. Langsam kam sie wieder zu
sich und schwamm, in einen Teich zurück-
gebracht, ruhig davon, als ob nichts gesche-
hen wäre.

Borstenwurm

Hüpferlinge
3 mm

Wasserflöhe
3 mm

Haltung von Karpfen nicht mehr möglich ist.
In Osteuropa stellenweise wichtiger
Wirtschaftsfisch. Fleisch größerer
Exemplare wohlschmeckend.
Die ursprüngliche Verbreitung der Karausche ist kaum noch feststellbar, da
sie im Laufe der Zeit in viele Gewässer Europas ausgesetzt worden ist.

Feinde:

Hecht   Aal

82. Giebel, Silberkarausche

Carassius auratus gibelio (BLOCH)

Kennzeichen: Große Ähnlichkeit mit Karpfen und Karausche. Bauch und Seiten mit Silberglanz; ohne schwarzem Fleck auf der Schwanzflossenwurzel. 28—32 Seitenlinienschuppen. 1. Kiemenbogen bei erwachsenen Exemplaren mit 39—50 Reusendornen. Schwarz gefärbtes Bauchfell. (Die typische Form von *C. auratus*, die die Gewässer Chinas und Japans bewohnt, besitzt etwas größere Schuppen: 26 bis 28 längs der Seitenlinie). Größe: Selten über 20 cm lang (5. bis 6. Jahr). Maximalgröße: 45 cm (ca. 3 kg Gewicht).

Der Giebel bewohnt stehende und langsamfließende Gewässer mit dichten Pflanzenbeständen und weichem Grund. Man findet ihn oft mit der Karausche vergesellschaftet, der er nicht nur im Aussehen, sondern auch in der Nahrungswahl, Widerstandsfähigkeit u. a. weitgehend gleicht.

Interessant ist, daß sich der Giebel auch durch unbefruchtete Eizellen fortpflanzen kann: während in seinem östlichen Verbreitungsgebiet (Ostasien) fast ebenso viele Männchen wie Weibchen vorkommen, trifft man in zahlreichen europäischen Gewässern Populationen ohne ein einziges Männchen an. Bei diesen männchenlosen Beständen mischen sich die laichreifen Weibchen unter die Laichschwärme verwandter Fischarten (Karpfen, Karausche). Während des Laichaktes findet dabei aber keine eigentliche Befruchtung der Eier durch die artfremden Samenzellen statt. Der Spermakern dringt zwar in die Eizelle ein, geht aber dann zugrunde, ohne sich mit dem Eikern vereinigt zu haben. Durch das Eindringen des Spermakerns wird jedoch die Zellteilung stimuliert und die weitere Eientwicklung in Gang gebracht. Aus den unbefruchteten Eiern gehen nur Weibchen hervor. Durch diese eigenartige Fortpflanzungsweise (Gynogenese) ist es möglich, daß ein einziges überlebendes Weibchen den Bestand der Art in einem Gewässer sicherstellen kann. Eizahl: 160 000— 380 000. Das Ablaichen erfolgt meist in drei Portionen. Der Giebel wächst etwas schneller als die Karausche und wird daher, vor allem in Osteuropa, stellenweise als Teichfisch gezüchtet und gehalten. Er wird meist im Alter von 3—4 Jahren bei einer Länge von 15—20 cm geschlechtsreif; bei zusätzlicher Fütterung tritt die Geschlechtsreife schon am Ende des 2. Jahres ein. Der Giebel ist ebenso wie die Karausche durch den Menschen weit verbreitet worden. Daher trifft man ihn heute auch in europäischen Gewässern an. Er stammt ursprünglich aus Ostasien-Sibirien, jedoch läßt sich sein Heimatgebiet nur schwer feststellen.

Der sogen. Goldfisch und seine zahlreichen Varianten (Schleierschwanz, Kometenschweif, Löwenkopf u. a) wurde in China und Japan durch sorgfältige, langwierige Auswahl geeigneter Laichfische gezüchtet und bereits im 17. Jahrhundert als Zierfisch nach Europa gebracht. In Italien, Südfrankreich und Portugal kommt er heute in Teichen und Flüssen verwildert vor, in denen er ausgezeichnet gedeiht und oft in großen Mengen auftritt. In Gewässern mit starken Raubfischbeständen scheint er sich jedoch, wahrscheinlich wegen seiner auffälligen Färbung, nicht halten zu können. Laichzeit: April—Mai, bei 18—22° C. Brutdauer: 5—7 Tage. Die ausschlüpfenden, fast durchsichtigen Larven hängen während der Ruheperiode mit ihren Haftorganen an Wasserpflanzen. Sobald sie schwimmfähig sind, ernähren sie sich von kleinsten Planktontieren. Die Jungfische sind wie die Stammform grau oder olivgrün gefärbt; erst nach einigen Monaten (bei manchen Exemplaren erst im 2. Lebensjahr) beginnt die Umfärbung. Dabei treten in jeder Zucht Tiere auf, die sich nur teilweise oder überhaupt nicht umfärben.

18 cm

) 82. GIEBEL
Carassius auratus gibelio (Bloch)

22 cm

) GOLDFISCH

Teleskopfisch

Schleierschwanz

◇ 83. KARPFEN
Cyprinus carpio LINNÉ

Kennzeichen: Zwei lange und zwei kürzere Bartfäden. Stammform (Schuppenkarpfen) mit gestreckten, seitlich etwas abgeflachtem Körper; 33 bis 40 Seitenlinienschuppen. Schlundzähne dreireihig. In seinem natürlichen Verbreitungsgebiet bildet der Karpfen drei Unterarten: *C. c. carpio* (Einzugsgebiet des Schwarzen, Asowschen und Kaspischen Meeres), *C. c. haematopterus* (Nordchina, Amurbecken), *C. c. viridiviolaceus* (Südchina, Vietnam). Hinsichtlich der Beschuppung werden vier Formen unterschieden: 1. Schuppenkarpfen, mit vollständigem Schuppenkleid. 2. Spiegelkarpfen, mit unregelmäßig verteilten »Spiegelschuppen«. 3. Zeilkarpfen, mit einer Reihe gleichgroßer »Zeilschuppen« entlang der Seitenlinie. 4. Nackt- oder Lederkarpfen, ohne oder nur mit wenigen Schuppen (s. Abb. Seite 139). Als wichtigster Teichfisch wurde der Karpfen vor allem im 13.—15. Jahrh. über fast ganz Europa (bis etwa 60° N. Br.) verbreitet. Er kommt heute auch in Nordamerika, Australien und vielen tropischen Ländern vor (s. Karpfenteichwirtschaft, Seite 205).

Größe: 3- bis 4sömmerige Wildkarpfen meist zwischen 30 und 40 cm lang (500—1000 g Gewicht). Selten über 100 cm lang, 25—30 kg schwer und 40 Jahre alt.

Der Karpfen bevorzugt warme, stehende oder langsamfließende Gewässer mit Sand- oder Schlammgrund und reichen Pflanzenbeständen. Er hält sich meist an tieferen, geschützten Stellen, unter überhängenden Uferböschungen und Wasserpflanzen auf. Tagsüber scheu und vorsichtig, wird er bei Einbruch der Dunkelheit lebhafter und geht auf Nahrungssuche. Er ernährt sich von Kleintieren der Ufer- und Bodenregion (Würmer, Kleinkrebse, Insektenlarven [insbes. Chironomidenlarven], kleine Weichtiere) und von pflanzlichen Stoffen. Große Exemplare stellen auch kleinen Fischen und Molchen nach.

Laichzeit: Mai—Juli, je nach Wasser-

34 cm

Ei, 36 Stunden alt   Ei, 5 Tage alt, mit ausschlüpfender Larve   Frischgeschlüpfte Larve

Nährtiere:

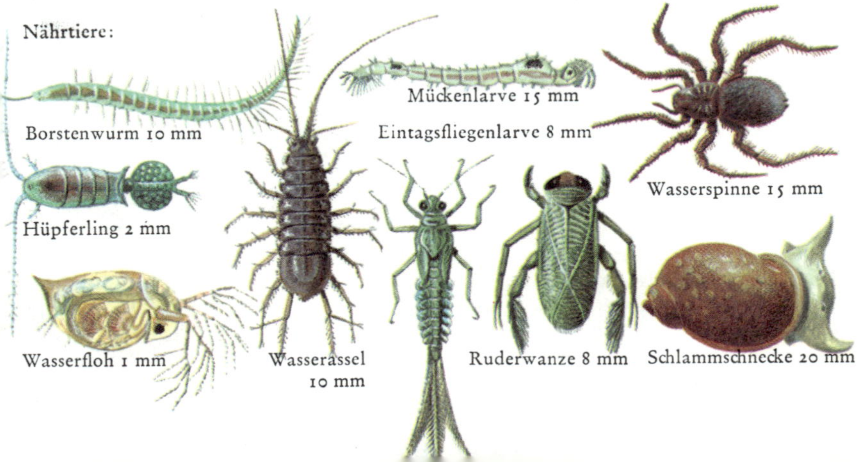

Borstenwurm 10 mm

Mückenlarve 15 mm

Eintagsfliegenlarve 8 mm

Wasserspinne 15 mm

Hüpferling 2 mm

Wasserfloh 1 mm

Wasserassel 10 mm

Ruderwanze 8 mm

Schlammschnecke 20 mm

wärme. Die Männchen tragen dann auf dem Kopf und den Brustflossen einen schwachen Laichausschlag. Das Ablaichen erfolgt an ruhigen, seichten, pflanzenbestandenen Uferstellen (überschwemmte Wiesen u. dgl.) bei Temperaturen von 18—20° C. Da diese hohen Laichtemperaturen Vorbedingung sind, haben die in nördlichen Gebieten ausgesetzten oder verwilderten Bestände nur selten oder überhaupt keine Möglichkeit, sich fortzupflanzen. Daher kommen freilebende Karpfen auch bei uns nur selten vor, außer es werden regelmäßig Jungfische aus Zuchtanstalten nachgesetzt.

Der Laich wird ratenweise im Abstand von etwa 1 Woche abgelegt. Eizahl: 200 000—300 000 je kg Körpergewicht. Die glashellen, klebrigen Eier (∅ ca. 1 mm, nach dem Aufquellen im Wasser ca. 1,6 mm) haften an Pflanzen. Ihre Entwicklung dauert etwa 3—5 Tage (60—70 Tagesgrade).

Die ausschlüpfenden, etwa 5 mm langen Larven besitzen am Kopf Haftorgane, mit deren Hilfe sie während der Ruhezeit von 1—3 Tagen unbeweglich an Wasserpflanzen, Grashalmen etc. hängen. Danach müssen sie versuchen, an die Wasseroberfläche zu kommen, um ihre Schwimmblase mit Luft zu füllen. Sobald die Brut schwimmfähig ist, beginnt sie mit der Nahrungssuche. Anfangs ernähren sich die Jungfische von pflanzlichen und tierischem Plankton (Algen, Rädertiere, Kleinkrebse), gehen aber schon bei einer Länge von ca. 18 mm dazu über, auch kleine Bodentiere aufzunehmen. Das Wachstum ist je nach Gewässer und Nahrungsangebot sehr unterschiedlich. In Teichen werden die Zuchtformen bei zusätzlicher Fütterung im 3. Sommer meist 25—35 cm lang und 1—2 kg schwer. Einen ähnlich hohen Zuwachs kann auch der Wildkarpfen aufweisen (z. B. der »Meerkarpfen« im Kaspischen Meer und im Aralsee), in der Regel wächst er jedoch langsamer. In den USA, in denen der Karpfen 1877 eingeführt worden ist, hat er sich stark ausgebreitet und bildet übervölkerte, verbuttete Bestände, die als »Fischunkraut« wirtschaftlich wertlos sind.

Durch zweckdienliche Zucht und Auslese sind eine Reihe verschiedener Karpfenstämme herausgezüchtet worden, darunter sowohl hochrückige (Aischgründer, Galizischer Karpfen) als auch gestreckte, breitrückige Formen (Böhmischer, Lausitzer, Fränkischer Karpfen).

Für den »Appetit« und damit auch für den Zuwachs der Karpfen sind die Wassertemperaturen von großer Bedeutung. Unter 8° C. stellen sie die Nahrungsaufnahme ein; am besten gedeihen sie bei Temperaturen über 20° C. Während der kalten Jahreszeit halten sie in Scharen an tiefen, geschützten Stellen Winterruhe.

Die Männchen werden meist am Ende des 3., die Weibchen im 3. oder 4. Lebensjahr geschlechtsreif.

Der Karpfen ist der wichtigste Zuchtfisch der Teichwirtschaft. Die Weltausbeute beträgt ca. 200 000 Tonnen jährlich. Freilebende Bestände spielen dabei nur in SO-Europa eine wichtige Rolle. Als vorzüglicher Sportfisch sehr beliebt.

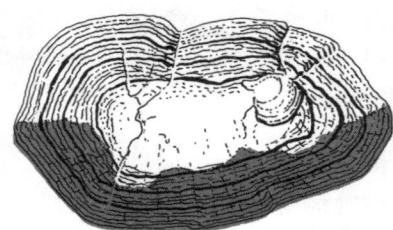

Schuppe eines Spiegelkarpfens

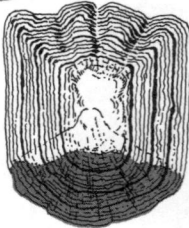

Schuppe eines Wildkarpfens, gleiche Vergrößerung

Spiegelkarpfen, »Galizische Rasse« 25 cm

83. KARPFEN

Aischgründer Karpfen

Zeilkarpfen, »Galizische Rasse«

Lederkarpfen, »Böhmische Rasse«

Schuppenkarpfen, Stammform

SCHMERLEN

Meist kleine, langgestreckte Bodenfische mit 6—12 Bartfäden rings um den Mund. Beschuppung weitgehend rückgebildet. Größter Formenreichtum in Südostasien und Indien.

84. Schmerle, Bartgrundel

Noemacheilus barbatulus (LINNÉ)

Kennzeichen: 6 Bartfäden auf dem Oberkiefer. Körper drehrund, nur im Schwanzteil seitlich etwas abgeflacht. Schwanzflossenrand gerade oder ein wenig eingebuchtet. Helle, deutlich erkennbare Seitenlinie.
Mittlere Länge: 8—12 cm (2.—3. Lebensjahr). Selten über 15 cm. Die Weibchen werden am größten.
Die Schmerle bewohnt flache, schnellfließende Gewässer mit Kiesgrund und die Uferregion klarer Seen. In der Ostsee kommt sie auch in den Haffen und im finnischen Schärengebiet vor.
Tagsüber hält sie sich in ihren Schlupfwinkeln verborgen, nachts jedoch wird sie lebhafter und stellt ihrer Beute (Kleinkrebse, Insektenlarven) nach. In Forellengewässern kann sie als Laichräuber schädlich werden. Laichzeit: April—Mai. Beide Geschlechter zeigen dann auf der Innenseite der Bauchflossen einen feinen Laichausschlag in Form von 5 Knötchenreihen. Die zahlreichen, etwa 1 mm großen Eier haften an Steinen. Sie werden nachts portionsweise abgelegt und bis zum Schlüpfen der Brut vom Männchen bewacht. Geschlechtsreif im 2.—3. Jahr.
Nahrung für Raubfische. Angelköder.

85. Schlammpeitzger

Misgurnus fossilis (LINNÉ)

Kennzeichen: 10 Bartfäden (6 am Oberkiefer, 4 am Unterkiefer). Walzenförmiger, hinten seitlich zusammengedrückter Körper. Schleimige Haut mit sehr kleinen Schuppen. Längsbinden.
Mittlere Länge: 15—25 cm. Selten bis 30 cm lang.
Zählebiger Bodenfisch flacher, stehender Gewässer mit Schlammgrund. Neben der Kiemenatmung ist bei ihm die Fähigkeit zur Darmatmung besonders stark ausgeprägt. Bei Sauerstoffmangel steigt er an die Wasseroberfläche, um Luft zu schlucken, die den Darmkanal passiert und durch die Afteröffnung wieder ausgeschieden wird. Dabei findet in den feinen Blutgefäßverzweigungen der stark gefalteten, dünnen Schleimhaut des Darmes der Gasaustausch statt: das Blut nimmt etwa die Hälfte des Sauerstoffs aus der geschluckten Luft auf und gibt Kohlendioxyd ab.

11 cm

◇84. SCHMERLE, BARTGRUNDEL
Noemacheilus barbatulus (Linné)

Nahrung:

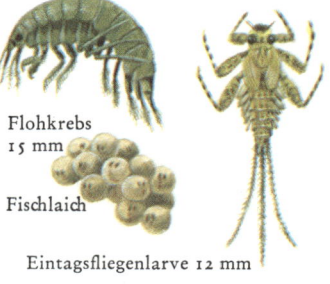

Flohkrebs
15 mm

Fischlaich

Eintagsfliegenlarve 12 mm

Vorderansicht der Schmerle
(ca. 2fache Vergrößerung)

21 cm

◇85. SCHLAMMPEITZGER
Misgurnus fossilis (Linné)

Nahrung:

Larve mit äußeren Kiemen

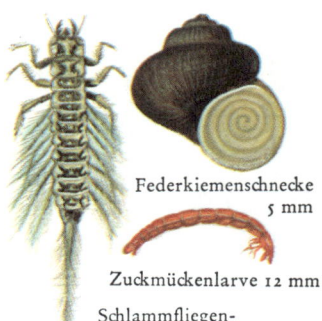

Federkiemenschnecke
5 mm

Zuckmückenlarve 12 mm

Schlammfliegen-
larve 40 mm

Im Winter und beim Austrocknen seines Wohngewässers gräbt sich der Schlammpeitzger bis zu ¹/₂ m tief in den Schlamm ein und verfällt in eine Art Dauerschlaf, während dem alle Lebensfunktionen auf ein Minimum verringert sind. In diesem Zustand kann er bei günstigen Umweltbedingungen bis zu 1 Jahr lang ausharren. Als ausgeprägtes Nachttier hält er sich tagsüber verborgen und beginnt erst in der Dunkelheit den Boden nach Nahrung (Insektenlarven, kleine Schnecken und Muscheln) zu durchsuchen. Vor Gewittern wird er auch bei Tage auffallend lebhaft und steigt dann häufig an die Wasseroberfläche (Wetterfisch). Laichzeit: April—Juni. Die bräunlichen Eier (1,5 mm ⌀) werden portionsweise über mehrere Wochen hinweg abgelegt und haften an Wasserpflanzen oder Wurzelwerk. Eizahl: 70 000—150 000. Brutdauer: ca. 10 Tage. Die ausschlüpfenden Larven besitzen, wohl als eine Anpassung an ihre sauerstoffarmen Wohngewässer, fadenförmige, äußere Kiemen, die später zurückgebildet werden.

86. Steinbeißer, Dorngrundel

Cobitis taenia LINNÉ

Kennzeichen: Kopf und Körper seitlich stark zusammengedrückt. 6 kurze Bartfäden. Unter dem Auge ein beweglicher, zweispitziger Dorn. Sehr kleine, dünne Schuppen. Unterhalb der Seitenmitte eine Längsreihe von großen, dunklen Flecken. Am oberen Teil der Schwanzflossenwurzel ein deutlicher, schwarzer Fleck. Länge: 5—10 cm, max. 12 cm.

Der Steinbeißer bewohnt klare, fließende oder stehende Gewässer mit Sandgrund. Tagsüber gräbt er sich meist bis zum Kopf in den Sand ein, nachts aber wird er auffallend lebhaft und sucht nach Nahrung (Kleintiere). Laichzeit: April—Juni. Die Eier werden an Steinen oder Wurzelwerk abgelegt. Zahlreiche Unterarten.

87. *Cobitis aurata* (DE FILIPPI)

Körperseiten mit Goldglanz. Bartfäden länger als beim Steinbeißer. Unterseite des Schwanzstiels mit schwachem Fettkiel. Max. ca. 14 cm lang. SO-Europa bis Kaukasien.

88. *Cobitis elongata* HECKEL & KNER

Mit großen, runden Seitenflecken, die von einer dunklen Längslinie durchzogen sind. Wird bis 16,5 cm lang. Donaubecken (Jugoslawien — SW-Rumänien).

89. *Cobitis romanica* BACESCU

Sehr hell gefärbte, wenig gefleckte Art. Kurze Bartfäden. Rautenförmige, dunkle Flecken auf dem Rücken. Männchen bis 10,5, Weibchen bis 12 cm lang. Rumänien (Ober- und Mittellauf einiger Donauzuflüsse).

90. *Cobitis larvata* DE FILIPPI

3—4 Flecken vor, 5—6 Flecken hinter der Rückenflosse. Ein dunkles Dreieck aus zwei Zügelstreifen vor den Augen. Schwarze Lippen. 2 deutliche, schwarze Flecken auf der Schwanzflossenwurzel. 5—9 cm lang. Bergatino, Norditalien.

91. *Cobitis conspersa* (CANTONI)

2 lange Flecken vor, 3—4 Flecken hinter der Rückenflosse. Kopf ohne Zügelstreifendreieck vor den Augen. Hinterkörper hell, ohne Flecken. 5—9 cm lang. Norditalien (Brenta, Gua, Dese).

11 cm

◇86. STEINBEISSER
Cobitis taenia LINNÉ

Nährtiere:

Rädertier 1 mm

Kopf von oben, 3fach vergr.

Hüpferling 1 mm   Muschelkrebs 1 mm

87

87. *Cobitis aurata* (DE FILIPPI)

88

88. *Cobitis elongata* HECKEL & KNER

89

89. *Cobitis romanica* BACESCU

90. *Cobitis larvata* DE FILIPPI

90-91

91. *Cobitis conspersa* (CANTONI)

WELSE

Die zu dieser Familie *(Siluridae)* gehörenden Fische besitzen einen schuppenlosen, schleimigen Körper, einen breiten, abgeplatteten Kopf mit Bartfäden, eine kurze Rücken- und eine sehr lange Afterflosse. In Europa 1 Gattung mit 2 Arten. Der Zwergwels (Fam. *Ictaluridae*) stammt aus den USA.

92. Wels, Waller

Silurus glanis LINNÉ

Kennzeichen: 2 sehr lange Bartfäden auf dem Oberkiefer, 4 kürzere auf der Kopfunterseite. Keine Fettflosse. Größe: 4sömmerige Welse sind meist um 50 cm lang und etwa 2—3 kg schwer. Die Männchen sind etwas größer als die Weibchen. Durchschnittslänge: 100 cm (ca. 10 kg, 9- bis 10sömmerig). In unseren Gewässern bis 3 m lang und ca. 150 kg schwer.

Der Wels bewohnt Seen und größere, tiefe Flüsse mit weichem Untergrund. In den südrussischen Meeren, seltener in der Ostsee, geht er auch ins Brackwasser. Er ist ein ausgeprägter Bodenfisch, der sich tagsüber in seinen Schlupfwinkeln verbirgt und erst nachts — dann auch in ganz seichtem Wasser — aktiv wird. Als sehr gefräßiger Raubfisch richtet er unter den Nutzfischbeständen oft großen Schaden an. Er ernährt sich überwiegend von Fischen (Aal, Quappe, Schleie,

Brachsen, Plötze) und Fröschen, greift aber auch, falls sich die Gelegenheit ergibt, Wasservögel und Kleinsäuger (Mäuse, Ratten) an. Den größten Appetit entwickelt er im Sommer, nach der Laichzeit. Bei Beginn der kalten Jahreszeit stellt er die Nahrungssuche ein und hält an tiefen, geschützten Stellen, die Jungtiere gesellig, die älteren einzeln, Winterruhe.

Laichzeit: Mai—Juni. Laichtemperaren nicht unter 18° C, daher fällt in nördlichen Gegenden die Laichzeit des Welses in die Monate Juli-August. Zum Ablaichen suchen die Tiere paarweise seichte Uferstellen mit dichten Pflanzenbeständen auf. Die hellgelben, klebrigen Eier (ca. 3 mm ⌀) werden in ein einfaches Nest (gesäuberter Laichplatz mit einem niedrigen Wall aus Pflanzenteilen) abgelegt und haften an dessen Boden und Wandungen. Eizahl: ca. 30 000 je kg Körpergewicht. Die Eientwicklung dauert je nach Wasserwärme 3—10 Tage. Bis zum Ausschlüpfen der Brut wird das Nest vom Männchen bewacht. Die etwa 7 mm langen, kaulquappenähnlichen Larven besitzen einen großen Dottersack; während der ersten Tage hängen sie mit ihren Haftorganen unbeweglich an den Nestwandungen. Danach beginnen sie, Planktontiere zu jagen. Sie sind in nahrungsreichen Gewässern sehr schnellwüchsig. Nach 4 Wochen sind die Jungfische 3—4 cm lang; am Ende des 1. Sommers haben sie bereits eine

66 cm

◇ 92. WELS, WALLER
Silurus glanis LINNÉ

Frisch geschlüpfte Larve 7 mm

Länge von etwa 20 cm und ein Gewicht von ca. 300 g erreicht. Sie ernähren sich nun schon von Fischbrut. Die
Männchen, die etwas rascher wachsen
als die Weibchen, werden im 2.—3.
Jahr (bei einem Gewicht von 1 bis
2 kg), die Weibchen im 3.—4. Jahr geschlechtsreif.
Nur im Gebiet der südrussischen Meere
und des Aralsees von wirtschaftlicher
Bedeutung. Fang mit Stell- und Wurf-
netzen, in Reusen und mit Angelgeräten. Der Rogen wird, vermischt mit
Stör- und Sterleteiern, zu Kaviar verarbeitet. Aus der Schwimmblase wird
Fischleim hergestellt. Das fast gräten-
freie Fleisch, besonders junger Welse

Kopf von oben

Nährtiere:

Aal

Quappe

Blei

Flußkrebs

Kammolch

Entenküken

Wasserratte

(3—4 kg), ist sehr wohlschmeckend.
Vor allem in Ungarn wird der Wels
auch als Teichfisch gehalten und mit
Fröschen und »Fischunkraut« zusätz-
lich gefüttert. In Seen und Flüssen aber
ist er unwirtschaftlich, da er unter den
Nutzfischbeständen oft großen Schaden
anrichtet und schwer zu fangen ist. Als
Sportfisch ist er jedoch sehr beliebt
(Grund-, Schlepp- und Spinnangel).

93. Aristoteleswels

Silurus aristotelis (AGASSIZ)

Kennzeichen: Nur 2 Bartfäden auf der
Kopfunterseite.
Bewohnt den Aspropotamos (Ache-
loos) und seine Nebenflüsse (Griechenland, Einzugsgebiet des Ionischen Meeres). Brutpflege von ARISTOTELES
beschrieben.

94. Zwergwels

Ictalurus nebulosus (LE SUEUR)

Kennzeichen: 8 Bartfäden (s. Abb.).
Erster Strahl der Rückenflosse verknöchert, steif. Strahlenlose »Fettflosse«
zwischen Rücken- und Schwanzflosse.
Mittlere Länge: 25—35 cm. Selten bis
45 cm lang und 2 kg schwer. In Europa meist kleiner.
Der Zwergwels wurde 1885 aus den
USA erstmals nach Europa eingeführt
und kommt heute auch, verwildert
oder planmäßig ausgesetzt, in verschiedenen freien Gewässern vor (Schlesien,
Belorußlands, Westukraine).
Er ist ein sehr zählebiger Grundfisch
mit nächtlicher Lebensweise, der geringe Ansprüche an die Wasserqualität
stellt und am besten in warmen, stehenden oder langsamfließenden Gewässern gedeiht. In der Jugend besteht
seine Nahrung aus kleinen Bodentieren
(Zuckmücken-, Köcherfliegenlarven,
kleine Schnecken und Muscheln), später stellt er auch dem Laich und der
Brut anderer Fische nach.
Laichzeit: März—Mai, bei Wassertemperaturen um 18—20° C (in nördlichen

Gebieten dementsprechend später). An
seichten Uferstellen bauen dann Männchen und Weibchen gemeinsam eine flache Laichgrube unter überhängenden
Böschungen, zwischen Wurzelwerk
oder an anderen geschützten Plätzen.
Die klebrigen Eier ballen sich zu
froschlaichähnlichen Klumpen zusammen und haften am Nestboden. Eizahl:
500—3500, je nach Weibchengröße.
Brutdauer: ca. 8 Tage. Die Eier und
anfangs auch die Jungfische werden
vom Männchen bewacht.
Da der Zwergwels sehr anspruchslos
ist, wird er bisweilen in sauerstoffar-
me, verschmutzte Gewässer eingesetzt.
Fleisch orangefarben, süßlich, aber
wohlschmeckend.

46 cm

93. ARISTOTELESWELS
Silurus aristotelis (AGASSIZ)

33 cm

) 94. ZWERGWELS
Ictalurus nebulosus (LE SUEUR)

Nährtiere:

Blasenschnecke 12 mm

Köcherfliegenlarve
35 mm

Kleine Karausche

Zuckmückenlarve
12 mm

Gelbaal 68 cm

◇95. AAL, FLUSSAAL

Anguilla anguilla (LINNÉ)

Kennzeichen: Schlangenförmiger Körper. Rücken-, Schwanz- und Afterflosse bilden einen einheitlichen Flossensaum; Bauchflossen fehlen. Dicht vor der Brustflosse gelegene, enge Kiemenspalten. Dicke, schleimige Haut mit tief eingebetteten, sehr kleinen, länglich ovalen Schuppen.

Größe: Männchen 29—51 cm, Weibchen 42—100 cm lang. max. bis 150 cm lang und 6 kg schwer.

Die Laichplätze des Aales liegen in der Sargasso-See (zwischen 22—30° N und 50—60° W) im Westatlantik, etwa 4000 bis 7000 km von seinem ursprünglichen Aufenthaltsort entfernt. Hier trifft man in 100—300 m Tiefe über sehr tiefen Stellen im März—April die kleinsten, bisher bekannten Larven von ca. 5 mm Länge an. Diese als *Leptocephali* bezeichneten Larven besitzen einen glashellen, anfangs niedrigen, später weidenblattförmigen Körper. Sie leben pelagisch in oberflächennahen Schichten, wo sie sich von Plankton ernähren.

Vom Golfstrom erfaßt, gelangen sie quer über den Atlantik an die Küsten Europas und Nordafrikas. Ihre Reise dauert fast drei Jahre. Kurz vor ihrer Ankunft an den Küsten wandeln sie sich in die ca. 65 mm langen, noch farblosen Glasaale um: ihr Körper verkürzt sich, wird schlank und drehrund. Während dieser Zeit nehmen sie keine Nahrung zu sich.

An der spanischen und irischen Küste erscheinen die Glasaale im Okt. bis Dez., an der Nordseeküste und im Kattegat im Febr.—März in flachen Brackwassergebieten und Flußmündungen. Ein Teil von ihnen verbleibt in Küstennähe, an Stellen mit weichem Grund und dichtem Pflanzenwuchs, während die anderen mit Beginn der Pigmentierung weiter flußaufwärts ins Süßwasser ziehen (Steigaale).

Während ihres Aufstiegs überwinden die Steigaale selbst schwierige Hindernisse (z. B. den Rheinfall bei Schaff-

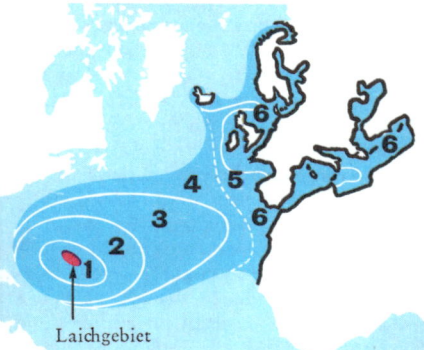

Blankaal 52 cm

Schema der Verteilung der Larven

Wachstum und Umwandlung der Larven

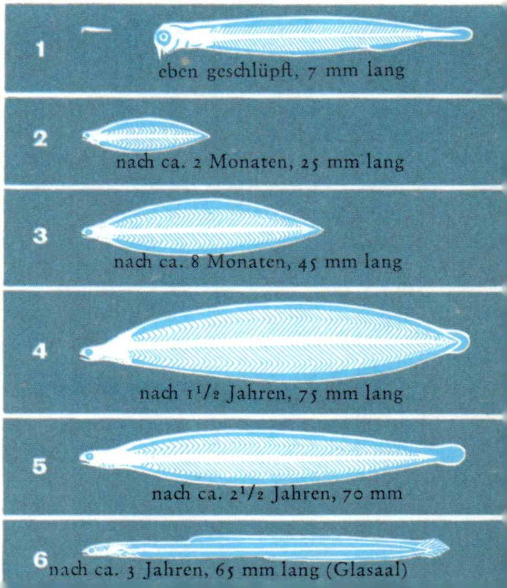

Laichgebiet

Die Zahlen
beziehen sich auf die
Larvengrößen nebenan

1 eben geschlüpft, 7 mm lang

2 nach ca. 2 Monaten, 25 mm lang

3 nach ca. 8 Monaten, 45 mm lang

4 nach ca. 1 1/2 Jahren, 75 mm lang

5 nach ca. 2 1/2 Jahren, 70 mm

6 nach ca. 3 Jahren, 65 mm lang (Glasaal)

hausen), wenn auch ein großer Teil von ihnen dabei zugrunde geht. Wo jedoch durch Stromverbauungen die Zuwanderung unmöglich gemacht wird, müssen Aalpässe angelegt werden. Das Wachstum der Jungaale hängt sehr von den jeweils herrschenden Umweltbedingungen (Nahrungsangebot, Wassertemperaturen) ab. Im 1. Winter nach ihrer Ankunft an den Küsten sind sie ca. 8—10 cm, im 2. Winter 17 bis 19 cm lang. Erst dann, im 3.—4. Süßwasserjahr, beginnt die Schuppenentwicklung. Während der Wachstumsperiode werden die Aale »Gelbaale« genannt: ihre Augen sind klein, die Schnauze relativ breit; der Rücken graubraun, die Seiten und der Bauch gelblich gefärbt; ihr Körper fühlt sich weich an.

Tagsüber halten sich die Aale meist im Schlamm, zwischen Wurzelwerk oder unter anderen Schlupfwinkeln verborgen; erst bei Beginn der Dämmerung werden sie aktiv und gehen dann auf Nahrungssuche. Diejenigen Aale, die sich überwiegend von größeren Tieren (Krebse, kleine Fische, Frösche, Mäuse) ernähren, sind breitköpfig und schnellwüchsig (Breitkopfaale, Raubaale), jene dagegen, die von Kleintieren (Würmer, Kleinkrebse, Insektenlarven, kleine Weichtiere) leben, besitzen einen spitzen Kopf und bleiben im Durchschnitt kleiner (Spitzkopfaale). Diese beiden ökologischen Gruppen sind jedoch durch Übergangsformen verbunden. Während der kalten Jahreszeit suchen die Aale tiefe, frostfreie Stellen auf und halten, im Schlamm vergraben, Winterruhe. Nach 4—10 Jahren im Süßwasser beginnt bei den Aalen eine merkwürdige Umwandlung, die in 3—4 Monaten abgeschlossen ist: ihre Augen vergrößern sich, der Kopf wird spitz, die Haut auf dem Rücken dunkler, auf dem Bauch dagegen silberglänzend. Nach und nach stellen sie die Nahrungsaufnahme ein, ihr Darmkanal bildet sich zurück, ihr Körper aber wird fest und muskulös — die Gelbaale wandeln sich in Blankaale um. Gleichzeitig beginnt sich ihr Wandertrieb zu melden.

Man hat festgestellt, daß sich die Brackwasseraale überwiegend zu Männchen entwickeln, deren Umwandlung etwas früher beginnt als bei den Weibchen, die hauptsächlich im Süßwasser aufwachsen. Aus dem östlichen Ostseegebiet sind fast nur Weibchen bekannt. Die Geschlechtsorgane der abwandernden Blankaale sind noch klein und unentwickelt. Durch Hormonbehandlung (Hypophysierungsverfahren) gelang es jedoch, bei Männchen künstlich Geschlechtsreife zu erzeugen. Die Abwanderung aus dem Süßwasser findet vor allem nachts in der Zeit von Aug. bis Okt. statt. Wie die Aale die Sargasso-See erreichen, ist immer noch ein Rätsel. Außer drei Exemplaren, die man im Magen eines Pottwales (1 Ex., Azoren) bzw. von zwei Fischarten (2 Ex., Rosemary-Bank) gefunden hat, wurden sie im Atlantik noch niemals entdeckt. Selbst in der Nordsee und im Kanal werden nur sehr selten abwandernde Aale gefangen. Man muß annehmen, daß sie in einer bestimmten Tiefe freischwimmend ihren Weg zu den Laichgründen zurücklegen. Ihre großen Fettreserven (bis zu 25% des Körpergewichts) dienen ihnen als Reiseproviant und zum Aufbau der Geschlechtsprodukte, die anscheinend erst in der Sargasso-See das letzte Reifestadium erreichen. In Aquarien können Blankaale bis zu vier Jahren ohne Nahrungsaufnahme existieren. Falls sie, wie angenommen wird, schon zeitig im nächsten Frühjahr in der Sargasso-See ablaichen, müssen sie auf ihrer Reise täglich ca. 30 km zurücklegen; Markierungsversuche in der Ostsee haben gezeigt, daß sie dazu tatsächlich fähig sind. Als sicher gilt, daß sie nach dem Ablaichen zugrundegehen. Hindert man Aale daran, ins Meer abzuwandern, so können sie 25—50 Jahre alt werden.

Fang mit Reusen (Aalkörbe), Legang-

Breitkopfaal

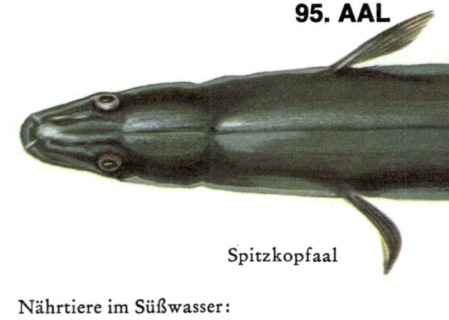

Spitzkopfaal

Schuppenmuster nach Abschaben der Haut

Nährtiere im Süßwasser:

Zuckmückenlarve 12 mm

Fischlaich

Schlammschnecke 30 mm

Kleiner Kaulbarsch

Frosch

Flußkrebs

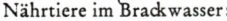

Nährtiere im Brackwasser:

Flohkrebs

Wurm

Grundel

Krabbe

Stichling

geln (Aalschnüre), Zugnetzen, Wurf-
netzen und Hamen. Da die Ostsee-
Aale durch die engen dänischen Küstengewässer ziehen müssen, um in den
Atlantik zu gelangen, ist der Fang dort
besonders lohnend. Als sehr zählebige
Fische können Aale leicht in Fischkä-
sten gehalten und lebend versandt
werden. Hochwertige Speisefische. Vielerorts, so auch im Donaugebiet, wo
der Aal ursprünglich nicht vorkam,
künstlicher Besatz von Seen und Fließgewässern. Beliebter Sportfisch.

Fischpaß (Aalsteig) für Steigaale:
Schwach durchströmte Röhre aus Maschen-
draht, gefüllt mit Heidekraut (hält am
längsten) oder anderem rauhen Material.

ZAHNKARPFEN

In tropischen und subtropischen Gewässern (mit Ausnahme von Australien) weltweit verbreitete, kleine oft lebhaft gefärbte Fische. Unter ihnen trifft man sowohl eierlegende (Familie *Cyprinodontidae*) als auch lebendgebärende Arten an (Familie *Poeciliidae*), bei denen die Afterflosse der Männchen zu einem Begattungsorgan (Gonopodium) umgewandelt ist. Vor allem als Aquarienfische beliebt, werden Vertreter dieser Fischgruppe auch zur Bekämpfung der Malariamücken benützt.

96. Spanienkärpfling

Aphanius iberus (Cuv. & Val.)

Kennzeichen: Männchen mit etwa 15 schmalen, mehr oder weniger deutlichen, hellblauen Querbinden auf dem Körper. Rückenflosse mit hellblauer Kante. Schwanzflosse mit 3—5 braunen Querbändern. Weibchen mit braunen Flecken auf den Seiten und farblosen Flossen.
Größe: 4—5 cm. Die Männchen sind kleiner als die Weibchen.
Bewohnt stehende und langsamfließende Gewässer aller Art, Tümpel, Teiche, Gräben und Sümpfe; geht auch ins Brackwasser. Unempfindlich gegen Temperaturschwankungen und geringem Sauerstoffgehalt des Wassers. Nahrung: Kleinkrebse, Insektenlarven, kleine Weichtiere. Laichzeit vom Frühjahr bis zum Herbst. Die großen Eier (ca. 200) werden nach lebhaftem Liebesspiel an Wasserpflanzen abgelegt. Brutdauer: 6—8 Tage.

97. Zebrakärpfling

Aphanius fasciatus (Humb. & Val.)

Kennzeichen: Männchen mit 10—15 breiten, dunklen Querbinden auf den Körperseiten. Rückenflosse mit dunklem Saum, Schwanzflosse mit breiter, dunkler Querbinde. Weibchen mit undeutlichen, schmalen Querbinden und grauen oder farblosen Flossen. 5—6 cm lang. Ähnl. Lebensweise wie der Spanienkärpfling.

98. Valenciakärpfling

Valencia hispanica (Cuv. & Val.)

Kennzeichen: Männchen mit einem großen, dunklen Schulterfleck hinter dem Kiemendeckel. Schuppen mit dunklem Saum. Rücken-, Schwanz- und Afterflosse gelb mit dunklen Punkten und Rändern. Körperseiten mit schmalen, dunklen Querbinden. Weibchen mit einem verwaschenen, bleigrauen Längsband an den Seiten. Männchen bis 7 cm, Weibchen bis 8 cm lang.

99. Koboldkärpfling

Gambusia affinis (Baird & Girard)

Kennzeichen: Männchen mit umgebildeter Afterflosse (Begattungsorgan). Dunkle Querbinde durch das Auge, Rücken- und Schwanzflosse mit schwarzen Punkten. Männchen bis 3,5 cm, Weibchen bis 6 cm lang.
Der Koboldkärpfling wurde aus den Südstaaten der USA zur Bekämpfung der Moskitobrut (Malariaüberträger) nach Europa gebracht. Er ist heute in Spanien, Südfrankreich, Italien und auf dem Balkan weit verbreitet. Sehr zählebiges, gegen Witterungseinflüsse widerstandsfähiges Fischchen. Laichzeit: April—Oktober. Etwa 30 Tage nach der Begattung bringen die Weibchen 10—80 Junge bei einem Wurf zur Welt. Da das Sperma des Männchens in den Eileitern des Weibchens aufbewahrt wird, können die folgenden Würfe (3—5 pro Jahr) ohne erneute Begattung erfolgen.

Männchen 4 cm

Weibchen 5,4 cm

96. SPANIENKÄRPFLING
Aphanius iberus (CUVIER & VALENCIENNES)

Nährtiere:

Larve der Malaria-
mücke 10 mm   Puppe 6 mm

Männchen 5,5 cm

Weibchen 6 cm

Valencia-
kärpfling

Zebra-
kärpfling

97. ZEBRAKÄRPFLING
Aphanius fasciatus (HUMBOLDT & VALENCIENNES)

Nährtiere:

Wasserfloh 1 mm

Larve der
gewöhnl. Stechmücke
10 mm

Männchen 7,2 cm

98. VALENCIAKÄRPFLING
Valencia hispanica (CUVIER & VALENCIENNES)

Männchen 3,7 cm

Weibchen 5,8 cm

99. KOBOLDKÄRPFLING
Gambusia affinis (BAIRD & GIRARD)

DORSCHFISCHE

Die Dorschfische *(Gadidae)* bewohnen kalte und gemäßigte Meeresteile, nur die Quappe lebt als einzige Art im Süßwasser. Die Angehörigen dieser Familie besitzen kehlständige Bauchflossen und drei, zwei oder eine Rückenflosse(n) ohne Stacheln. Außerdem weisen die meisten Arten am Kinn einen Bartfaden auf.

100. Quappe

Lota lota (LINNÉ)

Auch Rutte oder Trüsche genannt.
Kennzeichen: Langgestreckter, vorne walzenförmiger, hinten seitlich zusammengedrückter Körper, mit kleinen, zarten Schuppen bedeckt. Breiter, flacher Kopf. Ein langer Bartfaden am Kinn, zwei sehr kurze an den Nasenöffnungen. Die 1. Rückenflosse ist kurz, die 2. und die Afterflosse sind sehr lang. Bauchflossen kehlständig, Schwanzflosse abgerundet.
In ihrem weiten Verbreitungsgebiet bildet die Quappe drei geographische Rassen: *lota* in Europa, West- und Mittelsibirien; *leptura* Hubbs & Schultz in Ostsibirien, Alaska und Westkanada; *maculosa* (Le Sueur) im übrigen Nordamerika.
Mittlere Länge 30—60 cm. Aus Sibirien sind Exemplare von über 1 m Länge, 25—30 kg Gewicht und einem Alter von 15—20 Jahren bekannt.
Die Quappe, ein räuberisch lebender Grundfisch, bevorzugt kühle, klare, stehende oder langsamfließende Gewässer. In den Alpen folgt sie der Forelle bis zu über 1200 m, in Skandinavien bis zu 500 m Höhe; sie wird aber auch häufig im Brackwasser der Flußmündungen und Haffe (Ostseegebiet) angetroffen. Während sich die Jungtiere meist im flachen Wasser nahe dem Ufer oder in kleineren Fließgewässern aufhalten, suchen die Erwachsenen tiefe Stellen (bis zu 200 m Tiefe) auf.

Tagsüber verläßt die Quappe ihre Schlupfwinkel unter Steinen, Wurzelwerk oder dgl. nur selten; erst bei Beginn der Dämmerung kommt sie hervor und stellt ihrer Beute nach. Die Jungtiere ernähren sich von Würmern, Kleinkrebsen, Insektenlarven, kleinen Schnecken und Muscheln. Die Nahrung der erwachsenen Quappen jedoch besteht in der Hauptsache aus Fischen. Besonders verschrien sind sie als Laich- und Bruträuber, die vor allem in Forellengewässern beträchtlichen Schaden anrichten sollen. Den größten Appetit entwickeln die Quappen während der kalten Jahreszeit; im Sommer dagegen nehmen sie nur wenig Nahrung zu sich oder stellen in südlichen Gebieten die Nahrungsaufnahme völlig ein.
Laichzeit: November—März (Winterlaicher!). Laichtemperatur: 0,5—4° C. Vor allem die jüngeren Quappen wandern dann in Scharen kurze Strecken flußaufwärts. Ältere Tiere in Seen laichen in der Tiefe. Eizahl: 500 000 je 0,5 kg Körpergewicht; ein Weibchen kann bis zu 5 Millionen Eier (0,96 bis 1,14 mm $\emptyset$) ablegen. Die Eier enthalten eine große Ölkugel, mit deren Hilfe sie im Wasser schweben können. (Kleine, planktonische Eier sind auch charakteristisch für die marinen Dorschfische). Brutdauer je nach Wassertemperatur $1\frac{1}{2}$ bis $2\frac{1}{2}$ Monate. Die ausschlüpfenden, nur etwa 3 mm langen Larven leben pelagisch in oberflächennahen Wasserschichten, wo sie sich von Plankton ernähren. Bei einer

49 cm

◇ **100. QUAPPE, RUTTE**
Lota lota (LINNÉ)

Länge von 6—7 mm gehen sie zum Leben im Flachwasser über. Im Herbst sind die sehr dunkel gefärbten Jungfische bereits etwa 10 cm lang. Man findet sie dann häufig, jedoch fast immer nur 1—2 Tiere im selben Versteck, unter Steinen in der Uferregion. Die Wachstumsgeschwindigkeit ist je nach Gewässer sehr unterschiedlich. Am Ende des 1. Lebensjahres sind die Tiere meist um 15 cm, am Ende des 2. um 25 cm lang. Die Geschlechtsreife tritt bei den Männchen am Ende des 3., bei den Weibchen am Ende des 4. Lebensjahres ein.

Fang mit Netzen (Zug-, Stellnetz), Reusen verschiedener Art und Legangeln, die mit kleinen Köderfischen oder Würmern beködert sind. Geht nachts häufig auch an die Aalschnur. Außer Wasser sehr zählebig und kann, feucht verpackt, stundenlang lebend transportiert werden. Größere Fänge vor allem in Nord- und Osteuropa während der Laichwanderungen. Wertvoller Speisefisch, der frisch oder geräuchert auf den Markt kommt. Das Fleisch ist grätenlos, weiß und sehr schmackhaft; die Leber gilt als Delikatesse (Bandwurmgefahr!).

Larve 5 mm

Nährtiere: für kleine Quappen:

Wasserassel 10 mm

Wandermuschel 35 mm

Ältere Quappen:

Kaulbarsch

Gründling

Plötze

Fischlaich

Flußkrebs

BARSCHE

Vorderteil der Rückenflosse oder 1. Rückenflosse mit kräftigen Stachelstrahlen. Körper mit kleinen Kammschuppen bedeckt, Kopf nackt oder nur teilweise beschuppt. Seitenlinie vorhanden. Schwimmblase ohne »Luftgang«.

Den Barschen *(Percidae)* sehr ähnlich sind die Zackenbarsche *(Serranidae)*, von denen ein Vertreter, der Wolfs- oder Seebarsch *(Roccus labrax* [L.]) gelegentlich in die größeren Flußmündungen eindringt. Kennzeichen: Zwei Rückenflossen, die 1. mit 9 Stachelstrahlen. Afterflosse mit 3 Stacheln. Kiemendeckel mit schwarzem Fleck.

101. Barsch, Flußbarsch

Perca fluviatilis LINNÉ

Kennzeichen: Körper mehr oder weniger hochrückig, mit 6—9 dunklen Querbinden oder gegabelten Streifen. Stumpfer Kopf mit weiter Mundspalte. 1. Rückenflosse mit 13—17 Stachelstrahlen und einem schwarzen Fleck an ihrem Hinderrrand. Der Kiemendeckel trägt einen starken Dorn.

Größe: 8—10sömmerig meist um 25 cm lang (0,2 kg Gewicht). Sehr selten bis 50 cm lang (ca. 3,5 kg Gewicht). Der Flußbarsch ist ein häufiger, weit verbreiteter Standfisch in stehenden und fließenden Gewässern. In den Alpen kommt er bis in 1000 m Höhe vor; andererseits trifft man ihn aber auch sehr zahlreich im Brackwasser der Ostsee an. Er bewohnt mit Vorliebe klare Gewässer mit hartem Grund und meidet allzu starke Strömungen. In der Jugend schließt er sich gerne zu Schwärmen zusammen, alte Exemplare sind jedoch oft ausgesprochene Einzelgänger. In vielen Seen kann man drei ökologische Formen des Barsches unterscheiden: 1. Den kräftig gefärbten Krautbarsch, der sich zwischen den Pflanzenbeständen der Uferregion aufhält. 2. Den heller gefärbten Jagebarsch, der die Freiwasserregion bewohnt. 3. Den dunklen Tiefenbarsch, der bis in 50 m Tiefe vorkommt.

Die jungen Barsche ernähren sich von Kleintieren aller Art (Würmer, Kleinkrebse, Insektenlarven u. dgl.), stellen aber auch dem Laich und der Brut anderer Fische und der eigenen Art nach. Die Nahrung erwachsener Barsche besteht überwiegend aus kleinen Fischen (Ukelei, Plötze etc.). Andererseits spielen kleine Barsche als Futterfische für Zander und Hecht eine wichtige Rolle. Laichzeit: je nach Gewässer März bis Juni. Laichtemperatur: 7—8° C. Das Ablaichen erfolgt an flachen Uferstellen der Seen und Fließgewässer. Die laichreifen Tiere wandern hierzu nur kurze Strecken flußaufwärts. Bei der Eiablage gleitet das Weibchen mit angelegten Flossen dicht über die Unter-

25 cm

◇ 101. FLUSSBARSCH
Perca fluviatilis LINNÉ

Laichband

Larve 7 mm

Nährtiere für junge Barsche:

Kleiner
Flußkrebs

Hüpferling 2 mm

Eintagsfliegen-
larve 7 mm

Glasaal

ältere Barsche:

Ukelei

Plötze

lage (Wasserpflanzen, Steine, versunkenes Astwerk oder dgl.) hinweg und setzt dabei seine Eier in Form von langen, netzartigen Gallertbändern ab, die unmittelbar danach von einem oder mehreren Männchen besamt werden. Diese Laichbänder können bis zu 1 m lang und mehrere Zentimer breit sein. Eizahl: 12 000 bis 300 000, je nach Weibchengröße. Eidurchmesser: 1,5 bis 2 mm, nach dem Aufquellen bis zu 3,5 mm. Brutdauer: 2—3 Wochen (120 bis 160 Tagesgrade). Die ausschlüpfenden, ca. 5—6 mm langen Larven steigen sofort zur Wasseroberfläche empor, um ihre Schwimmblase mit Luft zu füllen. Das Aufsteigen wird ihnen durch eine große Ölkugel erleichtert. Sobald ein Teil des Dottersackes aufgebraucht und die Brut schwimmfähig ist, schließt sie sich zu oft dichten Schwärmen zusammen und beginnt mit der Jagd nach kleinsten Planktontieren. Die Wachstumsgeschwindigkeit ist je nach Gewässer sehr unterschiedlich. Am Ende des 1. Sommers sind die Barsche im Durchschnitt 6—8 cm, am Ende des 2. 9—13 cm lang. Die Männchen wachsen dabei langsamer als die Weibchen; sie werden frühestens mit Ablauf des 2. Lebensjahres bei einer Länge von 9—10 cm, die Weibchen oft erst am Ende des 3.—4. Lebensjahres bei einer Länge von 15—20 cm geschlechtsreif. In nahrungsarmen Gewässern und bei dichter Besiedlung wachsen die Barsche sehr langsam: die Männchen werden dann schon bei einer Länge von 7—8 cm, die Weibchen bei 9—10 cm Länge geschlechtsreif. Diese Kümmerformen können als Laichräuber und Nahrungskonkurrent unter den Beständen der Nutzfische großen Schaden anrichten. Fang mit Zug-, Stellnetzen, Reusen und Angeln. In Gegenden, in denen der Barsch zahlreich und in größeren Exemplaren vorkommt, wirtschaftlich wichtig; dort auch als Sportfisch geschätzt.
Im Osten Nordamerikas lebt die Unterart *P. f. flavescens* (Mitchill).

◇ 102. ZANDER, SCHILL
Lucioperca lucioperca (LINNÉ)

Kennzeichen: Gestreckter, spindelförmiger Körper mit zugespitztem Kopf. Weite Mundspalte, ungleiche Bezahnung (kleine Bürstenzähne, dazwischen große Fangzähne). Zwei getrennte Rückenflossen mit dunklen Punktreihen. Schwanzflosse mit kleinen schwarzen Flecken. Rücken und Seiten bei jüngeren Tieren mit 8—10 dunklen Querstreifen.
Mittlere Länge: 40—50 cm. Aus nahrungsreichen Gewässern sind »Prachtexemplare« von 120—130 cm Länge und 12—15 kg Gewicht bekannt.
Der Zander ist nicht so häufig und weit verbreitet wie der Flußbarsch, da er etwas höhere Ansprüche an seine Wohngewässer stellt. Er bewohnt vor allem große und mittlere Seen mit guten Sauerstoffverhältnissen (mindestens 3,5 ml Sauerstoff pro Liter) und tiefe Flüsse mit hartem Grund. Am besten gedeiht er in sommertrüben Gewässern, in denen der Hecht nicht mit ihm konkurrieren und er sich leichter an seine Beute heranschleichen kann. Mit Vorliebe streift er, allein oder in kleinen Trupps, im freien Wasser umher und meidet die dichten Pflanzenbestände der Uferzone. Seine Nahrung besteht aus kleinen Fischen der Freiwasserregion (Stint, Plötze, Barsch, Ukelei etc.).

44 cm

Eier und Larven

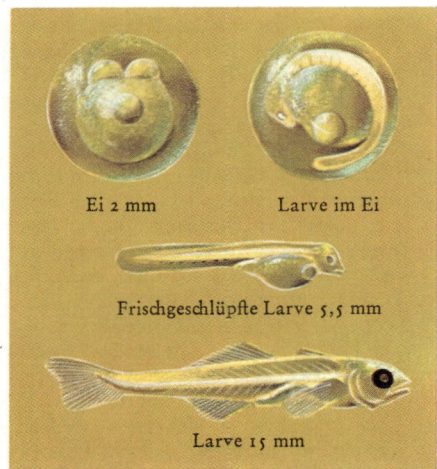

Ei 2 mm   Larve im Ei

Frischgeschlüpfte Larve 5,5 mm

Larve 15 mm

Futterfische:

Stint

Kleine Maräne

Plötze

Ukelei

Barsch

Während der kalten Jahreszeit hält der Zander keine Winterruhe, nimmt aber weniger Nahrung zu sich als im Sommer. In der Laichzeit stellt er die Nahrungsaufnahme ein.

Im Gebiet der südrussischen Meere kommt neben einer stationären auch eine teilweise wandernde, raschwüchsigere Form vor, die zum Laichen aus dem Brackwasser in die Flüsse (Don, Kuban) aufsteigt.

Laichzeit: April—Mai. Laichtemperatur: 12—15° C. Die laichreifen Tiere suchen paarweise ruhige, hartgründige, 1—3 m tiefe Uferpartien auf. Als Laichplätze werden Stellen bevorzugt, an denen sich Wurzel- oder versunkenes Astwerk befinden. Hier werden flache Laichgruben gebaut, über denen die Eiablage erfolgt. Die Eier (1—1,5 mm $\varnothing$) werden dabei einzeln abgelegt und haften mit ihren klebrigen Hüllen an den im Nest freigelegten Pflanzenteilen und an Steinen. Eizahl: 150 000—200 000 pro kg Körpergewicht.

Nach der Eiablage bleibt das Männchen am Nest und schützt das Gelege vor Laichräubern und Verschlammung. Die Entwicklung der Eier dauert etwa 1 Woche (110 Tagesgrade sind erforderlich). Frischgeschlüpfte Larven sind 5—6 mm lang. Nachdem sie schwimmfähig sind und ein Teil des Dottersakkes aufgezehrt ist, halten sie sich nahe der Wasseroberfläche auf, wo sie sich von tierischem Plankton ernähren. Bereits nach wenigen Monaten greifen sie jedoch auch schon die winzige Brut anderer Fischarten an. Die Jungfische sind bei reichlichem Nahrungsangebot sehr schnellwüchsig. Bereits im Herbst haben sie eine Länge von 6—10 cm (Satzfischgröße) erreicht. Die Wachstumsgeschwindigkeit ist zwar je nach Gewässer etwas unterschiedlich, jedoch sind verbuttete Bestände wie diejenigen des Barsches nicht bekannt. In nahrungsreichen Seen werden die Männchen im Alter von 2—4 Jahren bei 33—37 cm Länge geschlechtsreif. Die Weibchen wachsen im Durchschnitt besser ab als die Männchen, werden aber erst im 3.—5. Jahr bei einer Länge von 40—44 cm geschlechtsreif.

Als Veredler minderwertiger Fischunkrauts ist der Zander ein sehr wichtiger Wirtschaftsfisch der Berufsfischerei. Daher wird er heute vielfach in geeignete Gewässer (Zanderseen) eingesetzt und als Nebenfisch in Karpfenabwachsteichen gehalten, in denen er wie der Hecht als eine Art Wasserpolizei die kleinen, wertlosen Wildfische vertilgt.

Künstliche Zucht (Abstreichen und Mischen von Milch und Rogen) spielt bei der Gewinnung von Besatzmaterial eine geringe Rolle. Man zieht vielmehr Laichzander in Teichen heran und läßt sie an künstlichen Laichstellen (Wacholderzweige, frei im Wasser schwebend »Nester«) oder in Drahtkäfigen mit eingeflochtenem Ast- oder Wurzelwerk ablaichen. In Seen verwendet man auch gerne größere Gehege am Ufer, in die laichreife Tiere, meist im Verhältnis 1 Weibchen : 2 Männchen, eingesetzt werden; als Laichstellen dienen auch hier eingelegte Wacholderzweige, Seggenwurzeln etc. Nach dem Ablaichen wird das mit Eiern bedeckte Substrat aus dem Wasser geholt; der Versand erfolgt in mit Stoff bespannten Holzrahmen, um die feuchte Moos und Eisstückchen gestopft werden. In hechtarme Gewässer setzt man etwa 500—2000 Eier je Hektar Wasserfläche ein, wovon ca. 95% durch Pilzbefall und Laichräuber verlorengehen. Günstigere Ergebnisse liefern einsömmerige Zandersetzlinge (Besatzmenge: ca. 20—100 Stück je Hektar).

Die eingesammelten Eier werden vielerorts in sog. Sprühkammern, in denen die mit Eier bedeckten Zweige in regelmäßigen Abständen einem feinzerstäubten Wasserstrahl ausgesetzt sind, künstlich erbrütet. Erst kurz vor der Schlüpfreife taucht man die Eier ins Wasser ein. Auf diese Weise werden die Verluste durch Verpilzung etc. verringert.

9 cm

◇103. KAULBARSCH
Acerina cernua (LINNÉ)

Nahrung:

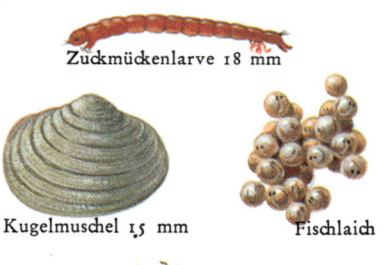

Zuckmückenlarve 18 mm

Kugelmuschel 15 mm   Fischlaich

Eintagsfliegenlarve 20 mm

Kennzeichen: Gedrungener Körper mit dickem, stumpfem Kopf. Kiemendeckel mit starkem Dorn. Rückenflossen miteinander verbunden. Körperoberseite, Rücken- und Schwanzflosse mit dunklen Flecken. Stark entwickelte Schleimgruben am Kopf.

Mittlere Länge: 12—15 cm. In nahrungsreichen Gewässern wird eine Länge bis zu 25 cm (400 g Gewicht) erreicht. Der Kaulbarsch bewohnt größere Fließgewässer (Bleiregion der Flüsse), Seen und Brackwassergebiete; besonders häufig wird er in Flußmündungen und Haffen angetroffen. Er hält sich meist in Scharen an tieferen Stellen mit Sandgrund auf. Nachts steht er ruhig am Boden, tagsüber streift er in der Uferregion umher und sucht nach Nahrung. Er ernährt sich hauptsächlich von kleinen Würmern (Tubifex), die er aus dem Schlamm wühlt, Flohkrebsen, Insektenlarven (Chironomidenlarven etc.) und kleinen Weichtieren, daneben aber auch von Fischlaich und -brut.

Laichzeit: April—Mai. Laichtemperatur: 10—15° C. Die laichreifen Tiere schließen sich zu Schwärmen zusammen und suchen flache Uferstellen auf. Die gelblichweißen Eier (0,5—1 mm ⌀) werden ratenweise in gallertigen Schnüren und Klumpen an Steinen, seltener an Wasserpflanzen abgelegt. Eizahl: 50 000—100 000, ca. 160 000 je 500 g Körpergewicht. Brutdauer: 8 bis 12 Tage. Die farblosen, 3—4 mm langen Larven besitzen einen großen Dottersack, von dessen Vorräten sie sich zunächst ernähren. In nahrungsreichen Gewässern sind die Fische am Ende des 1. Jahres ca. 8 cm, am Ende des 2. ca. 12 cm lang. Bei zu dichter Besiedlung und geringem Nahrungsangebot neigen die Bestände jedoch zur Verbuttung. Die Geschlechtsreife tritt am Ende des 2., selten bereits am Ende des 1. Jahres ein. In Wirtschaftsgewässern kann der Kaulbarsch als Laich- und Bruträuber und als Nahrungskonkurrent wertvoller Nutzfische schädlich werden. Verwertbare Fänge im Niederelbe- und Ostseegebiet.

104. Schrätzer

Acerina schraetzer (Linné)

Kennzeichen: Langgestreckter Körper mit großem, zugespitztem Kopf. Kiemendeckel mit langem Dorn. Rückenflossen miteinander verbunden. Rücken und Seiten gelb, mit 3—4 schwarzen, häufig in Striche oder Punkte aufgelösten Längsstreifen. Haut schleimig, Kopf mit flachen Schleimgruben. Durchschnittslänge: 15—25 cm. Max. 30 cm lang und 250 g schwer.
Der Schrätzer kommt nur im Donaugebiet vor. Er hält sich meist an tiefen Stellen mit Sand- oder Kiesgrund in Bodennähe auf. Nahrung: Würmer, Kleinkrebse, Insektenlarven, Fischlaich. Laichzeit: April—Mai. Die Eier haften in breiten Streifen an Steinen, versunkenem Astwerk etc.

105. Zingel

Aspro zingel (Linné)

Kennzeichen: Spindelförmiger, fast drehrunder Körper. Spitzer Kopf mit unterständigem Mund. Getrennte Rückenflossen, die 1. mit 13—15 Stachelstrahlen. Schwanzstiel kürzer als die Basis der 2. Rückenflosse. Körper mit unregelmäßigen, verwaschenen Querbinden.
Mittlere Länge: 15—20 cm. Max. bis 50 cm lang.
Der Zingel bewohnt seichte Uferpartien im Bereich der Flüsse Donau, Prut und Dnjestr. Tagsüber liegt er meist zwischen Steinen und in Höhlungen versteckt, nachts aber wird er lebhafter und gleitet mit ruckartigen Bewegungen am Boden entlang. Er kann seinen Kopf nach den Seiten hin und die Augen unabhängig voneinander bewegen. Nahrung: Bodentiere, Fischlaich und -brut. Laichzeit: März—April. Die Eier (ca. 5000, 1,5 mm ⌀) werden an starkströmenden Stellen über Kiesgrund abgesetzt.

106. Streber

Aspro streber Siebold

Kennzeichen: 1. Rückenflosse mit 8 bis 9 Stachelstrahlen. Auffallend langer, dünner, drehrunder Schwanzstiel, etwa so lang wie die Basis der 2. Rückenflosse. 4—5 deutliche, dunkle Querbinden. In der Laichzeit Körper mit grünem Bronzeglanz. Die Schwimmblase ist völlig rückgebildet.
Größe: 12—18 cm, max. ca. 22 cm lang. Grundfisch, vor allem an seichten Stellen mit Kiesgrund im Gebiet der Donau und des Wardar (*A str. balcanicus* Karaman). Ähnliche Lebensweise wie der Zingel. Nahrung: kleine Bodentiere. Laichzeit: März—April. Die Eier (2 mm Dm.) haften an Steinen. Ohne wirtschaftliche Bedeutung.

20 cm

◇ **104. SCHRÄTZER**
Acerina schraetzer (Linné)

28 cm

◇ **105. ZINGEL**
Aspro zingel (Linné)

12 cm

◇ **106. STREBER**
Aspro streber Siebold

107. Rhone-Streber

Aspro asper (LINNÉ)

Kennzeichen: Ähnelt dem Streber.
1. Rückenflosse mit 8 Stachelstrahlen.
Schwanzstiel kürzer als die Basis der
2. Rückenflosse. Hinterkörper meist
mit 3 deutlichen, unregelmäßigen,
dunklen Querbinden.
Größe: 15—22 cm.
Kommt nur im Rhonegebiet in klaren,
reinen Fließgewässern vor, in denen er
seichte, kiesige Uferstellen bevorzugt.
Wie die anderen *Aspro*-Arten ist er ein
Nachttier. Nahrung: kleine Bodentiere,
Fischlaich und gelegentlich auch kleine
Fische. Laichzeit: März—April. Über
die Lebensweise dieses Fisches ist sonst
nichts Näheres bekannt.

108. Groppenbarsch

Romanichthys valsanicola

DUMITRESCU, BANARESCU, STOICA

Kennzeichen: Groppen-ähnlicher, keulenförmiger Körper mit großem, abgeplattetem Kopf. Unterständiger, kleiner Mund. Die relativ großen Augen
sind nach oben gerichtet. Getrennte
Rückenflossen. Im Gegensatz zur
Groppe ist der Körper vollständig beschuppt. Wird bis ca. 12 cm lang.

Dieser interessante, kleine Barsch wurde erst 1957 aus dem Oberlauf des
Arges und seinen Zuflüssen Vilsan und
Riul Doamnei (Rumänien, Einzugsgebiet der Donau) beschrieben. Man findet ihn dort, zusammen mit Groppen,
tagsüber unter Steinen verborgen an
starkströmenden Stellen (Forellen- und
Äschenregion). Er liebt kühles, klares
Wasser mit steinigem oder sandigem
Grund. Seine Lebensweise und Verbreitung sind jedoch noch wenig erforscht.

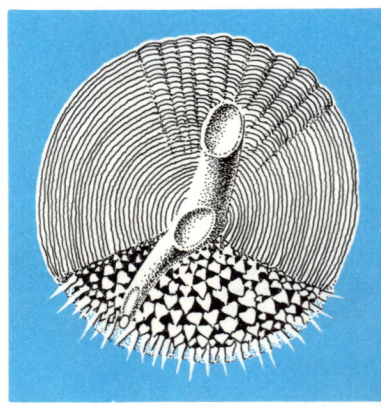

*Schuppe (0,6 mm ⌀) aus der Seitenlinie
eines Groppenbarsches*

16 cm

107. RHONE-STREBER
Aspro asper (LINNÉ)

Nahrung (Schrätzer, Zingel, Streber, Rhone-Streber):

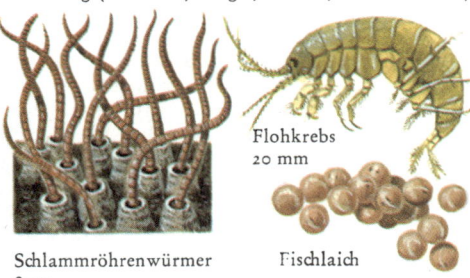

Köcherfliegenlarve 18 mm

Flohkrebs
20 mm

Schlammröhrenwürmer
8 cm

Fischlaich

Fischbrut 25 mm

11 cm

108. GROPPENBARSCH
Romanichthys valsanicola DUMITRESCU, BANARESCU, STOICA

Aufsicht

SONNENBARSCHE

Die Sonnenbarsche *(Centrarchidae),* nahe Verwandte der echten Barsche, bewohnen die Binnengewässer Nordamerikas. Vertreter dieser Familie werden bei uns als Aquarien-, seltener als Nutzfische gehalten. Einige Arten kommen heute auch, planmäßig ausgesetzt oder in der Umgebung von Zuchtanstalten verwildert, in freien europäischen Gewässern vor.

109. Forellenbarsch

Micropterus salmoides (LACÉPÈDE)

Kennzeichen: Seitlich stark zusammengedrückter, gestreckter Körper mit großem Kopf. Sehr weite Mundspalte mit vorstehendem Unterkiefer. Vorderer, stacheliger Teil der Rückenflosse niedriger als der hintere. Kopf und Rückenflossenansatz beschuppt. Jüngere Tiere mit dunkler, unregelmäßiger Längsbinde.

Im Gegensatz zu seinem nächsten Verwandten, dem ebenfalls eingeführten Schwarzbarsch (*M. dolomieui* Lacépède, s. Abb. 110) reicht beim Forellenbarsch der Oberkiefer bis hinter das Auge.

Mittlere Länge: 40—60 cm. In Nordamerika wird der Forellenbarsch bis zu 90 cm lang und über 10 kg schwer. Am besten gedeiht er in warmen, tiefen Seen und langsamfließenden Gewässern. Während sich die Jungfische in der Uferregion zwischen den Pflanzenbeständen aufhalten, suchen die älteren Tiere tiefere Stellen mit Versteckmöglichkeiten auf.

Im erwachsenen Zustand ernähren sich die Forellenbarsche hauptsächlich von Fischen. Daneben besteht ihre Nahrung aus Würmern, Kleinkrebsen, Insektenlarven, Schnecken, Kaulquappen und Fröschen.

Laichzeit: März—Juli. Das Männchen baut in 1—2 m Tiefe eine große, flache Laichgrube (meist 60—100 cm ⌀), die sorgfältig gereinigt und mit Pflanzenteilen austapeziert wird. In dieses Nest legt das Weibchen etwa 1000—4000 Eier ab. Brutdauer: 8—14 Tage. Laich und Brut werden von beiden Eltern bewacht. Die Jungfische wachsen sehr schnell; am Ende des 1. Jahres sind sie bereits 7—15 cm lang und 10—50 g schwer. Die Geschlechtsreife wird bei einer Länge von 25—30 cm ($1/2$—1 kg) im zweiten bis dritten Lebensjahr erreicht.

Nur in Rußland von geringer wirtschaftlicher Bedeutung. Wird mitunter als Nebenfisch in Teichen gehalten.

111. Sonnenbarsch

Lepomis gibbosus (LINNÉ)

Kennzeichen: Hoher, seitlich stark zusammengedrückter Körper. Ungeteilte Rückenflosse. Kleiner, etwas oberständiger Mund. Häutiger Anhang des Kiemendeckels mit einem schwarzen und roten Fleck. Bis 30 cm lang.

1887 aus Nordamerika eingeführt, kommt der Sonnenbarsch heute an vielen Stellen in Mittel- und Südeuropa vor. Er bevorzugt warme, ruhige, stark verkrautete Gewässer. Seine Nahrung besteht aus Kleinkrebsen. Insekten, Fischlaich und -brut. Laichzeit: Mai bis Juni. Die Eier werden an seichten Uferstellen in flache Laichgruben abgelegt und, ebenso wie später die Brut, von beiden Eltern bewacht. — Ein naher Verwandter, *L. cyanellus,* kommt in der Umgebung von Frankfurt/Main vor.

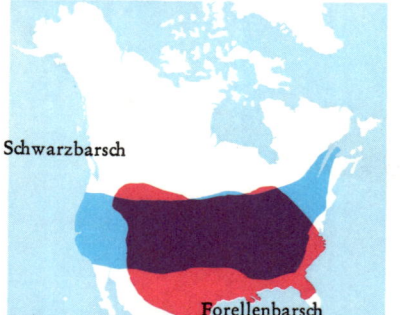

Schwarzbarsch

Forellenbarsch

26 cm

(◇) 109. FORELLENBARSCH
Micropterus salmoides (LACÉPÈDE)

Nährtiere:

Wasserassel 12 mm

Libellenlarve
30 mm

Jungkarausche 5 cm

Kaulquappe 6 cm

(◡) 110. SCHWARZBARSCH
Micropterus dolomieui
LACÉPÈDE

9 cm

(◇) 111. SONNENBARSCH
Lepomis gibbosus (LINNÉ)

Nährtiere:

Köcherfliegenlarve
6 mm

Wurm 5 mm

Wasserfloh 1 mm   Hakenkäfer 2 mm

ÄHRENFISCHE

Mit den Meeräschen verwandte, meist kleine Fische, die vor allem in tropischen und subtropischen Meeren, seltener im Süßwasser und in gemäßigten Breiten auftreten. Die Vertreter dieser Familie *(Atherinidae)* besitzen zwei kurze, weit getrennte Rückenflossen und ein breites, silberglänzendes Band längs der Körperseiten.

In europäischen Gewässern sind vier Arten heimisch: *Atherina presbyter* Cuvier (Westliches Mittelmeer bis dänische Küste), *A. hepsetus* Linné (Mittelmeer — Schwarzes Meer), *A. boyeri* Risso (Mittelmeer) und die folgende Art.

112. Kleiner Ährenfisch

Atherina mochon Cuvier

Kennzeichen: Beginn der 1. Rückenflosse unmittelbar hinter dem Ende der Brustflossen und über der Mitte der Bauchflossenbasis. Das Silberband nimmt die aneinanderstoßenden Hälften der 4. und 5. Schuppenlängsreihe ein. Bis 12,5 cm lang.

Der Kleine Ährenfisch bewohnt die Küstengewässer und zahlreiche Zuflüsse des Mittelmeeres, außerdem eine Reihe von italienischen Seen und den Albufera-See in Spanien. Im Schwarzen und Kaspischen Meer ist er durch eine besondere Unterart, *A. m. pontica* Eichwald vertreten.

Seine Nahrung besteht vorwiegend aus Planktonorganismen. Im Schwarzen Meer ernährt er sich auch von kleinen Bodentieren (Zuckmückenlarven u. a.). Laichzeit: April—August. Die Eier (1,9 mm ⌀) haften mit ihren haarförmigen Anhängen an Pflanzen.

Ährenfische

MEERÄSCHEN

Diese Familie *(Mugilidae)* umfaßt überwiegend marine Fische mit abgeplattetem, beschupptem Kopf, zwei kurzen, weit getrennten Rückenflossen (die 1. mit 4 Stachelstrahlen) und 6 bis 9 dunklen Streifen längs der Körperseiten. Der kleine Mund ist mit feinen Bürstenzähnen ausgestattet oder völlig zahnlos. Die dichte Kiemenreuse weist 60—140 Fortsätze am 1. Kiemenbogen auf. Der Körper ist mit relativ großen Schuppen bedeckt, eine durchgehende Seitenlinie fehlt.

Die meisten Arten werden etwa bis zu 50 cm, einige bis zu 70 cm lang. Die Familie ist mit etwa 100 Arten in tropischen und subtropischen Meeren weit verbreitet. Es sind lebhafte Schwarmfische, die sich meist im Flachwasser über weichem Grund und reichlichem Pflanzenwuchs aufhalten. Von dort dringen sie gern in die Lagunen und Flußmündungen ein. Junge Meeräschen ernähren sich vorwiegend von Planktonorganismen, ältere Fische von kleinen Bodentieren (Würmer, Kleinkrebse, kleine Weichtiere) und Pflanzenteilen. In Anpassung an ihre Ernährungsweise besitzen sie einen Muskelmagen, in dem die Nahrung zerrieben wird, und einen sehr langen Darmkanal.

Die Fortpflanzungsweise der Meeräschen ist nur ungenügend erforscht. Große wirtschaftliche Bedeutung.

Meeräschen

11 cm

112. KLEINER ÄHRENFISCH
Atherina mochon CUVIER

26 cm

◇ 113. DICKLIPPIGE MEERÄSCHE
Mugil chelo CUVIER

Dicke Oberlippe, mit 2—3 Reihen kleiner Hautwarzen besetzt

Schmale
Kehlspalte

114. *Mugil labeo* CUVIER

Sehr dicke, glatte Oberlippe,
ungefähr so hoch wie
der Augendurchmesser

Ovale
Kehlspalte

◇ 115. DÜNNLIPPIGE MEERÄSCHE
Mugil capito CUVIER & VAL.

Ohne Goldfleck auf dem
Kiemendeckel

117. GROSSKÖPFIGE MEERÄSCHE
Mugil cephalus LINNÉ

Augen mit dicker
Fettdecke

116. GOLDMEERÄSCHE
Mugil auratus RISSO

Goldfleck hinter dem Auge
und auf dem Kiemendeckel

118. SPRINGMEERÄSCHE
Mugil saliens RISSO

Mehrere Goldflecken auf dem
Kiemendeckel

GRUNDELN

Diese Familie *(Gobiidae)* umfaßt meist kleine, 5—12 cm lange Grundfische, die in der Flachwasserregion vor allem tropischer und subtropischer Meere oft in großer Anzahl angetroffen werden. Einige Arten halten sich auch im freien Wasser auf, andere wiederum bilden stationäre Bestände in Binnengewässern. Die Bauchflossen dieser Fische sind in der Regel zu einem saugnapfartigen Trichter verwachsen, der das Anheften an eine feste Unterlage ermöglicht. Die Eier werden als Grundlaich an Pflanzen, Steinen oder in leeren Muschelschalen abgelegt und vom Männchen bewacht.

Die kleinste bisher bekannte Grundelart ist *Pandaka pygmaea* Herre (Philippinen) mit einer Höchstlänge von 11,5 mm.

119. Canestrini-Grundel

Pomatoschistus canestrini (NINNI)

Kennzeichen: Gedrungener Körper; stumpfe Schnauze mit dicken Lippen. Ansatz der Brust- und Schwanzflosse, Kopfoberseite und Kinn dunkel gefärbt. Rücken und Seiten mit zahlreichen, kleinen, dunklen Flecken. Männchen bisweilen mit 6 undeutlichen Querbinden über der Körpermitte. Bis 5,5 cm lang. Süßwasserform (Venedig, Jadro bei Split).

120. Panizza-Grundel

Padogobius panizzai (VERGA)

Kennzeichen: Schlanker Körper mit zugespitztem Kopf. Dunkle Flecken oder verschwommene, dunkle Querbinden auf den Körperseiten. Kinn dunkel gefärbt. 1. Rückenflosse des Männchens mit schwarzem Fleck. Höchstlänge: 5,5 cm. Kommt in Binnengewässern Norditaliens (Einzugsgebiet der Adria) vor. *P. nigricans*, eine nahverwandte Art, lebt ebenfalls im Süßwasser (Ligurien; Arno, Ombrone, Tiber).

121. Kessler-Grundel

Gobius kessleri GÜNTHER

Kennzeichen: Großer, abgeplatteter Kopf mit dicken Lippen und deutlich vorstehendem Unterkiefer. Kopfoberseite und Kiemendeckel mit Schuppen bedeckt. Bauchflossen zugespitzt. Höchstlänge: 22 cm.
Steigt in die Zuflüsse des Schwarzen und Kaspischen Meeres auf. Wirtschaftlich wichtig.

122. Marmorierte Grundel

Proterorhinus marmoratus (PALLAS)

Kennzeichen: Gedrungener Körper mit hohem Kopf. Vordere Nasenöffnungen in Form von zwei bartfadenähnlichen Röhrchen. Bis 11,5 cm lang.
Schwarzes und Kaspisches Meer sowie deren Zuflüsse. In der Donau bis zur March und im Neusiedlersee.

123. Süßwasser-Blennius

Blennius fluviatilis ASSO

Kennzeichen: Langgestreckter Körper mit nackter, schleimiger Haut (Schleimfische, Familie *Blenniidae).* Rücken- und Afterflosse lang. Bauchflossen kehlständig, mit 3 Flossenstrahlen. Kurze, verzweigte Augententakeln. Männchen zur Laichzeit mit hohem Kamm auf dem Kopf. In beiden Kiefern eine kräftig entwickelte Zahnreihe; große, gekrümmte Eckzähne. Färbung je nach Aufenthaltsort und Stimmung der Tiere verschieden. Mittlere Länge: 8—10 cm. Max. 15 cm lang.
Diese lebhaften, neugierigen Bodenfische bewohnen klare Seen und Fließgewässer im Mittelmeergebiet. Dort bauen sie sich an flachen Uferstellen unter Steinen oder leeren Muschelschalen ihre Wohnhöhlen. Nahrung: kleine Bodentiere. Die an der Decke seiner Höhle abgelegten Eier (1 mm $\emptyset$) werden vom Männchen bewacht und betreut.

Männchen 5 cm

119. CANESTRINI-GRUNDEL
Pomatoschistus canestrini (NINNI)

171

Männchen 5 cm

120. PANIZZA-GRUNDEL
Padogobius panizzai (VERGA)

9 cm

121. KESSLER-GRUNDEL
Gobius kessleri GÜNTHER

7 cm

122. MARMORIERTE GRUNDEL
Proterorhinus marmoratus (PALLAS)

Weibchen 11 cm

123. SÜSSWASSER-BLENNIUS
Blennius fluviatilis ASSO

Männchen

124. Groppe, Koppe

Cottus gobio LINNÉ

Kennzeichen: Keulenförmiger, schuppenloser Körper. Breiter, abgeflachter Kopf mit weiter Mundspalte; Kiefer und Pflugscharbein mit kleinen Bürstenzähnen besetzt. Kiemendeckel mit kräftigem, gekrümmtem Dorn. Hochliegende Augen. Zwei getrennte Rückenflossen, die 1. kürzer, stachelstrahlig. Große Brustflossen. Bauchflossen brustständig, weißlich, ohne Querbinden; innerer Gliederstrahl länger als die Hälfte des äußeren. Die Seitenlinie verläuft in der Seitenmitte bis zum Schwanzflossenansatz. Schwimmblase fehlend. Männchen mit Genitalpapille. Größe: 10—15 cm, max. 18 cm lang.

Die Groppe bewohnt, oft mit der Schmerle vergesellschaftet, seichte, sauerstoffreiche Fließgewässer mit rascher Strömung (Forellenregion) und die Uferzone klarer, hochgelegener Seen (in den Alpen bis über 2000 m Höhe) mit steinigem Grund; in der Ostsee geht sie auch ins Brackwasser. Als typischer Boden- und Dämmerungsfisch hält sie sich tagsüber meist in ihren Verstecken unter Steinen oder Wurzelwerk auf. Aufgescheucht huscht sie im Zickzack nur eine kurze Strecke dicht über dem Boden dahin, um alsbald wieder in einem Schlupfwinkel zu verschwinden. Nahrung: kleine Bodentiere, Fischlaich und -brut.

Laichzeit je nach Wohngewässer: Febr. bis Mai. Nach einem eigenartigen Liebesspiel legt das Weibchen etwa 100 bis 200 orangefarbene Eier (2—2,5 mm ∅) in kleine, vom Männchen unter oder zwischen Steinen vorbereitete Laichgruben ab. Das klumpenförmige Gelege wird vom Männchen bewacht und betreut. Brutdauer: 4—6 Wochen. Die 6—7 mm langen Larven besitzen einen großen, runden Dottersack, von dessen Vorräten sie sich während der ersten 10—12 Tage ernähren. Die Jungfische sind sehr schnellwüchsig. Geschlechtsreif am Ende des 2. Jahres.

125. Sibirische Groppe

Cottus poecilopus HECKEL

Auch Buntflossengroppe oder Ostgroppe genannt.

Kennzeichen: Bauchflossen mit dunklen Querbinden; innerer Gliederstrahl kürzer als die Hälfte des äußeren, der bis zur Afteröffnung reichen kann. Die oberhalb der Seitenmitte verlaufende Seitenlinie reicht nur bis unter die 2. Rückenflosse. Ansonsten im Körperbau und äußerem Erscheinungsbild der gewöhnlichen Groppe sehr ähnlich. Größe: 8—12,5 cm lang.

Die Sibirische Groppe bewohnt ebenfalls klare Gewässer mit Sand- oder Kiesgrund. Sie wird mitunter auch in größeren Tiefen angetroffen.

126. Vierhörniger Seeskorpion

Myoxocephalus quadricornis (LINNÉ)

Kennzeichen: 4 graugelbe, rauhe Knochenhöcker auf dem Kopf. Schnauze mit 2, vorderer Kiemendeckel mit 4 Dornen.

Höchstlänge: 60 cm (Bering-Straße). Die Süßwasserrassen werden oft nur 10—15 cm lang.

Bodenfisch mit circumpolarer Verbreitung, der sich vorwiegend von Kleinkrebsen und Würmern ernährt. Während der letzten Eiszeit reichte sein Verbreitungsgebiet viel weiter nach Süden; nach dem Rückzug des Eises blieben viele lokale Stämme in Binnenseen zurück, da ihnen der Zugang zum Meer abgeschnitten worden war. Es gelang ihnen, sich den veränderten Umweltbedingungen anzupassen. Daher findet man den Vierhörnigen Seeskorpion als Reliktform in den tiefen, kalten Seen Nordamerikas und Nordeuropas vor. Da die Bestände untereinander isoliert leben, entstanden zahlreiche, oft zwerghafte geographische Rassen. Die charakteristischen »Hörner« bleiben bei den im Süßwasser vorkommenden Formen kleiner als bei ihren Verwandten im Meer.

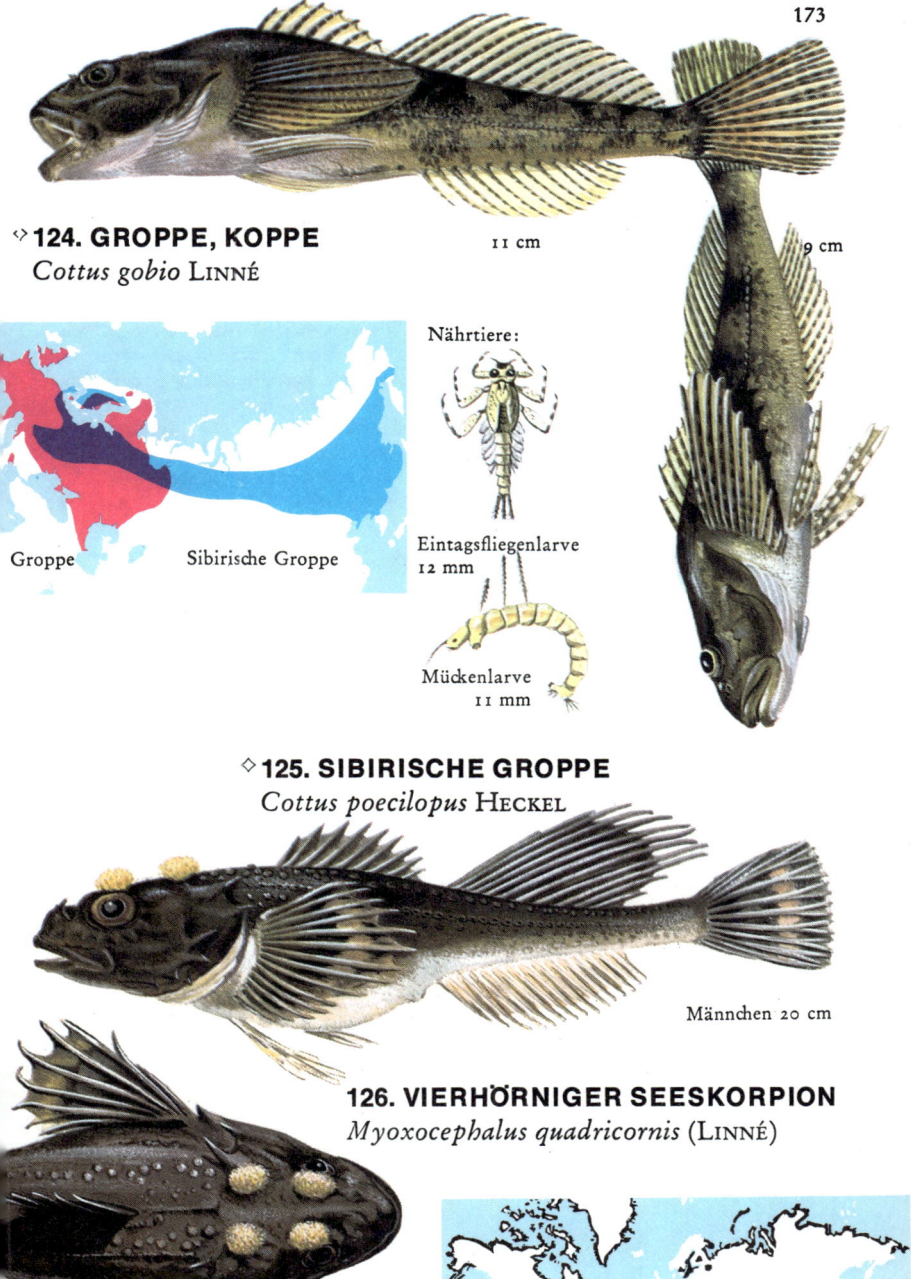

11 cm

9 cm

◇ **124. GROPPE, KOPPE**
Cottus gobio LINNÉ

Groppe Sibirische Groppe

Nährtiere:

Eintagsfliegenlarve
12 mm

Mückenlarve
11 mm

◇ **125. SIBIRISCHE GROPPE**
Cottus poecilopus HECKEL

Männchen 20 cm

126. VIERHÖRNIGER SEESKORPION
Myoxocephalus quadricornis (LINNÉ)

Aufsicht

127. Dreistachliger Stichling

Gasterosteus aculeatus LINNÉ

Kennzeichen: 3 einzelne, bewegliche Stacheln auf dem Rücken. Bauchflosse mit kräftigem Stachel. Seitenlinie von Knochenplatten bedeckt; je nach dem Grad der Panzerung werden 3 Formen unterschieden: 1. *forma trachurus,* mit Platten längs der ganzen Seitenlinie. 2. *forma semiarmatus,* mit Platten nur auf dem Rumpf und Schwanzstiel. 3. *forma leiurus,* mit Platten nur auf der Brustseite. (Nach neueren Untersuchungen sind die *semiarmatus*-Fische Bastarde zwischen den beiden anderen Formen). Größe: 5—8 cm, marine Wanderformen bis 11 cm lang.

Die Wanderformen (*f. trachurus* und *f. leiurus* sowie deren Kreuzungsprodukt *f. semiarmatus)* ziehen im Frühjahr aus den Küstengewässern ins Süßwasser, um dort in der Zeit von März—Juli abzulaichen. Das vorher silberfarbene Männchen hat nun ein lebhaft gefärbtes Hochzeitskleid angelegt und beginnt aus Pflanzenfasern, die durch ein klebriges Nierensekret verfestigt werden, am Boden ein Nest zu bauen. Nach dessen Fertigstellung treibt es nacheinander mehrere der herumstreifenden Weibchen in sein Nest, in dem diese einen Teil ihrer 100—4000 Eier ablegen, die sogleich vom Männchen besamt werden. Nach der Eiablage werden die Weibchen vom Nest verjagt; das Männchen übernimmt allein die Pflege und Bewachung des Geleges (300—1000 Eier). Es repariert das Nest, vertreibt Laichräuber und fächelt den Eiern mit seinen Brustflossen Frischwasser zu. Je nach Wassertemperatur schlüpfen die Jungen nach 4—27 Tagen. Die Jungen halten sich noch etwa 1 Woche im bzw. am Nest auf, ehe sie in oft großen Schwärmen auf der Jagd nach Kleintieren zwischen den Pflanzenbeständen umherstreifen. Im Laufe des Sommers wandern sie dann in die Küstengewässer ab.

Die stationären isolierten Bestände in geschlossenen Binnengewässern bestehen fast ausschließlich aus der schwach gepanzerten *forma leiurus.* Nahrung: Würmer, Kleinkrebse, Insektenlarven, Fischlaich und -brut. Geschlechtsreif am Ende des 1.—2. Jahres.

Futterfische für Lachse, Aale und Dorschfische. Trangewinnung.

128. Zwergstichling

Pungitius pungitius (LINNÉ)

Kennzeichen: 7—12 einzelne Stacheln auf dem Rücken. Knochenplatten nur auf dem Schwanzstiel.

Größe: 5—7 cm lang.

Standfisch in verkrauteten Tümpeln und Gräben, dringt aber auch in flache Brackwassergebiete vor. Er hält sich meist in Bodennähe auf und versteckt sich bei Gefahr im Schlamm. Laichzeit: April—August. Das Männchen baut sein Nest über dem Boden, zwischen Wasserpflanzen aufgehängt. *P. platygaster* (Kessler) kommt im Gebiet des Schwarzen und Kaspischen Meeres vor.

Zwergstichling

P. Platygaster (KESSLER)

8,5 cm

◇ 127. DREISTACHLIGER STICHLING
Gasterosteus aculeatus LINNÉ

Männchen im Hochzeitskleid

Balz   Nest

Nahrung:

Fischbrut

Laich

Hüpferling
2 mm

6 cm

◇ 128. ZWERGSTICHLING
Pungitius pungitius (LINNÉ)

4,5 cm

129. *Pungitius platygaster* (KESSLER)

130. Flunder, Butt

Platichthys flesus (LINNÉ)

Kennzeichen: Ovaler, stark abgeflachter Körper. Beide Augen auf einer Seite; die Augenseite ist dunkel pigmentiert, die Blindseite meist weiß. Rükken- und Afterflosse lang, Bauchflossen kehlständig, ohne Stachelstrahlen. Schwanzflosse frei. Rauhe Körperoberfläche, dornige Hautwarzen besonders entlang der Seitenlinie und an der Basis der Rücken- und Afterflosse. Seitenlinie über der Brustflosse nur schwach gebogen. In der Regel rechtsäugig, es werden aber auch viele, im Höchstfalle bis zu einem Drittel, »Linksflundern« gefangen. Wo die Flundern gleichzeitig mit den Schollen laichen, z. B. in der südlichen Beltsee, treten Bastarde auf; diese »Blendlinge« besitzen eine etwas glattere Haut als die Flundern und, im Vergleich zu den Schollen, nur undeutlich hervortretende rote Flecken. Derartige Färbungsanomalien werden häufig beobachtet. In ihrem Verbreitungsgebiet bildet die Flunder 6 geographische Rassen. Größe: selten über 30 cm lang und ca. 5 Jahre alt (½ bis 1 kg Gewicht). Max. ca. 50 cm lang, 15—20 Jahre alt und um 3 kg schwer. Gesellig lebender Grundfisch, von der Gezeitenzone bis in ca. 25 m Tiefe, die jüngsten Stadien im flachsten Wasser. Im Sommer halten sich die Flundern gerne auch in Flußmündungen, Lagunen und Fjorden auf. Von dort steigt ein Teil der Individuen oft weit in die Flüsse auf. Bei Einbruch der kalten Jahreszeit verläßt dann die Mehrzahl die Brackwassergebiete und zieht weiter seewärts in tieferes, wärmeres und salzhaltigeres Wasser; ein Teil soll auch in einigen Binnenseen überwintern können.

Die Jungfische ernähren sich hauptsächlich von kleinen Würmern und Krebstieren, die älteren Tiere von Insektenlarven, Schnecken, Muscheln und kleinen Fischen.

Laichzeit: Januar—April. Vor der ersten Laichreife wandern die im Süßwasser lebenden Flundern ins Meer zurück. Das Ablaichen erfolgt in der südlichen Nordsee in 20—40 m, in der westlichen Ostsee (z. B. im Bornholmer Tief) in 40—100 m Tiefe. Eizahl: 400 000 bis 2 Millionen. Eier planktonisch, ca. 1 mm ⌀. Bei einem Salzgehalt von unter 10⁰/₀₀ sinken die Eier ab und verderben zum größten Teil oder werden nicht befruchtet. Die Brutdauer beträgt bei einer Oberflächentemperatur um 10° C 5—7 Tage. Die beim Schlüpfen nur 2,3—3,3 mm langen, durchsichtigen Larven leben bis zu einer Länge von 7—10 mm pelagisch. Noch ehe die Umwandlung zum Plattfisch ganz abgeschlossen ist, nehmen die Jungfische das Bodenleben im Flachwasser der Strandregion auf, wo sie sich während der ersten Wochen von mikroskopisch kleinen Krebsen ernähren. Das Wachstum ist u. a. abhängig von der Dichte des Bestandes und dem Nahrungsangebot. Am Ende des 1. Lebensjahres sind die jungen Flundern bei Bornholm nur ca. 4 cm, im Kattegat dagegen bereits um 12 cm lang. Unabhängig von der Größe, werden die Männchen am Ende des 3., die Weibchen am Ende des 4. Lebensjahres zum ersten Mal laichreif.

Fang mit Stellnetzen, Grundschleppnetzen, Reusen, Waden und Angelgeräten. Stellenweise wertvoller Wirtschaftsfisch. Mehrere Länder haben Mindestmaße und Schonzeiten eingeführt.

28 cm

◇ 130. FLUNDER
Platichthys flesus (LINNÉ)

Ei, kurz vor dem Ausschlüpfen der Larve, 1 mm
Larve mit Dottersack, 2,8 mm
3 pelagische Larven, 4,7 und 10 mm
Bodenstadium, 11 mm

Nährtiere im Meer:

Miesmuschel 15 mm

Borstenwurm
40 mm

Plattmuschel 15 mm

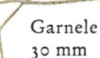

Garnele
30 mm

Grundel

Nährtiere im Süßwasser:

Mückenlarven
12 mm

Flohkrebs
18 mm

Gehörsteinchen 6 mm

FLUSSKREBSE, WOLLHANDKRABBE UND FLUSSPERLMUSCHEL

Da diese wirbellosen Tiere stellenweise wichtige Objekte der Fischerei sind, sollen sie hier im Anschluß an die Süßwasserfische kurz besprochen werden. Als Nahrung für unsere Nutzfische ist die große Zahl der oft winzig kleinen Krebstiere der Boden- und Freiwasserzone für die Fischerei von großer Bedeutung (sog. »Zwischenproduktion«). Daneben sind es nur wenige, größer werdende Arten, die als nutzbares Erzeugnis (»Endproduktion«) unmittelbar eine wirtschaftliche Rolle spielen. Zwei der im folgenden genannten Arten sind ursprünglich nicht in Europa vorgekommen, nämlich der Amerikanische Krebs, der 1890 aus Nordamerika eingeführt worden ist, und die Wollhandkrabbe, die sich, aus China eingeschleppt, rasch verbreitet hat.

131. Edelkrebs

Astacus astacus LINNÉ

Kennzeichen: Kopfbruststück (»Krebsnase«) und Scheren breit; die 2. Antennen (»Fühler«) sind kürzer als der Körper. Das Männchen besitzt kräftigere Scheren, längere Fühler und einen schlankeren, schmäleren, weniger gewölbten Hinterleib (»Schwanz«) als das Weibchen. Außerdem sind bei ihm die beiden vordersten Beinpaare des Hinterleibes zu Hilfsorganen für die Begattung (»Griffel«) umgewandelt; beim Weibchen ist das erste Beinpaar des Hinterleibes rückgebildet.
Größe: Weibchen werden ca. 12 cm (80—85 g), Männchen ca. 16 cm (150 g) lang (bzw. schwer). Alter: 5—15 Jahre. Sichere Altersbestimmungen sind nicht möglich.
Der Edelkrebs bewohnt die Uferzone stehender und fließender Gewässer mit klarem, sauerstoffreichem Wasser, kiesigem oder weichem Grund und ohne allzu dichten Pflanzenwuchs. Am liebsten hält er sich an steilen oder überhängenden Uferböschungen, in die er seine Wohnhöhle gräbt, und an Stellen mit hohlaufliegenden Steinen, Wurzelwerk oder anderen geeigneten Schlupfwinkeln auf. In größeren Flüssen wird er nur selten angetroffen; er meidet aber auch, im Gegensatz zu seinen nächsten Verwandten, dem Steinkrebs *(A. torrentium* Schrank) und dem Dohlenkrebs *(A. pallipes* Lereboullet), starke Strömung und kalte Quellbäche, deren Wassertemperaturen dauernd unter 12° C liegen.

Edelkrebs

Steinkrebs

◇**131. EDELKREBS**
Astacus astacus LINNÉ

10,5 cm

Der Edelkrebs ist ein Dämmerungs- und Nachttier. Erst nach Einbruch der Dunkelheit verläßt er seine Schlupfwinkel und zieht, mit weit auseinandergespreizten Scheren vorwärtsschreitend, auf Raub aus. In bezug auf seine Beute ist er durchaus nicht wählerisch, sondern nimmt alles, was er bewältigen kann: Würmer, Wasserinsekten, Schnecken, Muscheln, Fischlaich, kranke und gefangene Fische, Frösche und Molche. Vor allem greift er die schwächeren Weibchen und die verwundeten oder frischgehäuteten, wehrlosen Artgenossen (»Butterkrebse«) an. Außerdem ernähren sich die jüngeren Krebse von pflanzlichem Plankton und weichen, höheren Wasserpflanzen (Laichkraut, Brunnenkresse u. a.), die älteren auch von kalkreichen, härteren Pflanzen (Armleuchteralgen, Hornkraut u. a.). Während der Wintermonate suchen sie tiefe Uferhöhlen auf und stellen die Nahrungsaufnahme ein. Die gefährlichsten Feinde des Krebses sind die Aale und Quappen, die ihn bis in seine Wohnhöhle verfolgen, ferner die Barsche, Hechte, Döbel, Barben, Rapfen und Welse. Außerdem dezimieren Wasserratten, Bisamratten, Ottern, Enten und Reiher die Krebsbestände. Bei Gefahr flüchtet er in raschen „Sprüngen«« durch kräftiges, schnelles Einschlagen des Hinterleibes nach rückwärts.

Die Paarung erfolgt in der Zeit von Oktober bis November. Bei der Begattung wirft das Männchen, oft nach heftigem Kampf, das Weibchen auf den Rücken und klebt mit Hilfe seiner Begattungsorgane kleine, zylindrische Samenpatronen (Spermatophoren) in der Nähe der weiblichen Geschlechtsöffnungen (Basis des 3. Brustbeinpaares) an. Die Eiablage findet 3–6 Wochen später statt. Das Weibchen schlägt dabei den Hinterleib nach vorne, so daß sich zwischen ihm und dem Vorderkörper ein Hohlraum bildet. In diesen Brutraum werden die Eier (2 bis 3 mm $\varnothing$) zusammen mit einem schaumigen Schleim, der die Spermatophoren auflöst und die Samenzellen aktiviert, ausgestoßen. Die befruchteten Eier (etwa 50–350 Stück) haften traubenförmig an den Schwimmfüßen der Mutter; sie werden rund 26 Wochen lang mit herumgetragen und mit Frischwasser versorgt. Nur etwa 10 bis 20% der abgelegten Eier überdauern diese lange Entwicklungszeit. Die 8 bis 9 mm langen Larven schlüpfen Ende Mai bis Anfang Juli; bis zur 1. Häutung (nach 10–15 Tagen) klammern sie sich mit ihren Scheren an den Schwimmfüßen der Mutter fest. Danach bleiben sie noch etwa 3 Tage bei der Mutter und werden dann selbständig Erst nach der 2. Häutung (3–4 Wochen später) gleichen die Jungen den Erwachsenen. Der Edelkrebs muß, um wachsen zu können, von Zeit zu Zeit seinen starren Panzer abwerfen — er muß sich häuten. Dabei entsteht zwischen dem Kopfbruststück und dem Hinterleib eine Querspalte, durch die er nach rückwärts aus dem Panzer kriecht. Nach der Häutung, die etwa 10–60 Min. dauert, ist der Krebs weichhäutig, völlig wehrlos und kann keine Nahrung aufnehmen. Bis der neue, anfangs faltige Panzer erhärtet ist, versteckt er sich daher in seiner Wohnhöhle (»Butterkrebs«). Während dieser 8 bis 10 Tage nimmt er viel Wasser auf und wird sichtbar größer. Im 1. Lebensjahr häutet sich der Krebs 7–8mal, im 2. Jahr 5mal und im 3. Jahr 2mal. Nach Eintritt der Geschlechtsreife im 4. Lebensjahr häutet sich das Weibchen nur noch 1mal jährlich, das Männchen aber 2mal und wird daher am größten.

Die ursprüngliche Verbreitung des Edelkrebses läßt sich heute kaum noch feststellen, da er, vor allem im Mittelalter, vielerorts ausgesetzt worden ist. Durch die von einem Pilz verursachte Krebspest, die Ende der siebziger Jahre des vorigen Jahrhunderts von Westen her in Mitteleuropa eindrang, sind die Bestände des Edelkrebses weitgehend vernichtet worden.

131. EDELKREBS

Weibchen
mit anhaftenden Eiern

Männchen
mit Begattungsorganen (»Griffel«)

Frischgeschlüpfte Larve 8 mm

Nahrung:

Schlammschnecke
15 mm

Feinde:

Schlammfliegenlarve
30 mm

Barsch

Aal

Köcherfliegenlarve
25 mm

Fischlaich

Quappe

Tausendblatt

Krebsteller und -falle

Fischreiher

Fischotter

132. Sumpfkrebs

Astacus leptodactylus ESCHSCHOLTZ

Galizischer Krebs oder Stachelkrebs. Kennzeichen: Kopfbruststück und Scheren schmal. 2. Antennen länger als der Körper. Panzer schwach verkalkt, weich.

Im Gegensatz zum Edelkrebs wird er beim Kochen nur wenig rot. (Von den im Panzer eingelagerten Pigmenten ist nur der rote Farbstoff hitze- und säurefest, daher sind gekochte Krebse mehr oder weniger rot.) Größe: 11—14 cm.

Der Sumpfkrebs, eine östliche Art, wurde in einigen Gewässern Mitteleuropas nach dem Auftreten der Krebspest zur Auffüllung der Bestände ausgesetzt, da man fälschlicherweise annahm, er wäre gegen diese Krankheit immun. In seiner Lebensweise ähnelt er dem Edelkrebs, ist aber etwas lebhafter als dieser und geht auch tagsüber auf Nahrungssuche. Da er schneller wächst und ungefähr 4mal so fruchtbar ist, verdrängt er vielfach den Edelkrebs aus den Gewässern. Wirtschaftlich von geringerem Wert.

133. Amerikanischer Krebs

Orconectes limosus RAFINESQUE

Kennzeichen: Scheren kleiner als beim Edelkrebs, mit gelben Spitzen. Endglieder der Schreitfüße rot. Jedes Hinterleibssegment mit zwei länglichen, braunroten Flecken.

Größe: 7—9 cm, selten bis 12 cm lang.

Der amerikanische Krebs wurde 1890 durch Max von dem Borne aus dem Osten der USA versuchsweise in Deutschland (Fischteiche an der Mietzel, Neumark) eingeführt. Da er gegen die Krebspest immun ist, hat er sich von dort aus rasch in die norddeutschen Gewässer weiter verbreitet. An vielen Stellen auch ausgesetzt, ist er heute zu einem wichtigen Objekt der Fischerei geworden. Dieser Krebs stellt geringere Ansprüche an seine Wohngewässer als der Edelkrebs. So kann er auch in leicht verunreinigten Flüssen und seichten, pflanzenreichen Buchten mit schlammigem Grund leben. Er gräbt sich keine Wohnhöhle und geht auch tagsüber auf Nahrungssuche. Während der kalten Jahreszeit zieht er sich in seine Winterlager in 3—4 m Tiefe zurück, ohne jedoch die Nahrungsaufnahme einzustellen. Er ernährt sich überwiegend von Wasserpflanzen, Schnecken, Muscheln und Insektenlarven; dabei ergreift er seine Beute nicht mit den Scheren, sondern mit den Kieferfüßen.

Die Begattung findet etwa im September—Oktober bei Wassertemperaturen über 10° C statt, die Eiablage aber erst Ende April bis Mitte Mai. Die Eier kleben wie beim Edelkrebs an den Schwimmfüßen des Weibchens fest. Eizahl: 200—400. Davon entwickeln sich innerhalb von 5—8 Wochen im Durchschnitt 100, etwa 4 mm lange Larven. Sie werden erst nach der 2. Häutung zu selbständigen Jungkrebsen, die sich bis zu einer Länge von 2,5 cm anfangs hauptsächlich von Fadenalgen, später von Zuckmückenlarven ernähren. Die weitere Entwicklung vollzieht sich sehr schnell: schon im Herbst werden die 5 Monate alten Krebse bei einer Länge von 5—6 cm geschlechtsreif. Die Weibchen laichen jedes Jahr einmal ab. Erwachsene Tiere häuten sich im Jahr dreimal.

Vom fischereilichen Standpunkt aus bietet der amerikanische Krebs, verglichen mit dem Edelkrebs, sowohl Vor- als auch Nachteile. Als vorteilhaft gelten: hohe Vermehrungsrate, schnelles Wachstum, Anspruchslosigkeit gegenüber der Wasserqualität und bessere Fangmöglichkeiten. Nachteilig wirken sich dagegen die geringe Größe, die mindere Qualität und vor allem die Eigenschaft des »Amerikaners« aus, den wertvolleren Edelkrebs aus den Gewässern, in denen beide Arten vorkommen, zu verdrängen.

◇) 132. SUMPFKREBS
Astacus leptodactylus ESCHSCHOLTZ

13 cm

7 cm

◇) 133. AMERIKANISCHER KREBS
Orconectes limosus RAFINESQUE
(= Cambarus affinis Say)

184

134. Wollhandkrabbe

Eriocheir sinensis MILNE-EDWARDS

Kennzeichen: Rückenpanzer breit, fast quadratisch; Hinterleib nach vorn umgeschlagen. Scheren, vor allem beim Männchen, mit dichtem Haarpelz. Größe: Rückenpanzer bis etwa 9 cm breit.

Die Wollhandkrabbe ist aus den Mündungsgebieten der großen Flüsse Chinas, wahrscheinlich durch Ballastwasser, in deutsche Häfen der Nordseeküste (Weser oder Elbe) eingeschleppt worden und hat sich von dort aus rasch weiter verbreitet. In Europa wurde sie zum ersten Mal 1912 und zwar in der Aller entdeckt.

Als ausgeprägtes Nachttier gräbt sie sich in Uferböschungen und Dämmen lange Wohnhöhlen, in denen sie sich tagsüber verbirgt. Ihre Nahrung besteht überwiegend aus Wasserpflanzen, daneben auch aus kleinen Bodentieren (Insektenlarven, Schnecken, Muscheln u. a.). Außerdem dringt sie häufig in Reusen ein und frißt den Köder oder greift die gefangenen Fische an. Die Entwicklung und Wanderungen der Wollhandkrabbe sind im Elbegebiet näher untersucht worden: ab Mitte Juli wandern die erwachsenen Krabben flußabwärts, wobei sie täglich 8 bis 12 km zurücklegen. Die Männchen kommen im Sept.—Okt. als erste in dichten Scharen in der Elbmündung an und bilden dort im Gebiet von Brunsbüttel einen etwa 20 km langen Gürtel. Die später eintreffenden Weibchen werden beim Durchqueren dieses Gürtels begattet. Eizahl: 300 000 bis 900 000 je nach Weibchengröße. Die Eier haften an den Beinpaaren der 2. bis 5. Hinterleibssegmente und werden von Mitte November bis Mai—Juni mit herumgetragen. Damit sie sich entwickeln können, muß das Brutgebiet einen Salzgehalt von mindestens 15 % aufweisen. Nach dem Ausschlüpfen der Larven gehen fast alle Muttertiere zugrunde.

Die 1., planktische Larvenform (Zoëa) geht über 3 weitere planktische Stadien (Metazoëa) und der bereits aktiv schwimmenden und laufenden sog. Megalopa-Larve in die 2,5—3 mm lange Jungkrabbe über, die ab Okt. im Gezeitengebiet der Unterelbe auftritt. Erst im übernächsten Frühjahr wandern dann die 20—25 mm langen Krabben in großen Schwärmen stromaufwärts. Ihre Wanderung erfolgt bei Nacht und vor allem im tiefen Wasser, wobei sie die Wehre auf dem Land umgehen. Im September wird die Havelmündung erreicht; viele von ihnen sind bereits vorher in Nebengewässer abgewandert, andere wiederum dringen nun ins Havelgebiet ein, um dort bis zur Reife zu verbleiben. Die in der Elbe verbliebenen Krabben setzen nach der Überwinterung im nächsten Frühjahr ihre Wanderung fort und erreichen etwa im August als 28—54 mm lange Tiere die Saale. Nur eine geringe Zahl zieht nach der Überwinterung erneut stromaufwärts und erreicht Dresden oder sogar Prag.

Großer Fischereischädling. Verwendung als Futter- und Düngemittel.

8 cm

134. WOLLHANDKRABBE
Eriocheir sinensis MILNE-EDWARDS

135. Flußperlmuschel

Margaritana margaritifera (LINNÉ)

Kennzeichen: Schale dunkelbraun bis schwarz, nierenförmig, sehr dickwandig. Wirbel kaum hervortretend, meist stark zerfressen. Schloß ohne Seitenzähne, Hauptzähne kurz. Innenseite der Schalen mit einer bläulich-weißen Perlmutterschicht überzogen. Wird etwa 12 cm lang und 60 Jahre alt.

Die Flußperlmuschel bewohnt kühle, raschfließende Bäche der Urgebirge und Sandsteinformationen mit kalkarmem Wasser und Sand- oder Steingrund (Forellenregion). Sie meidet schlammigen Boden und ist gegen Verschmutzung ihres Wohngewässers sehr empfindlich. Im Sommer dürfen Wassertemperaturen von 13—14° C nicht überschritten werden.

An einer geschützten Stelle gräbt sie sich mit ihrem Fuß, das spitze Hinterende der Strömung zugekehrt, in den Sand ein. Vor allem die älteren Tiere sind sehr standorttreu; sie bilden manchmal so dicht gedrängte Kolonien, daß der Bachboden wie gepflastert erscheint. Ihre Nahrung besteht aus kleinsten Planktonpflanzen, -tieren und Detritus, die sie aus dem aufgesogenen Atemwasser filtrieren. Wie die Teich- und Malermuschel weist die Flußperlmuschel eine eigenartige Form der Brutpflege und Verbreitung auf: die Eier gelangen aus den Eierstöcken in die Interlamellarräume der Kiemen, wo sie von den mit dem Atemwasser aufgenommenen Samenzellen befruchtet werden. Eizahl: 500 000—1 Million. Sie entwickeln sich im Laufe von etwa 4 Wochen zu winzigen Larven (Glochidien), die 2 dreieckige, mit einem beweglichen Haken ausgerüstete Schalen und einen langen Haftfaden besitzen. Gegen Ende Juli—August werden sie von der Mutter durch die Kloakenöffnung in das Wasser ausgestoßen, wobei ihre Eihülle platzt und die Tiere frei werden. Damit sie sich weiterentwickeln können, müssen sie

mit dem Atemwasser an die Kiemen von Fischen (Forellen, Elritzen u. a.) gelangen, an denen sie sich festsetzen. (Teichmuschellarven dagegen heften sich meist an die Flossenränder der Fische: sie liegen in kleinen Klumpen auf der Schlammoberfläche und klappen, sobald ein Fisch näherkommt, rasch ihre Schalen auf und zu. Nur wenigen gelingt es, eine Flosse zu berühren und ihr Schalenhakenpaar in diese hineinzuschlagen; die anderen gehen nach wenigen Tagen zugrunde.) Die Haut des befallenen Fisches umwuchert in kurzer Zeit die angeheftete Larve; es bildet sich eine kleine Kapsel (Zyste), in der das Glochidium liegt und sich als Parasit von Wirtsgewebe, das durch Fermente aufgelöst wird, ernährt.

Die Entwicklung der Larven dauert, je nach den Wassertemperaturen, 2 bis 10 Wochen. Dann platzt die Zystenhülle und die fertigen, kleinen Muscheln fallen zu Boden, wo sie mit Hilfe ihres muskulösen Fußes lebhaft umherkriechen, um sich einen geeigneten Standort zu suchen.

Flußperlmuscheln wachsen sehr langsam: 6—8 cm lange Tiere nehmen jährlich etwa 1 mm, 8—10 cm lange nur etwa 0,4 mm an Länge zu.

Die Flußperlmuschel ist seit altersher wegen ihrer Fähigkeit, als einzige einheimische Muschelart wertvolle Perlen bilden zu können, bekannt und geschätzt. Schon in Schriften aus der Mitte des 15. Jahrhunderts wird die Perl-

Perlfischerei und mit Perlen geschmückte Kronen und Ringe. Olaus Magnus 1555

◇**135. FLUSSPERLMUSCHEL**

Margaritana margaritifera (LINNÉ)

12 cm

fischerei in deutschen Bächen erwähnt. Um 1570 setzte dann erstmals eine Regelung der Bewirtschaftung der Bäche und eine Übertragung der Muscheln in andere Gewässer ein, so daß dieser Wirtschaftszweig bald in hoher Blüte stand; außerdem wurde der Perlgewinnung von den jeweiligen Landesherren größter Schutz gewährt und schwere Strafen für Perlfrevel verhängt. Nach dem Dreißigjährigen Krieg, der vielerorts schwere Verwüstungen der Muschelbestände durch Plünderungen mit sich brachte, erlebte die Perlfischerei, vor allem dann in der Zeit des Rokoko, von neuem einen gewaltigen Aufschwung, der zur Errichtung königlicher bzw. kurfürstlicher

Regalien (Sachsen, Bayern) führte. Heute sind die Bestände in Mitteleuropa durch Verunreinigung der Gewässer, Bachbegradigungen und rücksichtslosem Raubbau nahezu vernichtet worden. Außerdem wurde die heimische Perlmuschel durch die Einfuhr von Kulturperlen, die vor allem in Japan durch künstliche Eingriffe erzeugt werden, vom Markt verdrängt.

In der Natur kommt auf etwa 2700 Muscheln eine einzige hochwertige Perle. Hierzu müssen kleine Teile der Manteloberhaut ins Innere des Bindegewebes gelangen und dort ihre kalkabsondernde Tätigkeit fortsetzen. Wodurch dies geschieht, ist noch immer unbekannt.

Muschellarve (Glochidium) 0,3 mm

FISCHFEINDE

Neben den zahlreichen Parasiten können auch verschiedene Kleintiere des Wassers, Lurche, Kriechtiere, Vögel und Säugetiere den Fischen und ihrer Brut gefährlich werden. Weitaus mehr wird die Fischereiwirtschaft heute jedoch durch Fischsterben, hervorgerufen durch Einleiten von Abwässern, Schädlingsbekämpfungs- und Pflanzenvernichtungsmittel, geschädigt. Eine ganze Reihe dieser sog. »Fischfeinde« steht unter strengem Naturschutz.

Fischotter

Gehört zur Familie der Marder. Höchstlänge 1,5 m (12 kg). Nahrung: Krebse, Fische, Lurche, Wasserratten. Wird infolge seiner versteckten Lebensweise nur selten gesehen, verrät sich aber an seinen Ausstiegstellen durch Fischreste, mit Schuppen durchsetzte Losung und durch seine breiten Fußspuren (Schwimmhäute). Kesselförmiger Bau am Ufer, mit mehreren Ausgängen, einer davon stets unter Wasser. Ganzjährig geschützt.

Wasserspitzmaus

Oberseite schwarz, Unterseite weiß gefärbt. Füße und Schwanz mit Schwimmborstensaum. Zahnspitzen rot. Körper 5—6 cm lang. Nahrung: Wasserinsekten, Fischlaich und -brut. Lebt gern in verlassenen Mäuselöchern nahe am Wasser. 2 Generationen jährlich. Ausgezeichnete Schwimmerin.

Fischreiher

Etwa 80 cm großer storchartiger Vogel. Nistet gesellig auf Bäumen in der Nähe von Gewässern. Flugbild S. 189. Beschleicht im seichten Wasser seine Nährtiere (Wasserinsekten, Fische,

Lurche u. a.) und ergreift sie durch rasches Vorschnellen des Schnabels.

Eisvogel

Schießt von einem erhöhten Standort aus ins Wasser hinab, um mit seinem Schnabel Wasserinsekten und Jungfische zu fangen. Baut sein Nest am Ende einer bis zu 1 m langen Röhre in steile Uferböschungen.

Schwimmkäfer

Alle Vertreter dieser Käferfamilie (*Dytiscidae*) und ihre Larven sind sehr gefräßige Räuber. Bei Massenauftreten werden die größeren Arten als Brutschädlinge gefährlich.

Libellenlarven

Räuber, die ihre Beute mit der vorschnellbaren, zu einer Fangmaske umgebildeten Unterlippe ergreifen. Die größeren unter ihnen packen auch Jungfische.

Rückenschwimmer

Wasserwanze, die beim Schwimmen den Rücken nach unten dreht; als Ruderorgane dienen die langen, mit Schwimmhaaren besetzten Hinterbeine. Bauchseite des Körpers behaart, mit silbrig glänzender Luftschicht. Mundgliedmaßen stechend-saugend (Stich schmerzhaft!). Räuber.

Fischegel

Grünlichbraun gefleckter, drehrunder Körper mit zwei großen Saugscheiben und einem ausstülpbaren, spitzen Rüssel. Bis 10 cm lang. Schmarotzt an Fischen verschiedenster Art, manchmal bis zu 100 Stück an einem einzelnen Fisch. Ein Egel saugt in 2 Tagen ca. 160 ccm Blut aus seinem Wirt, der dadurch stark abmagert. Außerdem Überträger des Schlaffsuchterregers.

Wasserspitzmaus 7 cm

Fischotter 80 cm

Eisvogel 16 cm

Fischreiher 90 cm

Libellenlarve 6 cm

Schwimmkäferlarve 5 cm

Fischegel 5 cm

Rückenschwimmer 1,5 cm

GESCHICHTE DER BINNENFISCHEREI

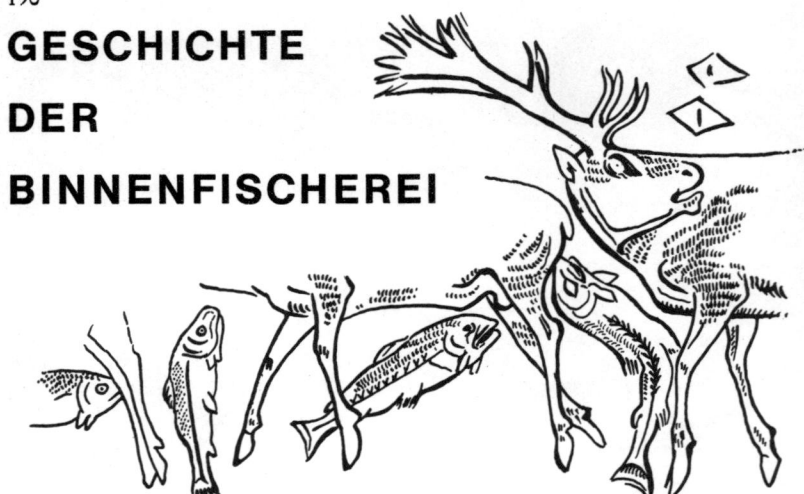

Gravierung auf Rengeweih aus der älteren Steinzeit, gefunden im Dep. Hautes-Pyrénées, Südfrankreich: flüchtende Hirsche, die einen Bach mit Forellen durchqueren.

Der Fischfang ist sicherlich eine ebenso alte Tätigkeit des Menschen wie die Jagd. Schon bei Ausgrabungen aus der jüngeren Steinzeit stoßen wir auf verschiedene Fischereigeräte: aus Stein, Horn, Knochen oder Holz geschnitzte Angelhaken und Fischspeere. Aus verschiedenen Gründen (Zuflucht bei feindlichen Überfällen, Schutz vor wilden Tieren, Hygiene, bequemer Verkehr auf dem Wasser u. a.), nicht zuletzt aber wegen der Fischerei siedelten sich die Menschen damals in Europa vielfach über dem Spiegel von Seen und Flüssen an und errichteten dort ihre Pfahlbauten. Vor einigen Jahren gelang es einem Team dänischer Archäologen eine Sommersiedlung zu entdekken, in der ihre Vorfahren vor etwa 4500 Jahren Barsche, Schleien und Hechte gefangen hatten. Dort fand man ca. 700, in 3–4 Bündeln geordnete Weiden- und Haselnußzweige, die im Juni zum Flechten von Fischreusen abgeschnitten worden waren. Die Bauten waren jeweils bis in den September hinein bewohnt und die Fischerei durch die Jagd auf Fischotter und Biber ergänzt worden.

Zum Fang von Flugwild und kleinen Säugetieren begann man schon in vorgeschichtlicher Zeit Netze zu verwenden. Bald lernte man sie auch zum Fischfang zu gebrauchen und knüpfte engmaschige Netze verschiedenster Art. So stieß man bei Ausgrabungen u. a. in den Schweizer Pfahlbauten auf Reste geknüpfter Fischnetze aus der jüngeren Steinzeit. Daneben wurden natürlich auch die traditionellen Jagdgeräte, Pfeil und Bogen, für den Fischfang benützt.

Je mehr sich die landwirtschaftliche Tätigkeit von Süden und Osten her in den Ländern durchsetzte, um so schneller wuchs die Bevölkerungszahl an; Handel und Transport von Nahrungsmitteln und Gebrauchsartikeln nahmen einen gewaltigen Aufschwung. Neue Bezahlungssysteme entstanden und mit einer immer komplizierter werdenden Gesetzgebung verfeinerte sich auch der Begriff Eigentumsrecht. Nicht zuletzt wegen der vielen rechtlichen Probleme im Zusammenhang mit der Anlage von Be- und Entwässerungskanälen, wie sie für den Ackerbau notwendig geworden waren, wurden Bestimmungen über die wasserrechtliche Einteilung der Gewässer, Eigentumsverhältnisse an ihnen, Benutzung, Ausbau, Unterhalt usw. getroffen; ebenso wurde das Aneignen der als herrenlose Tiere geltende Fische durch ein umfassendes Fischereirecht geregelt: so forderte in Mesopotamien vor etwa 4000 Jahren der Eigentümer einer Fischerei vom Pächter eine Jahresgebühr von 15 kg Silber.

Die Bewässerungskanäle und großen Wasserreservoirs in den alten asiatischen Kulturländern boten gleichzeitig

Angelhaken und Netz aus der Steinzeit

Harpune und Speerspitzen aus Knochen

die Möglichkeit, geeignete Fischarten zu halten und zu züchten, woraus sich im Laufe der Zeit eine rationelle Teichwirtschaft entwickelte. Diese Kenntnisse wurden dann durch die Römer auch in Südeuropa zur Anwendung gebracht. So berichtet Cicero über große Fischbassins, in denen man Speisefische züchtete.

Mittelalter

Im Mittelalter spielten die Süßwasserfische als Nahrungsmittel eine weitaus größere Rolle als heutzutage. Die noch nicht verschmutzten Gewässer beherbergten reiche Fischbestände; außerdem war es damals unmöglich, frische Seefische über weite Strecken zu transportieren. Zwar wurden eingesalzene Seefische im Laufe der Zeit auch ins Binnenland verfrachtet, viel wichtiger war jedoch, daß man sich das ganze Jahr über Frischfische aus den Flüssen und Seen beschaffen konnte. Ihre volle Blüte erreichte die Binnenfischerei zu

Zeiten der Klöster, als sich durch die Tätigkeit der Mönche, vor allem des Benediktinerordens, in Mitteleuropa die Karpfenteichwirtschaft durchzusetzen begann. Später gelangten diese Kenntnisse auch nach England (um 1514), Dänemark (um 1560) und Nordrußland (Petersburg, um 1729).

Vielerorts besaßen nur die adeligen Landesherren und die Kirche das Privileg, die Fischerei auszuüben und feststehende Fischzäune, -wehre und -fallen zu errichten. Diese Rechte wurden vielfach gegen erhebliche Summen verpachtet, so daß die Fischpreise oft höher als die Fleischpreise waren.

Von besonderer Bedeutung für die Binnenfischerei war es, als im Laufe des Mittelalters in den Dörfern und Städten Mühlen gebaut wurden, da die oberhalb davon gelegenen, zur Aufspeicherung von Betriebswasser dienenden Mühlteiche fischereiwirtschaftlich genutzt werden konnten. Hier wurden Schleien, Karpfen und Hechte gehalten; außerdem bot der Mühlschuß eine gute Fangstelle, da sich hier die Fische besonders gerne ansammeln. An den Schleusen wiederum konnten Lattenkästen (Aalfänge) und andere ständige Fischereivorrichtungen angebracht werden. Der Müller hatte die Pachtgebühr in Form von Fischen und Geld zu bezahlen.

Im Gegensatz zur Seefischerei war es möglich, verschiedene Süßwasserfische in hölzernen Versandfässern, deren Wasser an den jeweiligen Gasthöfen erneuert wurde, auch lebend zu transportieren, da eine ganze Reihe von ihnen wenig empfindlich und sehr zählebig ist. Außerdem wurden große Mengen Aale, Lachse und verschiedene andere Fischarten, mit Salz konserviert und als Zahlungsmittel (Pachtgebühren, Steuern, Zinsen usw.) verwendet.

(Olaus Magnus 1555)

Im Mittelalter wurden überall in Europa zahlreiche Mühlen entlang der kleineren Fließgewässer errichtet. In die zur Aufspeicherung von Betriebswasser dienenden Mühlteiche setzte man verschiedene Fischarten ein, die eigentlich für die Bleiregion typisch sind, nämlich Bleie, Schleien, Aale und Hechte. Für den Mühlenbetrieb wurde dadurch eine zusätzliche Einnahmequelle geschaffen.

Abbildung aus einem alten Lehrbuch der Binnenfischerei: Neuw Jag unnd Weydwerck Buch 1582. Männer und Frauen beteiligen sich in einem großen Weiher am Fischfang.

Neuzeit

Gegen Ende des Mittelalters nahm der Fischreichtum in den Wildgewässern immer mehr ab, da die Entnahme an Fischen in einem Mißverhältnis zur natürlichen Nachzucht stand. Hinzu kam, daß die Mechanisierung der Industrie, die so friedlich mit Getreidemühlen begonnen hatte, vor allem dann im 17. Jahrhundert rasch voranschritt und entlang der Fließgewässer nach und nach unzählige Pulver-, Papier-, Tuchfabriken usw. errichtet wurden, die durch Einleiten von Abwasser die Fischbestände weitgehend vernichteten. Die Karpfenzucht erreichte im 17. Jahrhundert ihren Höhepunkt und ging danach ebenfalls zurück. Die großen Karpfenteiche wurden abgelassen und als Ackerland benutzt. Teichwirtschaft wurde vielerorts unrentabel, vor allem weil die Betriebsweise falsch war: es wurden in einem Teich verschiedene Fischarten jeglichen Alters gehalten, wodurch häufig Übervölkerung eintrat und als Folge davon das Wachstum der Fische zurückging (»Femelbetrieb«). In dieser Zeit des Niedergangs der Binnenfischerei stellte zum erstenmal der Gutsbesitzer Jacobi aus Lippe-Detmold Versuche und Beobachtungen über die künstliche Gewinnung und Befruchtung von Forelleneiern, herbeigeführt durch Mischen von Milch und Rogen laichreifer Fische, sowie über die Aufzucht der Forellenbrut an. Obwohl seine Veröffentlichungen aus den Jahren 1763 und 1765 in verschiedene Sprachen übersetzt und in mehreren Lehrbüchern besprochen wurden, gerieten sie bald wieder in Vergessenheit. Erst um 1842 begannen dann zwei aus den Vogesen stammende Fischer, Remy und Géhin, unabhängig von der Jacobischen Versuchen, erneut die künstliche Befruchtung und Erbrütung von Forelleneiern durchzuführen. Sie ernteten große Anerkennung für ihre Versuche und wurden mit Medaillen und Geldunterstützungen belohnt. Von da an finanzierte die französische Regierung die Fortführung der kostspieligen Versuche und errichtete 1854 im Elsaß das »Etablissement de Pisciculture de Huningue«. Diese erste Fischbrutanstalt ging dann 1871 als »Kaiserlich-Deutsche Reichsanstalt« an Deutschland über. Erst 1905 wurde der Betrieb wegen der ungünstigen Wasserverhältnisse eingestellt. In England begann Frank Buckland 1861 mit seinen Versuchen, künstliche Befruchtung und Erbrütung von Forelleneiern vorzunehmen; die Ergebnisse veröffentlichte er 1863 in seinem Buch »Fish Hatching«. In der Folgezeit entstanden nun zahlreiche private Zuchtanstalten in ganz Europa und in Nordamerika.

Mit dem Ansteigen der Industrialisierung im 18. und 19. Jahrhundert begann die Verschmutzung der Wasser-

läufe immer weiter um sich zu greifen. Hinzu kamen die weitgehende Begradigung und der Ausbau der Fließgewässer sowie die Anlage von zahlreichen Wehren. Diese Eingriffe in die Gewässer trugen dazu bei, daß z. B. die großen Bestände des Lachses, der früher in den norddeutschen Flüssen häufig vorgekommen und einer der wichtigsten Speisefische gewesen ist, heute nahezu vernichtet sind: im Rhein wird er nur noch sehr selten beobachtet, in der Elbe findet anscheinend überhaupt kein Lachsaufstieg mehr statt.

Gegen Ende des 19. Jahrhunderts forderte die rasch wachsende Industrie den weiteren Ausbau der Wasserkraftnutzung. Mit der Errichtung zahlreicher Kraftwerke zur Elektrizitätsgewinnung drang nun der Mensch in die letzten, bisher noch weitgehend unberührten Regionen der Fließgewässer, in die Äschen- und Forellenregion, vor. Heute sind zahlreiche Fischarten von der vollständigen Ausrottung bedroht. Besonders gefährdet sind vor allem die Bestände der edleren und empfindlicheren Arten, wie etwa die Huchenbestände im Donaugebiet.

FISCHGEWÄSSER HEUTE

Infolge der raschen Zunahme der Bevölkerungszahl und der Industrialisierung werden unsere Gewässer heute von den verschiedensten Interessengebieten beansprucht. Für die Sportfischerei sind sie ein Stück Natur mit möglichst reichem Fischleben, für die Berufsfischerei produktive Nutzflächen, für die Städte eine Möglichkeit zur Entnahme von Wasser, das zu Trinkwasser aufbereitet werden kann, für die Industrie Energiequellen, Lieferanten von Brauchwasser, Träger für die Schiffe und vielfach auch bequeme Abwässerkanäle, während der Landwirt wiederum an Be- und Entwässerung und an eine Gewinnung zusätzlicher Nutzflächen durch eine Begradigung der Wasserläufe denkt.

Unser Problem ist es, vernünftige Kompromisse zu erzielen, die in jedem einzelnen Fall so viele Interessenten wie möglich zufriedenstellen.

Für die Binnenfischerei zeichnen sich vor allem zwei Hauptprobleme ab:

1. Die Sicherstellung eines ausreichenden Fischwechsels (Laichwanderungen!).

2. Die Reinhaltung der Gewässer.

Freie Fischwege

Zahlreiche Fischarten, unter ihnen die wertvollsten und wichtigsten Speisefische der Binnengewässer, wandern aus dem Meer ins Süßwasser, mehr oder weniger weite Strecken flußaufwärts oder aus den Seen in die Flüsse, um dort abzulaichen. Sperrvorrichtungen, die technischen oder landwirtschaftlichen Zwecken dienen (Wehre, Turbinen), verhindern heute vielerorts die für die Fische lebensnotwendigen Wanderungen zu ihren Laichplätzen, Winterlagern oder Futterplätzen. Deshalb haben die Verwaltungsbehörden in allen betroffenen Ländern gesetzliche Bestimmungen für die Errichtung von Fischpässen, die den Fischen die Möglichkeit geben, diese Hindernisse zu überwinden, aufgestellt. In der Praxis wirken sich diese Verordnungen jedoch durchaus nicht zufriedenstellend aus: allzuoft findet man Fischpässe, die in kurzsichtiger Sparsamkeit oder in Unkenntnis der lokalen Verhältnisse falsch gebaut worden sind. Ebenso häufig wurden sie auch aus rasch verrottendem Material, das nicht erneuert wird, errichtet.

Neben modernen, automatischen Fischlifts werden heute vielfach Pässe mit verschiedenen Einbauten errichtet. Sie bestehen im Prinzip aus einer durchströmten Rinne, in die Querwände unterschiedlicher Form (durchgehende oder nicht ganz durchgehende Querwände, mit oder ohne Kronenausschnitte, mit Schlupflöchern am Grunde usw.) eingebaut sind: Beckenpässe, Stegpässe, Schlupfpässe u. a. Sie bilden an dem Hindernis, das umgangen werden muß, eine Art Treppe, bei der die wandernden Fische von einer Haltung zur anderen gelangen und sich im ruhigen Wasser seitlicher Ausbuchtungen, wie sie in sehr langen Pässen einge-

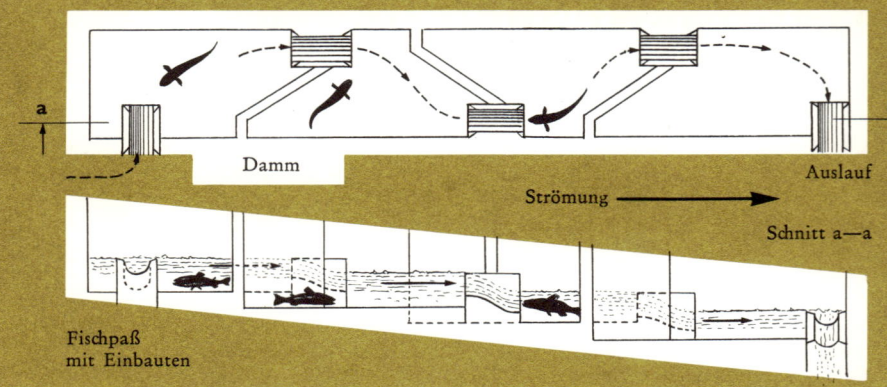

a

Damm

Strömung ⟶

Auslauf

Schnitt a—a

Fischpaß
mit Einbauten

schaltet werden müssen, ausruhen können. Wichtig ist, daß der Auslauf, d. h. die Stelle, an der das Wasser des Passes ins Unterwasser ausströmt, so angelegt wird, daß die Fische leicht zu ihm hinfinden.

Eine Bauart, wie die oben skizzierte, ist für aufsteigende Jungaale nicht geeignet, da zwischen den einzelnen Bekken eine zu starke Strömung vorhanden ist. Sie benötigen eine rauhe Unterlage oder Stütze, um sich vorwärtskämpfen zu können. Ein einfacher, aber wirksamer Aalsteig dänischen Typs ist auf Seite 151 beschrieben und abgebildet.

Eine ernste Gefahr für den freien Zug der Fische stellen auch die im Zusammenhang mit dem Ausbau eines Wasserlaufes notwendigen Schutzbauten und Wasserfälle dar. Wird etwa zur Trockenlegung eines Geländes das Flußbett begradigt und vertieft, so sind an der Übergangsstelle zwischen der regulierten Strecke und dem ursprünglichen Flußbett die Höhenunterschiede oft so groß, daß zum Schutze vor Abbruch der Uferböschung und abtreibendem Sand oder Geröll Wehrdämme gebaut werden müssen. Lachse und Forellen vermögen zwar kleinere Wasserfälle zu überwinden, aber nur dann, wenn die Wassertiefe

im Sturzbett genügend groß ist, damit die Fische zum Sprung ansetzen können. Ein allzu hoher Absturz bedeutet jedoch für die Fische, daß sie von ihren in den oberen Gewässerteilen gelegenen Laichplätzen und den Weidegründen ihrer Brut abgeschnitten sind; gleichzeitig macht dieses Hindernis eine Rückkehr der nach einem Hochwasser abgeschwemmten Fische zu ihren Standplätzen unmöglich, so daß auch dadurch der Oberlauf des Gewässers verarmt.

Jede Korrektion stellt einen schweren Eingriff in den natürlichen Haushalt des betroffenen Gewässers dar, der sich auf den Fischbestand in vielerlei Hinsicht nachteilig auswirkt. So werden durch Uferbefestigungen die Unterstände der Fische beseitigt, der Pflanzenwuchs am Ufer weitgehendst zerstört und die nahrungserzeugende Uferzone verkleinert. Durch Baggerungen werden außerdem Kiesbänke, die den Stromlaichern unter den Fischen als Laichplätze dienen, entfernt, sowie durch Verbauungen Seitenarme, die als Laich- und Weideplätze für viele Fischarten wichtig sind, vom Fluß abgeschnitten. Durch diese Veränderung biologischer Verhältnisse läßt auch die natürliche Selbstreinigung der Gewässer stark nach.

Abwasser

Fischereiliche Schädigungen treten heute nicht nur durch Wasserentziehung und Korrektionen auf, sondern vor allem durch Einleiten von ungereinigten Abwässern.

Mit zunehmender Industrialisierung im 18. und 19. Jahrhundert wurde immer mehr Abwasser, verunreinigt mit Abfallprodukten aus Bergwerken, Kokereien, Zucker-, Kleider-, Papierfabriken usw. direkt in die Flüsse geleitet. Daneben trugen auch die verbesserten Kanalisationssysteme menschlicher Ansiedlungen, die die mittelalterlichen sanitären Anlagen ablösten, zur weiteren Verschmutzung bei. So kam es, daß vor allem die Industriegebiete schnell von einem breiten Gürtel heillos verschmutzter oder völlig verödeter Gewässer umgeben waren.

Weniger im Hinblick auf die großen fischereilichen Schäden als vielmehr zum Schutze der Volksgesundheit ging man dann Mitte des 19. Jahrhunderts ernsthaft daran, einer weiteren Verschmutzung Einhalt zu gebieten und die Verunreinigungen sowie deren mittel- und unmittelbaren Einwirkungen auf die biologischen Verhältnisse zu studieren.

Heute ist das Abwasserproblem in den dichtbesiedelten und hochindustrialisierten europäischen Staaten so aktuell wie niemals zuvor. Die Verschmutzung der Gewässer greift heutzutage nicht nur in der Nähe von Industrien und Städten, sondern auch in ländlichen Bezirken um sich. In der Land- und Forstwirtschaft, im Obst- und Weinbau werden chemische Dünge-, Schädlingsbekämpfungs- und Pflanzenvernichtungsmittel verwendet, die, falls sie durch einen starken Regen oder bloße Fahrlässigkeit in ein Gewässer gelangen, große Schäden anrichten können. Außerdem dringt die Industrie immer weiter aufs Land vor, da dort mehr Baugrund und billigere Arbeitskräfte zur Verfügung stehen, während jedoch vielfach die notwendigen Einrichtungen zur Abwasserreinigung fehlen.

Die häufigste Form der Verschmutzung wird durch Einleiten von ungenügend gereinigten, städtischen und gewerblichen Abwässern mit einem hohen Gehalt an organischen (fäulnisfähigen) Stoffen verursacht. Diese Abwasserstoffe werden durch Bakterien und Pilze abgebaut, wobei der im Wasser gelöste Sauerstoff je nach Grad der Verschmutzung mehr oder weniger stark aufgezehrt wird. An der Einleitungsstelle bilden sich auf dem schwarzgefärbten Abwasserschlamm weiße Schleier von Schwefelbakterien und schleimige Bakterienklumpen, nach Vermischen mit dem Wasser des Vorfluters auch lange Zotten oder Flocken

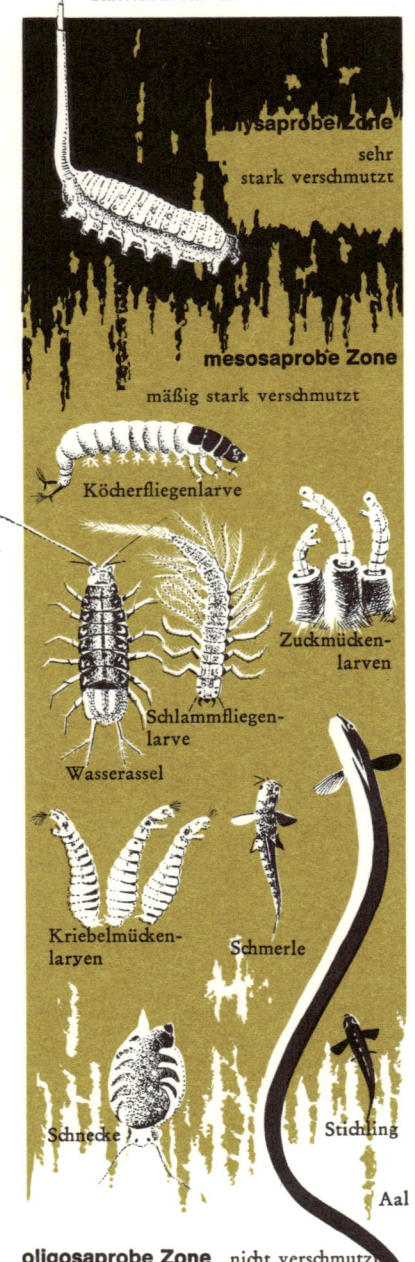

Rattenschwanzlarve

polysaprobe Zone
sehr
stark verschmutzt

mesosaprobe Zone
mäßig stark verschmutzt

Köcherfliegenlarve

Zuckmücken-
larven

Schlammfliegen-
larve

Wasserassel

Kriebelmücken-
larven

Schmerle

Schnecke

Stichling

Aal

oligosaprobe Zone nicht verschmutzt

der sog. »Abwasserpilze« (Pilz- und Fadenbakterienkolonien). In dieser sehr stark verschmutzten (polysaproben) Zone kommen neben Bakterien, Pilzen und Einzellern Schlammröhrenwürmer und einige Arten von Schwebfliegenlarven (»Rattenschwanzlarven«), Zuckmücken- und Schmetterlingsmückenlarven vor.

Wie weit sich die polysaprobe Zone flußabwärts erstreckt, hängt vom Grad der Verschmutzung und von der Wasserführung des Vorfluters ab. Durch die »biologische Selbstreinigung des Gewässers« werden die fäulnisfähigen Stoffe allmählich verbraucht, so daß eine Zone erreicht wird, in der die Zahl der Bakterien von über 1 Million auf unter 100 000 je ml Wasser absinkt. Die Eiweißstoffe sind hier bereits weitgehend zu Aminosäuren abgebaut. Durch die Assimilationstätigkeit der in Massen vorkommenden Grünalgen u. a. wird das Wasser wieder sauerstoffreicher, so daß sich nun Oxydationsprozesse abspielen können, wobei das schwarze Schwefeleisen des Schlammes zu gelbbraunem Eisenoxydhydrat und der gelöste Schwefelwasserstoff zu Schwefel (der Geruch nach faulen Eiern verschwindet!) umgewandelt werden. In dieser mäßig stark verschmutzten (mesosaproben) Zone finden wir neben Einzellern, Schlammröhrenwürmern und Zuckmückenlarven auch Süßwasserschwärme, Moostierchen, Schlammegel, Wasserasseln, Kugelmuscheln und Larven von Schlamm-, Köcher-, Schweb- und Waffenfliegen sowie von Kriebel-, Falten- und Schmetterlingsmücken. Mit fortschreitender Selbstreinigung treten dann auch höhere Wasserpflanzen und einige der weniger empfindlichen Fischarten (Aal, Stichling u. a.) auf.

Die anschließende nicht verschmutzte (oligosaprobe) Zone ist gekennzeichnet durch sauerstoffreiches, klares Wasser, eine niedere Bakterienzahl (unter 100 je ml) und einer reichen Reinwassertierwelt und -pflanzenwelt.

Um den Grad der Belastung eines Gewässers mit organischen Stoffen ohne chemische Analyse und auch noch längere Zeit nach der Einleitung fäulnisfähiger Abwässer beurteilen zu können, hat man ein System der Fäulnisbewohner (Saprobiensystem), die als Verschmutzungsindikatoren dienen können, aufgestellt. So zeigt z. B. ein Massenauftreten von Kriebelmückenlarven an, daß wir uns in einer mit fäulnisfähigen Stoffen nur mäßig stark belasteten Zone, genauer gesagt in der ß-mesosaproben Zone, befinden.

Große Schäden können auch die industriellen Abwässer mit anorganischen (nicht fäulnisfähigen) Stoffen verursachen, da sie das Wasser entweder zu sauer oder zu alkalisch machen oder oft direkt giftig sind. Es ist unmöglich, hier all die Verbindungen (Säuren, Laugen, Farbstoffe, Metallsalze u. v. a.) zu nennen, die bewußt illegal, in Unkenntnis oder Fahrlässigkeit in unsere Gewässer eingeleitet werden. Eine weitere Schädigung erfährt die Fischerei durch die Geschmacksverschlechterung der Fische, da die im Wasser gelösten Phenole und Teerstoffe im Fischkörper gespeichert werden (Karbol- und Teergeschmack des Fischfleisches).

Berufsfischerei

Die Binnenfischerei arbeitet wie die Seefischerei mit Netzen, Angeln, Reusen usw., jedoch sind die Fanggeräte kleiner und stärker den lokalen Gegebenheiten angepaßt.

Das einfache Setz- oder Kiemennetz besteht aus einer Netzwand, in der sich die dagegenschwimmenden Fische mit den Kiemen, Flossen oder Schuppen verfangen. Häufig wird auch ein drei-

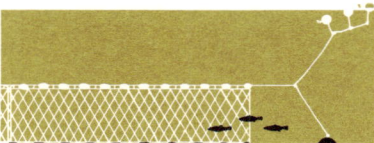

faches Setznetz (Spiegel-, Gadder-Staknetz) verwendet, das aus einem lose eingestellten, engmaschigen Netz-

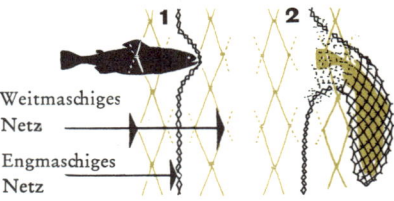

blatt (Inngarn) und zwei weitmaschigen Umhüllungen (Spiegel, Gaddern) besteht. Versucht ein Fisch durch dieses Netz zu schwimmen, so zieht er das Maschengewebe des Inngarns durch die große Masche der Umhüllung und verfängt sich in der dadurch entstehenden Netztasche.

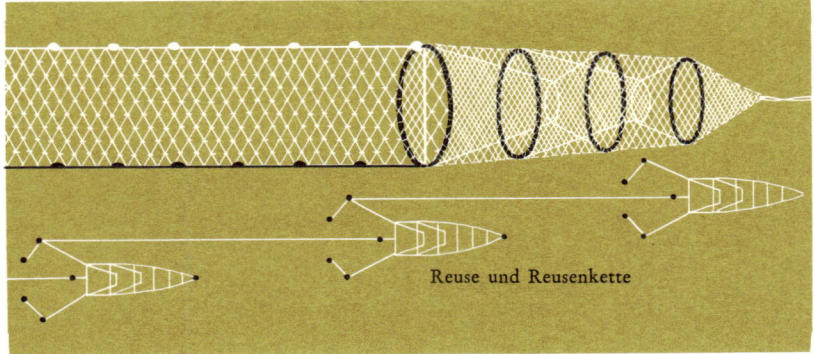

Reuse und Reusenkette

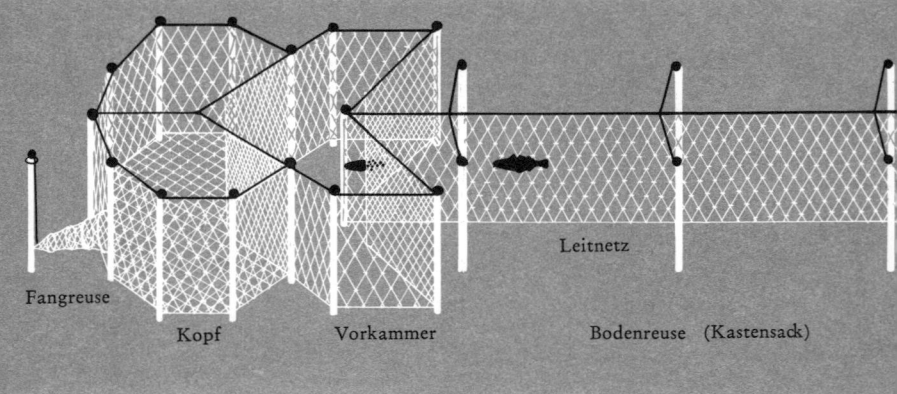

Fangreuse

Kopf Vorkammer Leitnetz Bodenreuse (Kastensack)

Das wichtigste Angelgerät für die Binnenfischerei ist die Reihenangel (Langleine), die zum Fang von Aalen (»Aalschnur«), Quappen (»Trüschenschnur«) und evt. Welsen dient.

Besonders charakteristisch für die Flußfischerei sind die verschiedenen Fischfallen, Reusen, Körbe, Stellhamen usw., vor allem zum Fang von Wanderfischen. Sie sind oft mit großer Erfindungsgabe und einer genauen Kenntnis der Lebensgewohnheiten der Fische gebaut. Viele von ihnen sind typisch für ein bestimmtes Flußgebiet, da sie den speziellen lokalen Verhältnissen angepaßt sind. Feststehende Fischzäune und Fischwehre sind heute in Europa jedoch nur noch selten in Gebrauch; sie erfordern hohe Instandhaltungskosten, um rentabel zu sein.

Zu den wichtigsten Fanggeräten der

»bewegten« Fischerei gehören Zugnetze (»Waden«) verschiedener Bauart. Die höchsten Erträge an Süßwasserfischen werden bei uns in Süddeutschland erzielt.

Bedeutung der Sportfischerei

Die Sport- oder Liebhaberfischerei ist eine Sportart, deren positive Seiten, selbst vom »Standpunkt der Fische« aus gesehen, weitaus überwiegen.

Betrachtet man die relativ geringen Fänge der Angler und ihre Geräte, so wird verständlich, daß sie kaum merkbar in den natürlichen Haushalt eines Gewässers eingreifen können, im Gegensatz zu den Berufsfischern, die z. B. mindestens 95% aller Hechte fangen.

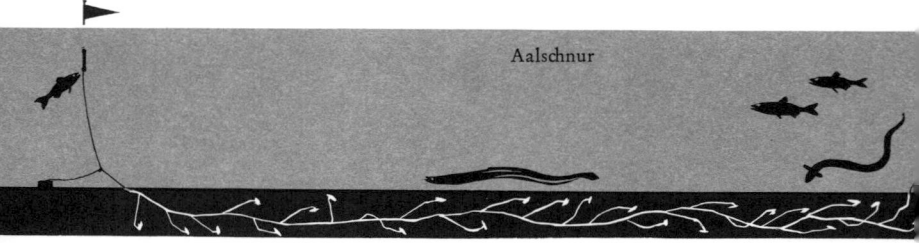

Aalschnur

die überhaupt gefischt werden. Andererseits ist der Sportfischer ein wichtiger Helfer im Kampf um die bedrohte Natur. Sein Verein pflegt und reguliert den Fischbestand, kauft Brut und Satzfische an, sorgt dafür, daß Fischpässe angelegt werden, und versucht dem passiveren Teil der Bevölkerung durch Propaganda und Protestschreiben klarzumachen, daß wir dabei sind, unsere Bäche, Flüsse und Seen durch Eigennutz, Unverstand und grobe Fahrlässigkeit zerstören oder veröden zu lassen.

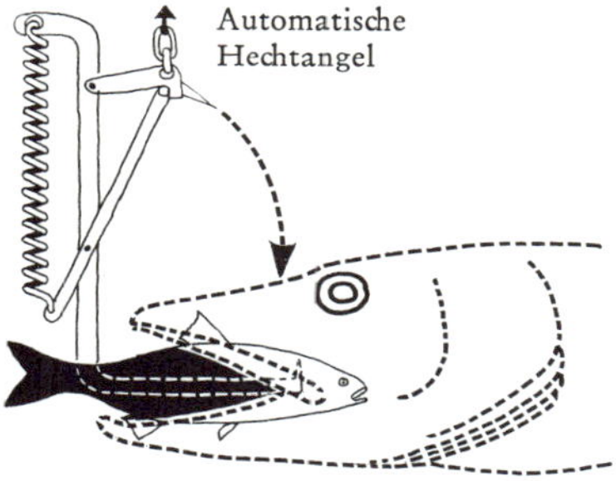

Automatische
Hechtangel

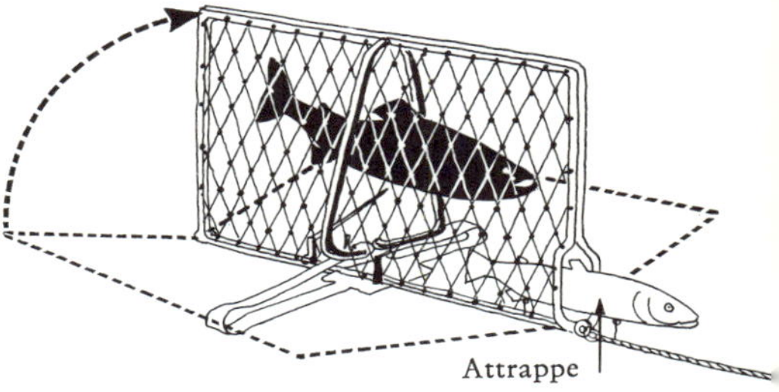

Attrappe

Klappfalle (»Netzeisen«)

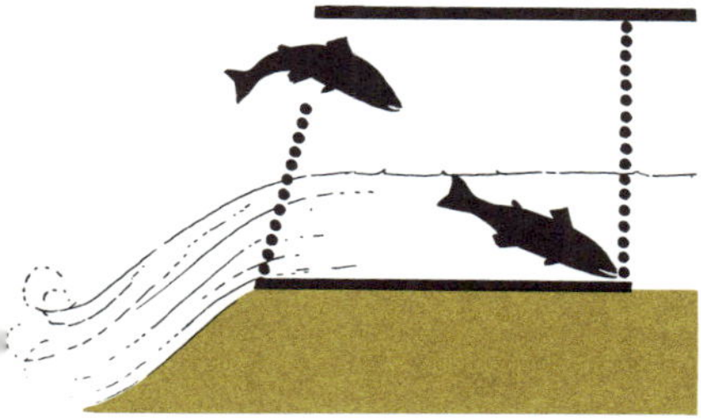

Lachsfalle

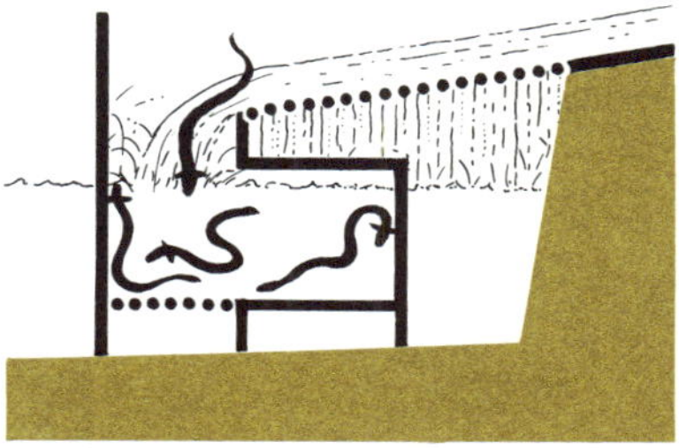

Aalfang

Verschiedene Formen von Fischspeeren:
Die Anwendung von Speeren und Eisen zum Fischfang ist in den meisten Ländern verboten!

RATIONELLE FISCHZUCHT

Brutanstalten

Die Eier und Larven unserer Fische sind in der freien Natur vielerlei Gefahren ausgesetzt. Selbst wenn die allerersten Jugendstadien bei günstigen Umweltbedingungen in wenigen Tagen oder Wochen durchlaufen werden, treten hier die ersten hohen Verluste auf. Viele Eier gehen zugrunde, da sie abgeschwemmt, verschüttet, von Laichräubern vertilgt oder von Schimmelpilzen befallen werden. Die Larven wiederum, die anfangs ruhig zwischen den Steinen auf dem Boden liegen oder sich an Wasserpflanzen anheften, fallen räuberischen Insekten, Fischen usw. zum Opfer.

Um stets genügend Besatzmaterial für freie Gewässer und Teiche zur Verfügung zu haben und um gleichzeitig die hohen Verluste an Eiern und Brut einzudämmen, wurden die Verfahren der »künstlichen« Fischzucht entwickelt. Darunter versteht man die künstliche Gewinnung der Laichprodukte, Befruchtung, Erbrütung und Aufzucht der Dottersackbrut bis zum Eintritt der Schwimm- und Freßfähigkeit.

Die reifen Geschlechtsprodukte (Rogen und Milch) werden hierzu durch leichtes Streichen mit dem Daumen entlang des Bauches zur Geschlechtsöffnung hin in eine Emailleschale abgestrichen und mit einer sauberen Vogelfeder miteinander vermischt. Danach fügt man

Wasser hinzu, worauf die Befruchtung und ein Aufquellen der Eier bis fast zum doppelten Umfang erfolgt (»trockene« Befruchtung, bei der »nassen« Befruchtung werden die Laichprodukte sofort ins Wasser abgestrichen). Die Beweglichkeit der Samenzellen, die erst bei Berührung mit dem Wasser aktiviert werden, dauert nur kurze Zeit (bei den Lachsartigen meist nur 30—60 sec.). Die Volumenvergrößerung der befruchteten Eier wird durch Aufnahme von Wasser bewerkstelligt; dabei hebt sich die äußere, dehnbare Eihülle vom Eikörper ab. Auf diese Weise bildet sich eine äußere Wasserschicht, die Keim und Dotterkugel schützt. Die Außenhaut erhärtet und wird ziemlich stoßunempfindlich, so daß die Eier in den ersten Stunden nach der Befruchtung auch versandt werden können.

Nach mehrmaligem, sorgfältigem Spülen mit reinem Wasser, um anhaftenden Schleim, überschüssige Milch etc. zu entfernen, werden die befruchteten Eier in die Erbrütungsapparate gebracht (Brutgläser für die kleinen Hecht- und Renkeneier, Brutkästen oder -tröge für die größeren Eier der Forellen und Lachse), in denen sie stets von frischem, sauerstoffreichem Wasser, das entweder von unten (Gläser, Unterstromapparate) oder von der Seite

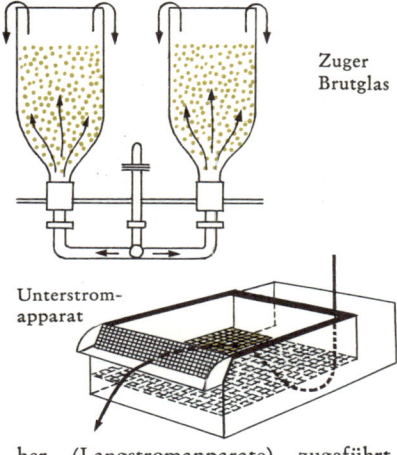

Zuger
Brutglas

Unterstrom-
apparat

her (Langstromapparate) zugeführt wird, umspült sein müssen.

Alle abgestorbenen, trüben Eier müssen regelmäßig und sorgfältig mit Pinzetten oder Pipetten entfernt werden, um einen Pilzbefall zu vermeiden, der sich rasch ausbreiten kann. Vielfach werden befruchtete Eier, z. B. die an Zweigen klebenden Zandereier, in Sprühkammern erbrütet, in denen sie bis zur Schlüpfreife in regelmäßigen Abständen automatisch mit zerstäubtem Wasser besprüht werden. Dadurch soll verhindert werden, daß verpilzte Eier die gesunden »anstecken« können. Da während der Eientwicklung möglichst konstante Wassertemperaturen herrschen sollen, errichtet man gut isolierte, tief im Boden liegende Bruthäuser und zwar nach Möglichkeit dort, wo sauerstoffreiches Bach- und kaltes Quellwasser vorhanden sind und gemischt werden können. Falls nötig, leitet man das Wasser vor dem Eintritt ins Bruthaus durch eine mit Kies, Koks, Holz- oder Glaswolle gefüllte Filteranlage. Wichtig ist auch, daß Eier und frischgeschlüpfte Brut vor direktem Sonnenlicht geschützt sind, da sie bei intensiver UV-Bestrahlung zugrundegehen.

Zu beachten sind ferner die günstigsten Erbrütungstemperaturen. So entwickeln sich die Eier der Kleinen Maräne am besten bei 2—3° C, Forelleneier bei 5—10° C und Hechteier bei 6—12° C.

Die Entwicklungsdauer der Eier wird allgemein in Tagesgraden (Summe der mittleren Wassertemperaturen von der Befruchtung bis zum Schlüpfen) angegeben. Deren Zahl schwankt jedoch in gewissen Grenzen, da außer den Erbrütungstemperaturen dabei noch verschiedene andere Faktoren (Sauerstoffgehalt des Wassers, Eigröße, Alter und erbliche Veranlagung der Laichfische) eine Rolle spielen. So nimmt die Entwicklung der Hechteier zwischen 120 und 140 Tagesgrade in Anspruch. Sobald das »Augenpunktstadium« erreicht ist, d. h. die dunklen Augen des Embryos im Ei deutlich erkennbar sind, können die Eier wieder von der Brutanstalt zum Käufer versandt werden. Der Transport erfolgt bei kleinen Mengen in Thermosflaschen, während größere Mengen in Holzkisten verschickt werden. Die Eier legt man dazu in einer (Forelleneier) oder zwei Schichten (Maräneneier) auf mit Stoff bespannte Holzrahmen, die mit Zwischenlagen (mit Moos, Sägespäne etc. gefüllte Rahmen zum Aufsaugen des überschüssigen Wassers) aufeinandergestapelt werden. Obenauf kommt ein Rahmen mit zerhacktem Eis. Der ganze Stapel wird in wasserdichtes Papier eingeschlagen und in der Versandkiste mit einer dicken Schicht Isoliermaterial umgeben.

Noch ehe der Dottersack vollständig aufgezehrt ist, ist die Brut bereits schwimm- und freßfähig und kann schon in Teiche oder freie Gewässer ausgesetzt werden. Weitaus weniger Verluste sind jedoch zu verzeichnen, wenn die Brut vor dem Aussetzen im Langstromapparat, in Beton- und Metallbecken oder in sog. »Kinderstuben« (in den Bachlauf eingesetzte Drahtkäfige) mit geschabtem rohen Gehirn (auch Milz oder Leber), Trockenfutter und, falls es beschafft werden kann, Naturfutter (Wasserflöhe, Hüpferlinge etc.) angefüttert wird, bis sie größer und widerstandsfähiger geworden ist.

Querschnitt durch einen
Teichdamm mit
Mönch und Fangkasten

Mönch

Teichwirtschaft

Wie der Weiher ist auch der Teich ein kleineres, stehendes Gewässer, das so flach ist, daß der Boden in seiner ganzen Ausdehnung mit Wasserpflanzen bewachsen sein kann. Kennzeichnend für ihn ist jedoch, daß er nicht auf natürliche Weise entstanden ist, sondern künstlich aufgestaut und jederzeit ablaßbar ist. Nach der Wasserversorgung unterscheidet man dabei zwischen Quellteichen, Himmelsteichen (ohne ständigen Zulauf), Bachteichen (Verbauungsteiche, Zuleiterteiche) und Flußteichen (meist Zuleiterteiche, ansonsten Staubecken). Als Abflußvorrichtung wird heute vielfach ein sog. »Mönch« (Ständerabfluß) aus Holz, Mauerwerk oder Beton verwendet, in dessen senkrechten, zum Teich hin offenen Teil (Staukasten oder Ständer) Staubretter in zwei Falzen eingesetzt sind; diese können je nach Bedarf herausgezogen oder hineingeschoben werden und ermöglichen es dadurch, den Wasserstand zu regulieren. Um ein Entweichen der Fische zu verhindern, werden außerdem Rahmengitter eingesetzt oder auch Gitterkästen angebracht. Je nach Betriebsform werden in der Teichwirtschaft extensive (ohne Düngung und Fütterung, geringe Besatzdichte) und intensive Betriebe sowie Teil- (Brut oder Setzlinge werden gekauft) und Vollbetriebe, in denen die Fische vom Ei an bis zur Verkaufsgröße oder zu Laichfischen gezogen werden, unterschieden.

Die überragende Bedeutung der Teichwirtschaft innerhalb der Binnenfischerei beruht nicht allein auf der Produktion wertvoller Speisefische, sondern auch darauf, daß sie zusätzlich Brut und Setzlinge verschiedener Fischarten für den Einsatz in Wildgewässer liefert.

Karpfen und Regenbogenforelle sind in Europa die Hauptwirtschaftsfische. In Forellenteichwirtschaften werden außerdem die Bachforelle, der Bachsaibling und die Äsche, mancherorts auch die Cutthroat-Forelle und der amerikanische Seesaibling gezogen, insbesondere um Besatzmaterial für geeignete freie Gewässer zu bekommen, während in der Karpfenteichwirtschaft vor allem die Schleie, aber auch der Hecht (»Polizeifisch«, Erzeugung von Hechtbrut und Satzhechten) und der Zander (hauptsächlich zur Erzeugung wertvoller einsömmeriger Setzlinge), in geringerem Maße auch der Schwarzbarsch und der Forellenbarsch als Nebenfische gehalten werden, um die Auswahl an Fischfleisch und den Ertrag der Teiche zu steigern.

In den beiden folgenden Abschnitten sollen die Einrichtungen und Arbeitsmethoden der Karpfen- bzw. Forellenteichwirtschaft besprochen werden.

Karpfenteichwirtschaft

Ebenso wie der Züchter landwirtschaftlicher Nutztiere, versucht auch der Teichwirt möglichst wirtschaftsgünstige Stämme aus dem vorhandenen Material herauszuzüchten. Bei den Karpfen wird dabei besonderer Wert darauf gelegt, daß sie gute Nahrungssucher und -verwerter, widerstandsfähig gegen Krankheiten und von einheitlicher Körperform sind; außerdem sollen die Fische möglichst spät laichreif werden. Ein weiteres wichtiges Zuchtziel ist die Form der Beschuppung, da der Verbraucher heute schuppenlose oder -arme Karpfen bevorzugt. Es hat sich jedoch gezeigt, daß nur die unregelmäßig beschuppten Spiegelkarpfen (und die Schuppenkarpfen) rein gezüchtet werden können, während die Nachkommen von Zeil- und Nacktkarpfen alle vier Beschuppungsformen aufweisen, also nicht reinerbig sind. Deshalb werden heute nach Möglichkeit nur noch unregelmäßig beschuppte Spiegler als Zuchtfische ausgewählt.

In extensiven Betrieben werden die Satzfische in große Teiche ausgesetzt, die gute Bestände von Unterwasserpflanzen und reichliche Naturnahrung aufweisen. Der Teich wird erst abgelassen, wenn die Karpfen die nötige Verkaufsgröße erreicht haben. Die Erträge sind natürlich gering, verglichen mit denjenigen intensiver Betriebe, deren Arbeitsweise im folgenden kurz beschrieben werden soll.

Im Frühjahr werden bei der Abfischung der Winterteiche die zukünftigen Laichfische ausgewählt, nach Geschlechtern getrennt, in Hälteranlagen aufbewahrt. Als Zuchtfische können bereits dreisömmerige Männchen (Milchner) und fünfsömmerige Weibchen (Rogener) verwendet werden. Meistens Ende Mai, bei einer Wassertemperatur von über 15° C, setzt man dann die Fische im Verhältnis 1 Rogener zu 2 Milchner (= 1 Satz Laichfische) in die Laichteiche aus. Den hier-

zu am häufigsten verwendeten Teichtyp nennt man einen Dubischteich, da er nach den Plänen des österreichischen Fischzüchters Th. Dubisch (1813 bis 1888) angelegt wird. Er ist etwa 100 qm groß und weist einen zur Mitte hin sanft aufsteigenden Laichrasen sowie einen 40–50 cm tiefen Graben rings um den Damm, in den ein Mönch zur Regulierung der Wasserhöhe eingebaut ist, auf. Kurz vor dem Besetzen wird er aus einem sog. Vorwärmer (vorgeschalteter kleiner Teich) bespannt. Bei einer Wassertemperatur von 17 bis 20°C laichen die Karpfen meist schon am nächsten Tag nach dem Aussetzen ab. Nachdem die Eier abgelegt und befruchtet worden sind, werden die Elternfische aus den Laichteichen herausgefangen. Der an Grashalmen klebende Laich entwickelt sich bei 20° C schon nach 4 Tagen. Die ausschlüpfende Brut haftet zunächst ebenfalls an Halmen; erst nach Füllung der Schwimmblase mit Luft ist sie schwimmfähig und beginnt alsbald mit der Nahrungssuche.

Etwa 3 Tage nach dem Schlüpfen, spätestens aber nach 8 Tagen, wird die Brut (K_0) abgefischt, gezählt und, ca. 50 000 Stück je Hektar, in die Vorstreckteiche übergesetzt, in denen sie im Laufe von 4–6 Wochen auf mindestens 5 cm Länge heranwachsen soll. Danach wird die vorgestreckte Brut (K_v) in 2–10 ha große, gut gedüngte Brutstreckteiche ausgesetzt, die erst kurz vor dem Besetzen bespannt werden. Durchschnittliche Besatzzahl: 10 000–30 000 K_v/ha. Im Herbst haben dann die nun 1sömmerigen Karpfen (K_1) eine Länge von etwa 9 bis 12 cm und ein Gewicht von ca. 25 g erreicht. Den Winter über beläßt man sie entweder in den Brutstreckteichen, falls diese tief genug sind, oder man fischt sie im Herbst ab und setzt sie in die Winterteiche über. Während der kalten Jahreszeit halten die Karpfen am Grunde des Teiches Winterruhe; bei Temperaturen von unter ca. 8° C stellen sie die Nahrungsaufnahme ein. Im Frühjahr des 2. Jahres werden dann die K₁, etwa 300 Stück/ha, in die großen Streckteiche übergesetzt und planmäßig mit Lupine, Mais, Gerste und anderen Körner- und Mischfuttermitteln sowie Kartoffeln gefüttert. Außerdem werden die Teiche regelmäßig gedüngt, um eine starke Vermehrung der Würmer, Kleinkrebse, Mükkenlarven, Schnecken usw. herbeizuführen, die selbst bei starker Fütterung noch ca. 30—50% der gesamten Karpfennahrung ausmachen. Im Laufe dieses 2. Sommers wachsen die Karpfen bei guter Düngung und Fütterung von 25 g auf ca. 250 g Gewicht an.

Nach der Überwinterung werden die K₂ gezählt, sortiert, zum Schutz vor der Bauchwassersucht geimpft (Antibiotikum Chloronitrin) und in die Abwachsteiche eingesetzt. Im Herbst werden sie dann als 3sömmerige Speisekarpfen (K₃) mit einem mittleren Stückgewicht von 1250 g abgefischt. Nach dem Sortieren setzt man sie in die Hälteranlagen über, in denen sie in reinem, fließenden Wasser aufbewahrt werden, damit sie den evtl. vorhandenen modrigen Beigeschmack verlieren, ehe sie zum Verbraucher transportiert werden.

Bei einem derart intensiven Betrieb besteht natürlich die große Gefahr, daß sich parasitäre (und auch nichtparasitäre) Krankheiten rasch ausbreiten können. Es ist daher wichtig, zur Vernichtung von Krankheitserregern den Teich regelmäßig gründlich trockenzu-

legen und den Teichboden mit Branntkalk zu desinfizieren.

Karpfen mit Außenparasiten (Krebstiere, Saugwürmer, Fischegel, Pilze) werden in Bäder mit verdünnten Branntkalk-, Lysol-, Kaliumpermanganat- oder Kochsalzlösungen eingetaucht und danach mit reinem Wasser kräftig abgespült. Zur Bekämpfung der Fischseuchen werden Schutzinjektionen mit den Antibiotika Chloronitrin, Streptomycin, Sulfamarazin u. a. durchgeführt.

Wildfische wie Karauschen, Moderlieschen usw., die sich oft in Karpfenteichen ausbreiten, stellen eine gefährliche Infektionsquelle für die Karpfen dar. Da dieses »Fischunkraut« außerdem als Nahrungskonkurrent des Karpfens auftritt, hält man oft Zander, Barsche oder junge Hechte als Neben- und Polizeifische in den Karpfenabwachsteichen, um die eindringenden Wildfische zu vernichten und sie in wertvolles Fischfleisch umzusetzen. Auch die Schleie wird häufig als Nebenfisch in Karpfenteichen gehalten, da sie ein guter Nahrungsverwerter und -sucher ist und sich ihr Speisezettel etwas von dem des Karpfens unterscheidet.

Das Ausreifen der Geschlechtsprodukte kann durch das sog. Hypophysierungsverfahren künstlich beschleunigt werden. Den Zuchtfischen wird dazu eine intramuskuläre Injektion von getrockneten, zerriebenen Karpfenhypophysen in 0,65%iger Kochsalzlösung verabreicht. Milch und Rogen werden dann nach ca. 24 Stunden laichreif. Man benützt dieses Verfahren, wenn im Frühjahr die Zuchtfische nicht ablaichen wollen; daneben aber auch zur künstlichen Karpfenzucht. Milch und Rogen werden dabei aus den laichreifen Karpfen ausgestrichen, vermischt und nach der Befruchtung auf Netzrahmen gebracht. In Sprühkammern, in denen sie automatisch mit Wasser besprüht werden, lassen sich dann die befruchteten Eier bis zur Schlüpfreife erbrüten.

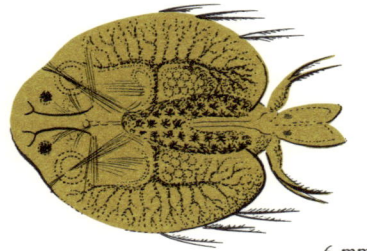

6 mm

Karpfenlaus (befällt auch andere Fischarten)

Bach

Wehr mit Fischpaß

Bruthaus

Zuleiter

Teich | Teich | Teich | Teich | Teich

Mönch

Futter-
küche

Kühl-
haus

Ableiter

zu den anderen Teichen

Forellenteichwirtschaft

Die Forellen stellen höhere Ansprüche an die Wasserqualität als die Karpfen. Für ihre Zucht und Haltung muß stets reines, klares, kühles Wasser mit hohem Sauerstoffgehalt und Sommertemperaturen möglichst unter 20° C in reichlicher Menge zur Verfügung stehen. Wir finden daher in der Forellenwirtschaft tiefere und viel stärker durchströmte Teiche als in der Karpfenteichwirtschaft. Außerdem sind die Forellenteiche wesentlich kleiner, 1. um einen gleichmäßigen, kräftigen Durchstrom sicherzustellen und 2. weil die zeitgemäße Forellenzucht sehr intensiv betrieben wird und ganz auf künstliche Fütterung eingestellt ist, das Vorhandensein zusätzlicher Naturnahrung, wie etwa in Karpfenteichen, also nicht notwendig ist.

Eine Forellenteichwirtschaft arbeitet entweder mit sog. Talsperrenteichen, die stufenförmig hintereinanderliegen, oder mit sog. Zuleiterteichen, die entweder hintereinander- oder parallelgeschaltet sind, wie etwa auf der oben abgebildeten Skizze, nach der jeder Teich einzeln mit Wasser aus einem aufgestauten Bach gespeist wird. Als Abflußvorrichtung dient, wie bei Karpfenteichen, ein sog. Mönch, durch den auch die Abfischung mit Hilfe von Fangkästen, die am Ablauf hinter dem Teichdamm befestigt werden, vorgenommen werden kann.

Eine Teichwirtschaft kann entweder selbst künstliche Zucht betreiben (Vollbetrieb) oder Eier, Brut und junge Setzlinge aus Zuchtanstalten ankaufen (Teilbetriebe).

Die max. 3—4 Wochen lang angefütterte Brut wird aus den Anfütterungskästen abgefischt, sortiert und in die Brutteiche übergesetzt. Hier wachsen dann die jungen Setzlinge im Laufe des Sommers auf 8—15 cm Länge (5 bis 25 g Gewicht) ab. Im Herbst werden sie abgefischt und, falls die Brutteiche nicht tief genug sind, in die Winterteiche eingesetzt. Vorher werden sie mit Sortierapparaten, die einen Rost aus Stäben besitzen, deren Abstand beliebig verstellbar ist, vor- und mit der Hand nachsortiert.

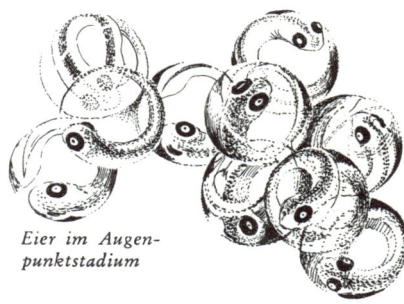

Eier im Augenpunktstadium

Im nächsten Frühjahr werden dann die jungen Forellen in die Mastteiche eingesetzt, in denen man sie, je nach ihrer Freßlust, 2—4mal am Tage füttert. Als Mastfuttermittel werden frische Süßwasser- und Seefische (in Dänemark, dem größten Forellenproduzenten Europas, überwiegend Industriefische aus der Nordsee, vor allem Sandaale, Kleinheringe und Stintdorsche, insgesamt ca. 50 000 Tonnen jährlich), Schlachthofabfälle, Garnelen und in letzter Zeit auch immer mehr Trockenfuttermischungen in Körnerform verwendet. Bei vitaminarmen Futtermitteln wird Hefe beigefügt. Vielfach sind heute auch schon Fütterungsautomaten in Betrieb.

Bereits im Laufe des Sommers erreichen die Regenbogenforellen die nötige Verkaufsgröße; die schnellwüchsigen unter ihnen können schon im Mai abgefischt und sortiert werden, die Mehrzahl jedoch erst im Juni—Juli. Als Speisefische bevorzugt der europäische Verbraucher heute Portionsforellen von 160—260 g Gewicht. Ihr Lebendversand erfolgt in großen Behältern, deren Wasser aus Stahlflaschen ständig mit Sauerstoff angereichert wird, per Schiff, Bahn oder Lastwagen. Größere Portionsfische werden tiefgekühlt und die sog. »Lachsforellen« (über 500 g Gewicht) sorgfältig in Eis verpackt transportiert. Durch die hohe Besatzdichte in den Teichen sind natürlich die Fische durch Krankheiten besonders stark gefährdet. Die gefürchtetste unter den ansteckenden Krankheiten ist eine Viruskrankheit, die sog. »Egtved-Seuche«, die die Niere, Leber und andere Organe angreift und hauptsächlich während der Wintermonate unter den knapp einjährigen Setzlingen wüten kann; die Stückverluste liegen dann bei 50—80%! Man versucht daher heute, seuchenfeste Stämme zu ziehen. Für eine Reihe anderer parasitärer Krankheiten hat man bereits wirksame Medikamente zur Bekämpfung entwickelt. Nach Trockenlegung der Teiche desinfiziert man den Boden und die Dämme durch Kalkung mit Branntkalk oder mit anderen chemischen Mitteln, um die Krankheitserreger zu vernichten.

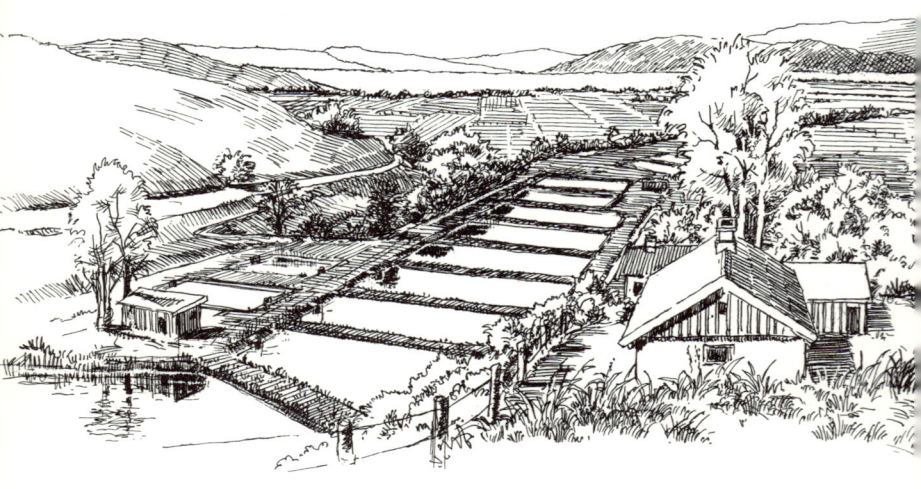

FISCHEREIBIOLOGIE

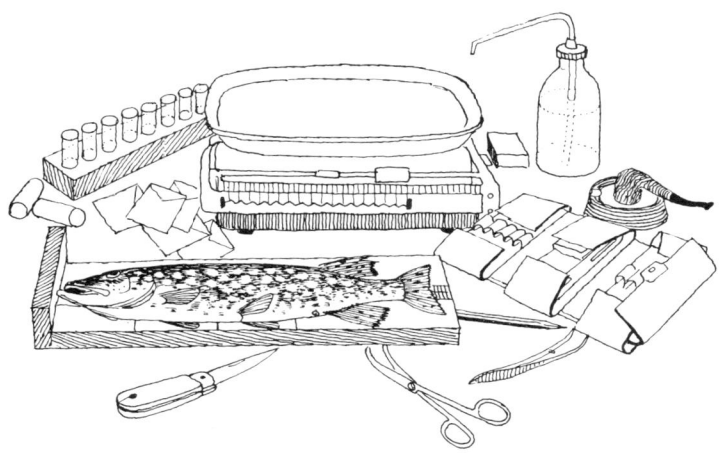

Als angewandte, auf die fischereiliche Praxis ausgerichtete Wissenschaft hat die Fischereibiologie die Aufgabe, theoretisches und praktisches Wissen in sich zu vereinigen und die rationellsten Methoden zu finden, mit deren Hilfe die Fischbestände unserer Gewässer erhalten und genutzt werden können. Das bedeutet, daß sich der Fischereibiologe nicht allein mit den Lebensgewohnheiten der Fische (Ernährung, Wachstum, Fortpflanzung etc.), ihren Krankheiten und Feinden, sondern auch mit den Problemen fischereilicher Gewässerkunde, mit der Physik und Chemie der Fischgewässer, mit den fischereilich wichtigen Wasserpflanzen und -tieren, mit der Erforschung des Stoffkreislaufes, der Lebensgemeinschaften usw. beschäftigen muß, damit er Auskünfte erteilen, Vorschläge für eine rationelle fischereiliche Gewässerwirtschaft geben und zum Schutze der Fischerei tätig sein kann.

Im 18. und bis weit in das 19. Jahrhundert hinein, waren die Zoologen und Botaniker hauptsächlich damit beschäftigt, Tiere und Pflanzen zu beschreiben und sie in ein System einzuordnen. Eine exakte, naturwissenschaftlich begründete Fischereibiologie entwickelte sich erst im Zusammenhang mit der Errichtung staatlicher und privater Fischbrutanstalten in der 2. Hälfte des vorigen Jahrhunderts. Um eine künstliche Befruchtung und Erbrütung der empfindlichen Forelleneier mit Erfolg durchführen zu können, mußten die Lebensgewohnheiten freilebender Bestände untersucht und zahlreiche fischereibiologische und -technische Probleme gelöst werden. Viele Anregungen hierzu lieferte die Ozeanographie, die sich im Laufe des vorigen Jahrhunderts ebenfalls zu einer selbständigen, weitverzweigten Wissenschaft entwickelte, sowie die Limnologie (Wissenschaft von den Binnengewässern), vor allem durch deren Begründer, dem Schweizer Forscher F. A. Forel (1841—1912).

Die Forschungsanstalten für Fischerei, Institute und Stationen, sind meist staatliche Einrichtungen, einige werden jedoch auch von Fischereivereinen usw. unterhalten, wobei an Lehrbetrieben fischereilicher Fachunterricht für die Praxis erteilt wird.

Altersbestimmung bei Fischen

Untersuchungen über die Zusammensetzung der Altersklassen in einem Fischbestand liefern Hinweise über Nachwuchsüberschuß oder -mangel, Schwankungen in der Besiedlungsdichte, Wachstumsintensität und damit über die Produktivität eines Gewässers.

Zur Altersbestimmung der Fische kann man die Schuppen, die Knochen (Kiemendeckel, Wirbelkörper) und die sog. Gehörsteine (Otolithen, Steine aus dem Labyrinthorgan, s. S. 13) verwenden. Schon bei schwacher Lupenvergrößerung (besonders bei durchfallendem Licht) kann man an den Schuppen deutlich Zonen mit engeren (»Winterleisten«) und solche mit weiter auseinanderliegenden Zuwachsstreifen (»Sommerleisten«) erkennen. Eine Winter- und eine Sommerzone ergeben zusammen einen Jahresring.

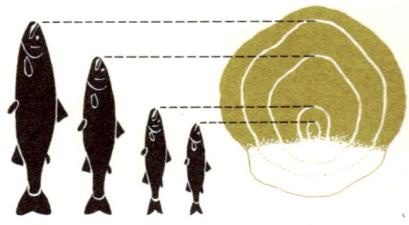

Verhältnis zwischen Schuppen- und Körperlänge

hat (Laichmarken), stellt sie damit eine wichtige Informationsquelle für den Fischereibiologen dar. Die Alterszusammensetzung und der jährliche Zuwachs eines Fischbestandes kann am einfachsten dadurch festgestellt werden, daß man eine möglichst umfangreiche Fangprobe durchmißt und die Werte in Form einer Kurve in das Koordinatensystem (Stückzahl/Körperlänge) einträgt; die Zahl der Spitzen entspricht dann der Zahl der Jahrgänge.

Gehörsteine

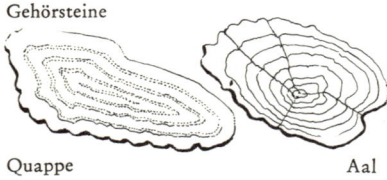

Quappe   Aal

Ebenso weisen auch die Otolithen und Knochen eine deutliche Schichtung (helle und dunkle Zonen) auf. Der Norweger E. Lea entdeckte, daß sich die Schuppenlänge proportional zur Körperlänge des Fisches ändert. Man kann daher aus den Abständen Schuppenzentrum — Rand der Jahresringe die Körperlängen des Fisches in vergangenen Lebensjahren (zur Zeit als die betreffenden Jahresringe angelegt wurden) berechnen, woraus sich wiederum die Wachstumsgeschwindigkeit feststellen läßt (»Rückberechnung«). Da man an der Schuppe auch oft erkennen kann, wann der Fisch früher abgelaicht

Fischmarkierungen

Durch eine individuelle Markierung können u. a. eine Reihe wichtiger Fragen hinsichtlich der Standorttreue, Zugrichtung und Wandergeschwindigkeit der betreffenden Fischarten geklärt werden.

Für derartige Versuche werden heute je nach Fischart, deren Körperbau, Größe und Lebensweise viele verschiedene Markentypen verwendet. Am häufigsten benützt man bei Süßwasserfischen ein kleines Metall- oder Plastikplättchen, das Kennbuchstaben und eine Nummer trägt. Seine Befestigung am Fischkörper erfolgt mit einem dünnen Silber- oder rostfreien Stahldraht, der meist am vorderen Ende der Rückenflosse durch die Rückenmuskulatur gestoßen wird. Anstelle von Plättchen benützt man auch rote oder gelbe, numerierte Plastikzylinder mit einge-

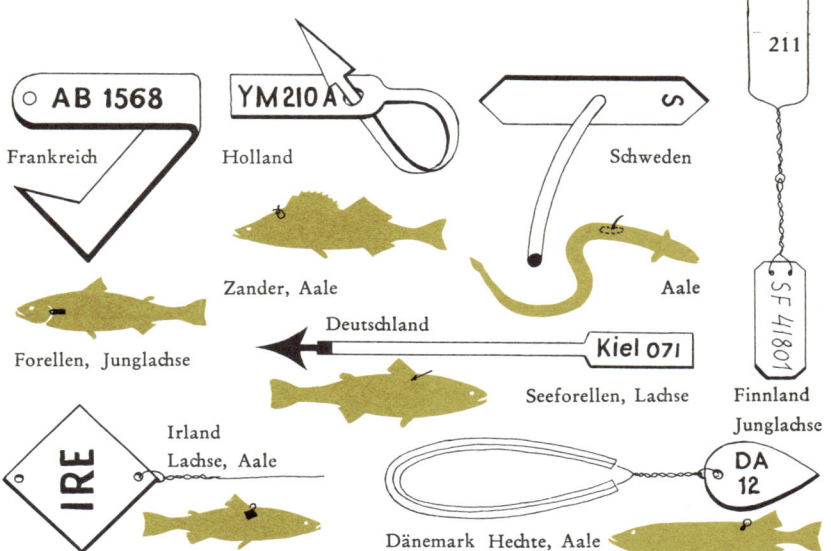

Frankreich — **AB 1568**

Holland — **YM 210 A**

Schweden — **S** 211

Zander, Aale

Aale

Forellen, Junglachse

Deutschland — **Kiel 071**

Seeforellen, Lachse

Finnland **SF 41801**
Junglachse

Irland — **IRE**
Lachse, Aale

Dänemark **DA 12** Hechte, Aale

Markierungsmethoden

legten, zusammengerollten Plastikzetteln, die mit den notwendigen Angaben (evtl. in mehreren Sprachen) für den Finder bedruckt sind. Da die Röhrchen aus leichtem Material gefertigt und höchstens 2—3 cm lang sind, ist ihr Gewicht im Wasser sehr gering. Zur Markierung von Fischen dienen außerdem sog. Pfeilmarken (Pfeile aus Neusilber, Zinkblech, Aluminium, Plastik), die vor oder hinter der Rückenflosse in der Muskulatur verankert oder durch die Kiemendeckel gestoßen und umgebogen werden. In einigen Ländern sind auch numerierte Metallklammern und Patentknöpfe mit markierten Plättchen in Gebrauch, die mit Hilfe einer Markierungszange an Flossen oder Kiemendeckeln angebracht oder in die Rückenmuskulatur eingeklemmt werden.

Aale kennzeichnet man häufig dadurch, daß man ihnen farbige Plastikplättchen unter die Körperhaut schiebt, während ein in der Mitte der Marke befestigter, goldgelber Nylonfaden deutlich sichtbar aus der Haut hervorragt. Bei Einsendung der Marken (oder der markierten Fische) müssen Fangort und -zeit genau angegeben werden. Für die Einlieferung der Zeichen wird meist eine Geldprämie ausgesetzt.

Grundbedingung für den Erfolg derartiger Markierungsversuche ist es, daß sich die markierten Fische weiterhin völlig »normal« verhalten, daß sie im Existenzkampf gegenüber den Artgenossen nicht im Nachteil sind und deshalb genauso lebhaft an den Wanderungen zu den Weidegründen, Laichplätzen oder Winterquartieren teilneh-

*Abwanderung
der Blankaale im Ostseegebiet*

men. Nur unter diesen Voraussetzungen lassen die Wiederfänge gültige Rückschlüsse auf das Verhalten des Bestandes zu.

Ein Markierungszeichen darf daher den Fisch nicht (oder nur geringfügig) irritieren oder ihn in seiner Bewegungsfreiheit hemmen, muß aber gleichzeitig gut halt- und deutlich sichtbar sein, damit der markierte Fisch dem Fänger auffällt und zur Wiedermeldung kommt.

Dank dem regen Interesse der Berufs- und Sportfischer, die durch Bekanntmachungen in den Fischereizeitschriften und durch Plakatanschläge über bevorstehende Markierungsveruche unterrichtet werden, und der guten internationalen Zusammenarbeit der Fischereibiologen sind die Wiederfang-Quoten oft erstaunlich hoch. So werden z. B. von markierten Blankaalen und Lachsen nicht selten 70—80% wiedergefangen.

Rassenuntersuchungen

Fast alle Arten von Süßwasserfischen neigen dazu, geographische Rassen zu bilden, die an ein mehr oder weniger ausgedehntes Wohngebiet (Areal) mit bestimmten Lebensbedingungen, an die sie sich angepaßt haben, gebunden sind. Oft sind ihre Verbreitungsgebiete nur noch die Überreste eines ehedem größeren, zusammenhängenden Gebietes, das in späteren geologischen Epochen, z. B. durch Gebirgsbildung oder Klimaschwankungen (Eiszeiten!), zersplittert worden ist. Ein bekanntes Beispiel für eine derartige Arealschrumpfung durch polare und Gebirgs-Vergletscherungen liefern uns die Rückzugs- und Erhaltungsgebiete des Bitterlings (Rhodeus sericeus), der heute in einer europäischen (R. s. amarus) und einer nordchinesischen Rasse (R. s sericeus) vorkommt (S. 130).

Bei fast allen Lachsfischen und einer ganzen Reihe von Karpfenfischen kann

Die Hundsbarbe, *Barbus meridionalis*, bildet 6 geographische Rassen:

1. *B. m. graellsi* Steindachner
2. *B. m. meridionalis* Risso
3. *B. m. caninus* Valenciennes
4. *B. m. petenyi* Heckel
5. *B. m. rebeli* Koller
6. *B. m. peloponnesius* Valenciennes

man noch kleinere Einheiten, sog. »Formen« unterscheiden, die im gleichen Gewässersystem, je im selben See vorkommen können. Äußerlich sind die Unterschiede meist nur gering, so daß ihre Bestimmung oft große Schwierigkeiten bereitet. Da viele Merkmale (z. B. Zahl der Wirbelkörper und Kiemenreusendornen) nur statistisch erfaßbar sind, müssen hierzu umfangreiche Serien herangezogen werden; außerdem hat man damit begonnen, die Blutgruppen der verschiedenen Bestände auf diesen Zweck hin zu untersuchen. Hinsichtlich ihrer Lebensgewohnheiten und -äußerungen gegenüber den Umweltbedingungen können sich die einzelnen Formen dagegen sehr deutlich voneinander unterscheiden. So kann man beobachten, daß die Angehörigen ein und derselben Art im gleichen Flußsystem sowohl als anadrome Wanderfische als auch als nicht wandernde, stationäre Süßwasserformen auftreten. Daneben lassen sich zahlreiche andere Unterscheidungsmerkmale (Laichzeiten, -plätze, Standorte, Eizahlen, Nahrungswahl, Wachstumsgeschwindigkeit etc.) feststellen.

Produktion und Ernährungsketten

Der Nährstoffumsatz im Süßwasser wird durch ein kompliziertes System auf- und abbauender Prozesse bewerkstelligt. Eines der Produkte, die wir ernten, ist der Fisch. Welche Voraussetzungen müssen jedoch erfüllt werden, damit es zu diesem für uns nutzbaren Erzeugnis, der »Endproduktion«, kommt?

Betrachten wir hierzu den Stoffkreislauf in einem nährstoffreichen See: Je nach Größe seiner Zu- und Abflüsse ist er ein mehr oder weniger geschlossenes System, das seinen Urnahrungsvorrat selbst erzeugt. Seine Pflanzenwelt wiederum ist imstande, diese Urnährstoffe als Nahrung zu verwerten und mit Hilfe von Sonnenenergie (Photosynthese) organische Substanz aufzubauen; daher bezeichnet man ihre assimilatorische Leistung als Primärproduktion.

Vom Uferrand seeeinwärts finden wir dabei folgende Pflanzenzonen: Überwasserpflanzen (»Gelege«), z. B. Schilfrohr, Rohrkolben, Binsen usw. Schwimmblattpflanzen (Seerosen, Schwimmendes Laichkraut usw.), Unterwasserpflanzen (»Kraut«) und endlich, vor der Zone der toten Muscheln,

Gelege

Schwimmblatt-
pflanzen

Kraut

Wasser-Hahnenfuß

Unterseeische
Wiesen

Schwimmendes Laichkraut

Rohrkolben

Durchwachsenes
Laichkraut

Schilfrohr   Binse   Weiße Seerose   Hornblatt   Quellmoos

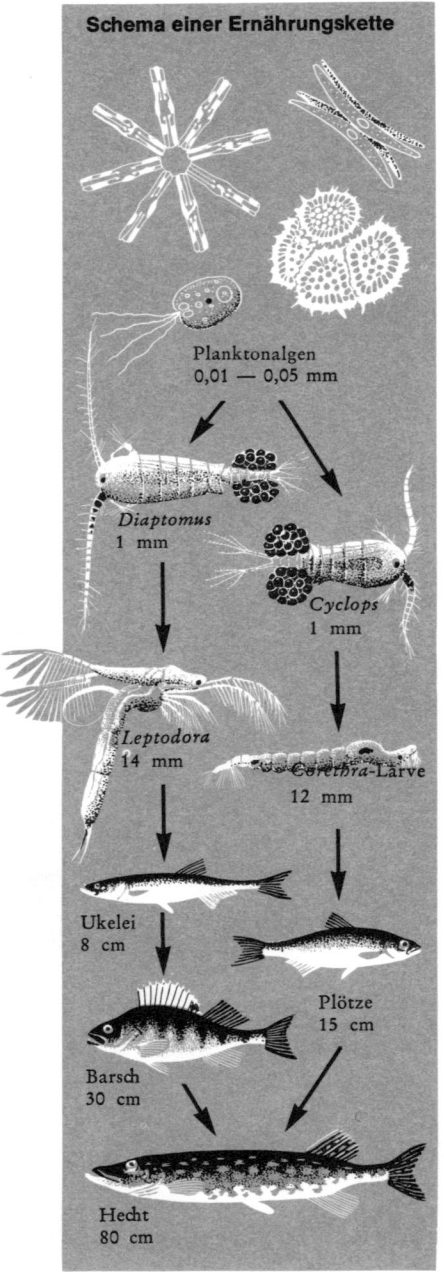

Schema einer Ernährungskette

Planktonalgen
0,01 — 0,05 mm

Diaptomus
1 mm

Cyclops
1 mm

Leptodora
14 mm

Corethra-Larve
12 mm

Ukelei
8 cm

Plötze
15 cm

Barsch
30 cm

Hecht
80 cm

die unterseeischen Wiesen (Armleuchteralgen, Quellmoos).

In der Uferregion und in der oberen Zone der Freiwasserregion (soweit das Sonnenlicht in das Wasser eindringt) spielt außerdem die pflanzliche Schwebewelt, das Phytoplankton (mikroskopisch kleine Algen) eine sehr wichtige Rolle im Stoffkreislauf des Sees.

Durch den photosynthetischen Prozeß werden Kohlendioxyd und Waser unter Einwirkung des Sonnenlichtes in Zucker und Stärke umgewandelt, d. h. Lichtenergie in Form von chemischer Energie gespeichert. Bei diesem Vorgang wird Sauerstoff freigesetzt, der sich im Wasser löst und dadurch die Existenz tierischen Lebens in diesem Medium ermöglicht. Nur in kleinen, schnellfließenden Gewässern wird das Wasser überwiegend aus der Luft mit Sauerstoff, ohne den kein Tier leben kann, angereichert.

Während die grünen Pflanzen aus anorganischen Stoffen organische Substanz aufbauen, sind die Tiere die direkten (Primärkonsumenten: Pflanzenfresser) oder indirekten (Sekundärkonsumenten: Fleischfresser) Verbraucher dieser Produktion. In der Uferregion ernährt sich ein Großteil der niederen Tiere von lebenden oder abgestorbenen Pflanzenteilen, im freien Wasser wiederum dient das Pflanzenplankton dem tierischen Plankton (Rädertiere, Wasserflöhe, Hüpferlinge usw.) als Nahrung. Auch die Brut vieler Fischarten lebt während der ersten Stadien von pflanzlichem Plankton und geht oft erst ein paar Wochen nach dem Schlüpfen dazu über, sich nur noch indirekt von Pflanzenkost zu ernähren.

Eine Ernährungs- oder Stoffwechselkette, das Verteilungssystem der Pflanzenproduktion an die Tierwelt, gibt, beginnend mit den Pflanzen, die Reihenfolge des Nährstoffumsatzes an. Von Glied zu Glied der Kette tritt dabei ein Energieverlust (Ausscheidungsprodukte, Wärmeverluste) ein.

Giftfischerei

In asiatischen und südamerikanischen Ländern benützt die einheimische Bevölkerung zum Fischfang neben den gewöhnlichen Fanggeräten (Fischspeere, Angeln, Reusen, Netze) auch die Rinden und Wurzeln verschiedener Pflanzenarten, die starke Nervengifte enthalten, durch die die Fische betäubt werden. Die gifthaltigen Pflanzenteile werden dazu entweder zwischen Steinen im Bachbett zerquetscht, so daß ihr Saft ins Wasser fließen kann, oder sie werden pulverisiert und ausgestreut. Schon nach kurzer Zeit kommen dann die Fische in mehr oder weniger betäubtem Zustand an die Wasseroberfläche, wo sie eingesammelt werden können. Auch in Europa wurden (neben Ätzkalk u. a.) verschiedene Pflanzengifte zum Fischfang verwendet. So benützten die Griechen einen Absud von Blüten der Königskerze, die Saponin enthalten, während die Römer durch Ausquetschen des Saftes aus den Knollen des Alpenveilchens eine für die Fische giftige Brühe herstellten.

Derris elliptica

Die meisten dieser Fangmethoden sind heute in europäischen Ländern wegen des unkontrollierbaren Schadens, den sie anrichten, verboten. Für wissenschaftliche Untersuchungen des Fischbestands in einem bestimmten Gebiet ist es jedoch oft erforderlich, daß das Gewässer restlos abgefischt werden kann; hierzu sind dem Fischereibiologen mit den Fangmethoden der Giftfischerei (und auch der Elektrofischerei, s. u.) wirksame Mittel in die Hand gegeben.

Das am häufigsten für derartige Zwecke verwendete Gift ist das Rotenon, $C_{23}H_{22}O_6$, das u. a. aus den Wurzeln verschiedener Vertreter der tropischen, in Ostasien heimischen Pflanzengattung *Derris* (z. B. *Derris elliptica*, s. Abb.) aus der Familie der Schmetterlingsblütler *(Papilionaceae)* gewonnen werden kann. Die Derriswurzeln werden hierzu getrocknet und gemahlen; sie enthalten bis zu 10% Rotenon. Dieses Gift wird heute aber nicht nur aus pflanzlichen Rohstoffen, sondern auch synthetisch hergestellt. Es bewirkt u. a., daß sich die feinen Blutgefäße der Kiemen stark verengen, so daß die Fische nicht mehr atmen können. Selbst bei schwacher Konzentration (0,5 l je 1000 t Wasser) ist es noch wirksam, für Menschen aber ungiftig.

Elektrofischerei

Im Laufe der letzten 20 Jahre ist eine intensive Kontrolle und Regulierung des Fischbestands in kleineren Gewässern (Bäche, kleine Flüsse, nicht ablaßbare Weiher) ohne Elektrofischereigeräte undenkbar geworden. Man kann damit heute diese Gewässer von Fischunkraut säubern und Wachstumsuntersuchungen, Markierungsversuche, Bestandsanalysen usw. dermaßen rationell und erfolgreich durchführen, wie es mit anderen Geräten unmöglich wäre. Kein Wunder also, daß die Elektrofischereigeräte zu unentbehrlichen Hilfsmitteln für fischereibiologische

Untersuchungen und intensive Wirtschaftsformen geworden sind. Wegen ihrer hohen Leistungsfähigkeit stellen sie aber gleichzeitig gefährliche Werkzeuge in den Händen Unkundiger dar, so daß in allen Ländern Vorschriften für den Betrieb dieser Geräte herausgegeben wurden und ein Befähigungsnachweis zur Ausübung der Elektrofischerei erbracht werden muß.

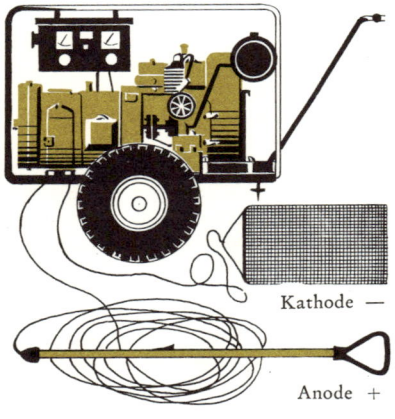

Kathode —

Anode +

Der Elektrofang beruht auf der Beobachtung, daß die Fische auf ein elektrisches Feld im Wasser reagieren, indem sie unruhig werden, sich in Richtung Anode (positiver Pol) einstellen und mehr oder weniger schnell zu ihr hinschwimmen, um dann dort narkotisiert zu werden.

Als Stromquelle dienen in der Praxis meist transportable Generatoren (Dynamos), die von Benzin- oder Dieselmotoren angetrieben werden. Die Verbindung zu den Elektroden erfolgt über lange, isolierte Gummikabel. Die negative Elektrode (Kathode) besteht aus einem blanken, elektrischen Leiter (z. B. ein Gitter aus Messingdraht), der ins Wasser gelegt oder außen am Kahnboden befestigt wird. Die Anode ist meist ein Metallring mit langem, isoliertem Schaft. Bei der Abfischung

von Fließgewässern watet die Fangmannschaft langsam stromaufwärts, wobei die Versteckmöglichkeiten der Fische mit der Fangelektrode abgesucht werden. Die Fische tauchen etwa in einem Umkreis von 3 m auf und schwimmen zur Fangelektrode hin, in deren Nähe sie dann in Narkose fallen und mit Keschern gefangen werden können.

Gewöhnlich verwendet man in der Binnenfischerei Spannungen von 220 V, mitunter jedoch bis zu 750 V und Fanggeräte mit Leistungen von 0,5 bis 1,5 kW. Zur Verhütung von Unfällen müssen bestimmte Sicherheitsvorkehrungen (Tritt-, Druckknopfschalter, Gummistiefel etc.) getroffen werden.

Im elektrischen Feld reagiert der Fisch je nach der Spannungsdifferenz (»Körperspannung«), die zwischen seinem Kopf und Schwanz besteht. Man kann dabei 5 Reaktionsstadien unterscheiden: 1. am Rande des Feldes wird der Fisch aufgescheucht und zur Flucht veranlaßt (Scheucheffekt); 2. sobald die Körperspannung einen gewissen Schwellenwert übersteigt, treten unruhige Kopf- und Flossenbewegungen sowie ein Zucken des ganzen Fischkörpers auf; 3. bei einer bestimmten, noch höheren Körperspannung stellt sich der Fisch mit dem Kopf zur Anode ein und schwimmt zu ihr hin (Elektrotaxis); 4. steigt die Körperspannung weiter an, so wird der Fisch narkotisiert (Elektronarkose); 5. bei fortgesetzter Einwirkung des elektrischen Stromes oder bei allzu hohen Spannungsdifferenzen im Fischkörper tritt der Tod ein (Elektrokution). Bei nur kurzdauernder, nicht zu starker elektrischer Durchströmung (Reaktionen 1—4) treten keine Schädigungen der Fische ein: wird der Strom abgeschaltet, so erwachen sie bald aus der Narkose und verhalten sich wieder normal.

Es hat sich gezeigt, daß eine rasche Aufeinanderfolge einzelner Stromstöße gleicher Richtung eine wesentlich stärkere physiologische Wirkung auf

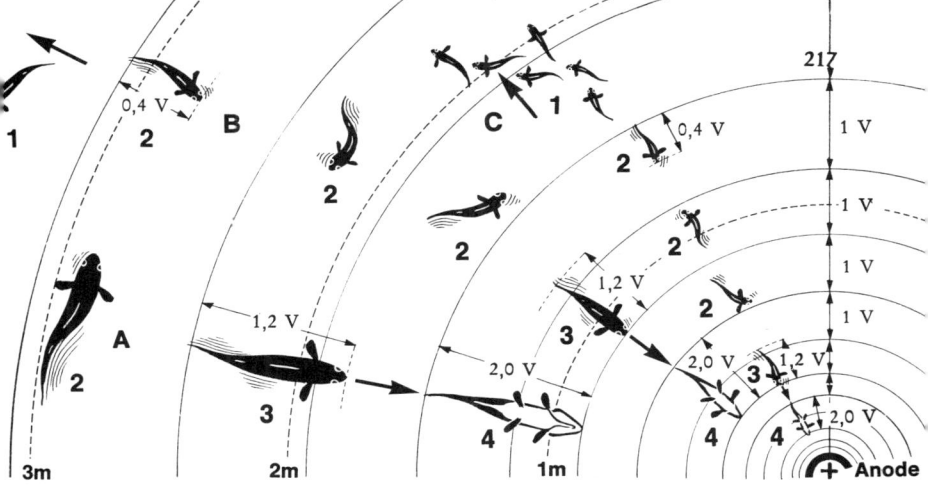

die Fische hat als der ununterbrochene Gleichstrom. Man verwendet daher heute statt der früher üblichen Gleichstromgeräte sog. Impulsstromgeräte, in denen der Strom von einem Impulsgenerator in zerhackten Gleichstrom (Impulsstrom von 30—100 Stromstößen/sec.) umgewandelt wird. (Gleichzeitig verringert sich die aufzuwendende elektrische Energie!) Untersuchungen ergaben, daß die Spannungsdifferenzen zwischen Schwanz und Kopf (Körperspannungen) bei vielen Süßwasserfischen zwischen 1 und 4 V liegen müssen, um die Fische zum Hinschwimmen auf die Anode zu veranlassen. Forellen zeigen diese Reaktion z. B. bei Körperspannungen von 1,2 bis 2,0 V; bei höheren Spannungen tritt die Elektronarkose ein. Auf obiger Abbildung sind diese Vorgänge grob als Schema skizziert: größere, längere Fische weisen eine höhere Körperspannung auf als die kleineren, da sie mit ihrem Körper einen größeren Bereich des elektrischen Feldes überspannen. In der Nähe der Anode herrschen die höchsten Spannungsdifferenzen zwischen zwei Punkten des Feldes (Spannungsdifferenz von 1 V jeweils zwischen zwei Kreislinien). Ist die große Forelle (A) 2 m von der Anode entfernt, so besitzt sie eine Körperspannung von 1,2 V. Damit ist der Schwellenwert für die Elektrotaxis erreicht, die Forelle stellt sich mit dem Kopf zur Anode ein und schwimmt darauf zu. Sie kommt dadurch in einen Bereich, in dem die Spannungslinien immer dichter beieinanderliegen. Etwa 1 m von der Anode entfernt, reicht sie mit ihrer Länge bereits über zwei Linien hinweg. Bei dieser Spannungsdifferenz von 2 V fällt sie dann in Narkose. Die kleine Forelle (B) dagegen muß viel näher an die Anode heranschwimmen, ehe sie eine Körperspannung von 1,2 V, welche die Elektrotaxis auslöst, erreicht. Sie wird erst narkotisiert, wenn sie nur noch ca. 60 cm von der Anode entfernt ist. Die Forellenbrut (C) wiederum kann nur im Umkreis von etwa 40 cm um die Anode gefangen werden.

In der Praxis bedeutet das, daß die Fangelektrode in dem Augenblick, in dem sie ins Wasser eingetaucht wird, die größeren Fische wirksamer fängt als die kleineren. Sind der Spannungswert des Einzelimpulses, die Impulszahl und -zeit nicht auf die gewünschte Fischgröße und -art eingestellt, so wird durch die Anode kein oder nur ein geringer Fangeffekt erzielt. Entscheidend ist dabei auch die Leitfähigkeit des Wassers.

Anwendungsgebiete der Elektrofischerei

Es wurde bereits im vorhergehenden Kapitel erwähnt, daß mit Hilfe von Elektrofanggeräten wirksame Kontrollen und Regulierungen des Fischbestandes (nach der Art, dem Alter und der Menge) mit einem relativ geringen Aufwand an Arbeit, Kosten und Zeit durchgeführt werden können. So kann man z. B. aus kleineren Fließgewässern mit günstigen Lebensbedingungen für Forellen und Äschen die großen Hechte aus den tiefen Kolken entfernen oder die Hasel- und Döbelbestände lichten.

Außerdem können damit auch Gewässer, die restlos elektrisch abfischbar sind, zur Gewinnung von Besatzmaterial für andere freie Gewässer und von hochwertigen Laichfischen für die Brutanstalten intensiv bewirtschaftet werden.

Um zu verhindern, daß abwärtswandernde Fische (z. B. Junglachse) in die Turbinen der Wasserkraftwerke gesogen werden, nutzt man heute vielfach, neben Sperrnetzen und -gittern, den Scheueffekt des elektrischen Stromes aus und spannt quer durch den Stausee oder vor den Eingängen der Turbinentunnel lange Elektrodenketten. Mit ähnlichen Scheucheinrichtungen treibt man in Seen die Fische auch in die Fanggeräte.

Bewirtschaftungspläne

Im Rahmen seiner Tätigkeit als Ratgeber für die Praxis gehört es zu einer der wichtigsten Aufgaben des Fischereibiologen, Pläne für die Bewirtschaftung von Fischgewässern auszuarbeiten, damit durch rationelle Wirtschaftsformen und -maßnahmen deren Erträge aufs höchste gesteigert werden können.

Hierzu müssen zuerst die besonderen Verhältnisse des betreffenden Gewässers genau untersucht werden. Nach den daraus gewonnenen Daten über die Wasserqualität, die Tier- und Pflanzenwelt, den Stoffkreislauf, die Erzeugungskraft an Fischnahrung und Fischen usw. werden dann Vorschläge für seine zukünftige Bewirtschaftung zusammengestellt.

Ein derartiger Plan enthält vor allem einen Hinweis darauf, welche Fischarten am besten in das betreffende Gewässer passen, d. h. auf welche Arten die Bewirtschaftung aufbauen sollte, da sie aller Wahrscheinlichkeit nach die höchsten Erträge liefern würden, und wie deren Produktion evtl. noch gesteigert werden könnte.

Eine der Maßnahmen, um den Fischbestand zu heben, besteht darin, die vorhandenen Laichplätze nach Möglichkeit zu verbessern oder neue anzulegen und gleichzeitig dafür zu sorgen, daß die Brut nach dem Schlüpfen ausreichende Versteckmöglichkeiten vorfindet. An krautarmen Ufern können künstliche Laichstellen z. B. aus Tannenreisig, Erlen-, Weiden-, Seggenwurzeln oder aus Wacholderzweigen, an die vor allem der Zander gerne seine Eier ablegt, hergestellt werden, zwischen und unter denen dann später auch die Brut Schutz findet. Bisweilen

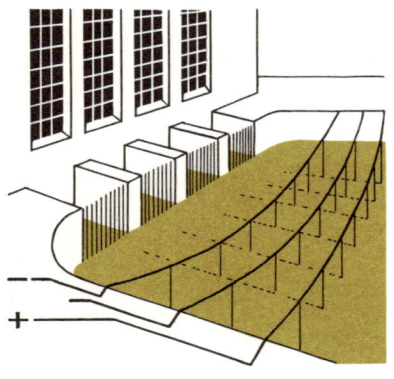

Elektrische Sperre vor einem Kraftwerk

werden an krautfreien Stellen auch geeignete Unterwasserpflanzen eingesetzt, die den Jungfischen guten Unterschlupf gewähren.

Einige Frühjahrslaicher, z. B. der Hecht, laichen gerne an ganz seichten, pflanzenbestandenen Stellen ab, wie etwa auf überschwemmten Uferwiesen von Seen und Flüssen, die auf Grund der häufig eintretenden Wasserstandsschwankungen für Laich und Dottersackbrut besonders gefährlich werden können. Man muß daher dafür sorgen, daß diese Laichwiesen nach dem Rückgang der Frühjahrsüberschwemmung nicht zu Todesfallen werden, indem man durch Stauvorrichtungen das Frühjahrshochwasser zurückhält oder Gräben anlegt, die bei fallendem Wasserstand die schwimmfähige Brut in den See oder Fluß leiten.

Ebenso können durch Verbesserung und Anlage von geeigneten Laichstellen in Bächen und kleineren Flüssen z. B. die Erträge an Forellen und Äschen gesteigert werden.

In kleineren, flachen Seen kommt es im Sommer häufig zu einem derart üppigen Pflanzenwuchs, daß die Bewegungsfreiheit der Fische eingeschränkt und damit ihre Nahrungssuche erschwert wird. Außerdem können allzu dicht stehende Schwimmblattpflanzen und stark wuchernde Unterwasserpflanzen u. a. auch dadurch schädlich werden, daß sie das Wasser und den Boden zu sehr beschatten und auf diese Weise die Erwärmung und Durchlüftung des Gewässers beeinträchtigen oder sogar verhindern. Sobald große Mengen abgestorbener Pflanzenteile vorhanden sind, kann es durch Fäulnisprozesse vor allem am Ende eines harten Winters bei lang anhaltender Eisbedeckung zu Sauerstoffzehrung oder völligem Sauerstoffschwund im Wasser und damit zum sog. »Ausstikken« der Fische kommen. Allzu dichte Pflanzenbestände müssen daher gelichtet werden.

Eine weitere, wesentliche Steigerung der Erträge kann durch den Einsatz von Brut- und Satzfischen erzielt werden. Diese Maßnahme wird durchgeführt, entweder um den Bestand einer Fischart, die in dem betreffenden Gewässer zwar gut abwächst, aber u. a. wegen schlechter Laichplätze an Nachwuchsmangel leidet, auf seiner Höhe zu erhalten bzw. zu vermehren, oder um eine leistungsfähige und wertvolle Fischart, die vorher in dem Gewässer nicht vorgekommen ist, mit der aber besser als mit den heimischen Arten gewirtschaftet werden kann, einzubürgern.

Wichtig ist es auch, den vorhandenen Fischbestand nach der Menge zu regulieren. Dadurch wird nämlich vermieden, daß sich einige Fischarten mit Nachwuchsüberschuß allzu stark vermehren (z. B. Übervölkerung der Seen mit Bleien, Barschen oder Plötzen), was eine Verringerung des Stückzuwachses zur Folge hätte, da nicht mehr genügend Nahrung für alle vorhanden wäre. Dagegen läßt sich durch starken Wegfang der übermäßigen Mengen, Vermehrung des Raubfischbestandes, Herausfangen der Laichfische usw. eine Vergrößerung des Stückzuwachses bei den restlichen Individuen erzielen. Es gilt also, die Zahl der Fische an die Menge der für jede Art zur Verfügung stehenden Nahrung anzupassen, d. h. ein günstiges Verhältnis zwischen Stückzahl und Nährtiermenge zu schaffen.

Die Ertragsfähigkeit (Produktivität) eines Gewässers kann, vor allem wenn es sich um Teiche und kleinere Seen handelt, vielfach erhöht werden. Durch organische Düngung (Gründüngung, Stalldünger, Kompost) oder Düngung mit Handelsdüngemitteln (Stickstoff, Phosphate etc.) werden dem Gewässer zusätzliche Nährstoffe zugeführt, die eine erhöhte Primärproduktion und als Folge davon eine stärkere Zwischenproduktion (Fischnährtiere) und Endproduktion (Fische) nach sich ziehen.

AUSLÄNDISCHE NAMEN EINIGER FISCHE

D = dänisch, E = englisch, F = französisch, N = norwegisch, R = russisch, S = schwedisch

Aal, D + N + S: ål — E: eel — F: anguille — R: ugorj

Äsche, D: stalling — E: grayling — F: ombre — N + S: harr — R: charius

Barbe, D: flodbarbe — E: barbel — F: barbeau — R: usatsh

Barsch, D: aborre — E: perch — F: perche — N: abbor — R: okunj — S: abborre

Blei, D: brasen — E: bream — F: brème — N: brasme — R: leshtsh — S: braxen

Döbel, D: döbel — E: chub — F: chevaine, meunier — N: stam — R: golavlj — S: färna

Elritze, D: elritse — E: minnow — F: vairon — N: örekyte — R: goljan — S: kvidd

Flußneunauge, D: flodlampret — E: lampern, river lamprey — F: lamproie fluviatile — N: elve-niauge — R: retshnaya minoga — S: flodnejonöga

Forelle, D: örred — E: trout — F: truite — N: aure, örret — R: forel, taimen, losos — S: forell, laxöring

Groppe, D: ferskvandsulk — E: bullhead, miller's thumb — F: chabot — N: steinsmette — R: podkamenshtshik — S: simp

Gründling, D: grundling — E: gudgeon — F: goujon — R: peskarj — S: sandkrypare

Güster, D + N: flire — E: white bream — F: brème bordelière — R: gustera — S: björkna

Hasel, D: strömskalle — E: dace — F: vandoise — N: gullbust — R: jeletz — S: stäm

Hecht, D: gedde — E: pike — F: brochet — N: gjedde — R: stshuka — S: gädda

Karausche, D: karuds — E: crucian carp — F: carassin — N: karuss — R: karasj — S: ruda

Karpfen, D + N: karpe — E: carp — F: carpe — R: karp — S: karp

Kaulbarsch, D + N: hork — E: pope, ruffe — F: grémille — R: jorsh — S: gers

Lachs, D + N: laks — E: salmon — F: saumon — R: losos — S: lax

Nase, D: näse — E: nase — F: aloge, hotu — R: podust — S: skärbrasse

Orfe, D: rimte — E: ide — F: orfe, ide mélanote — N: vederbuk — R: jasj — S: id

Plötze, D: skalle — E: roach — F: gardon blanc, vangeron — N: mort — R: plotva — S: mört

Quappe, D: ferskvandskvappe — E: burbot — F: lote — N + S: lake — R: nalim

Rapfen, D + N + S: asp — F: able — R: sherespjor

Renke, D: helt — E: whitefish — F: lavaret, féra — N + S: sik — R: sig

Rotfeder, D: rudskalle — E: rudd, red-eye — F: rotengle, gardon rouge — N: sörv — R: krasnoperka — S: sarv

Schleie, D: suder — E: tench — F: tanche — N: sudre — R: linj — S: sutare

Schmerle, D: smerling — E: stone loach — F: loche franche — R: góletz — S: smärling

Seesaibling, D: fjeldörred — E: char — F: omble chevalier — N: röyr — R: golets — S: röding

Steinbeißer, D: pigsmerling — E: spined loach — F: loche de rivière — R: shtshipovka — S: nissöga

Stichling, D: hundestejle — E: stickleback — F: épinoche — N: stingsild — R: koljushka — S: spigg

Stör, D + N + S: stör — E: sturgeon — F: esturgeon — R: osjotr

Ukelei, D: löje — E: bleak — F: ablette — N: laue — R: uklejka — S: löja

Zander, D: sandart — E: pike-perch — F: sandre — N: gjörs — R: sudak — S: gös

NAMENREGISTER

Lateinische Namen s. S. 223

222

LITERATUR

LADIGES, W. & D. VOGT, 1965: Die Süßwasserfische Europas. Hamburg, Berlin.
LARSEN, K., 1945: Smaavandsfiskeri. Kopenhagen.
LARSEN, K., 1947: Krebsebogen. Kopenhagen.
LARSEN, K., 1950: Laks og Laksefiskeri. Kopenhagen.
OTTERSTROM, C. V., 1912—17: Fisk. Danmarks Fauna, Bd. 11, 15 u. 20. Kopenhagen.
PFAFF, J. R. M. FL., 1950: Vort Lands Dyreliv. Bd. 2. Kopenhagen.
SVÄRDSON, G. & N.-A. NILSSON, 1964: Fiskebiologi. Halmstad.
URSING, BJ., 1956: Fiskar. Svensk Djurvärld. Stockholm.